TRAGÉDIE RWANDAISE : L'ÉCHEC FATAL
DE LA SOLUTION NEGOCIÉE

Collection « Études africaines »
dirigée par Denis Pryen et son équipe

Forte de plus de mille titres publiés à ce jour, la collection « Études africaines » fait peau neuve. Elle présentera toujours les essais généraux qui ont fait son succès, mais se déclinera désormais également par séries thématiques : droit, économie, politique, sociologie, etc.

Dernières parutions

Francky BOLAMBULI BOSINGA, *Le devoir de l'Homme africain. Repenser la démocratie et la culture négro-africaine avec Phambu Ngoma-Binda*, 2024.
Albert JIOTSA (coord.), *Dynamique de la protection sociale de l'enfance au Cameroun et en Afrique*, 2024.
Ahmed Salem OULD MOHAMED BABA, *Introduction au dialecte ḥassāniyya de Mauritanie. Étude grammaticale et lexicale*, 2024.
Emmanuel NGWE, *La population du Cameroun, Du comptage des effectifs à l'analyse des phénomènes démographiques*, 2024.
Téphy-Lewis EDZODZOMO NKOUMOU, *L'office du juge constitutionnel en Afrique subsaharienne. Etude comparative à partir des exemples béninois, gabonais et malgache*, 2024.
Jeanne HEURTAULT, *L'exode de jeunes sénégalais vers l'Europe, Une ethnographie en Casamance*, 2024.
Sylvain SHOMBA KINYAMBA, *Critique de l'université congolaise par l'université. Reculade scientifique et marchandisation des patrimoines*, 2024.
Babou DIENE, Modou Fatah THIAM et Mamadou Hady BA (dir.), *La littérature africaine à l'épreuve des récits de filiation. L'autofiction et le récit transpersonnel*, 2024.
Mamane HALIDOU, *Un pouvoir traditionnel à l'épreuve de l'histoire au Niger (1849-2017). La Sarauta Samna Karhe de Tibiri dans le Dallol Mawri*, 2024.
Joseph Pascal MBAHA, Armand LEKA ESSOMBA, Paul TCHAWA (dir.) *Territoires, pluralisme identitaire et coexistence communautaire en Afrique*, 2024.

Alpha Ba

TRAGÉDIE RWANDAISE : L'ÉCHEC FATAL DE LA SOLUTION NEGOCIÉE

Responsabilités et répercussions dans la région des Grands Lacs

© L'Harmattan, 2024
5-7, rue de l'École-Polytechnique – 75005 Paris
www.editions-harmattan.fr
ISBN : 978-2-336-44922-7
EAN : 9782336449227

REMERCIEMENTS

À ma tendre et douce maman, Faty Moussa Tamsir Aw, pour son amour inconditionnel, ses précieux conseils et sa force exemplaire.

À toutes les braves mamans qui se sont sacrifiées pour la réussite de leurs enfants, mais qui, hélas, ne sont plus là pour en profiter.

À mon très cher père, Adama Ba, pour son soutien indéfectible.

À mes sœurs Mbossé Ba, Ndèye Ba et Néné Ba, ainsi qu'à mes frères, pour leur présence constante et leur encouragement.

À ma tendre Adja Kébé, pour son amour et son soutien sans faille, ainsi qu'à toute sa famille.

À ma nièce Fatimah Fall, pour sa défaillance, et à ma chère Coura Touré pour tout ce qu'elle représente pour moi.

À mes chères mamans, pour leur affection et leur bienveillance.

À ma chère amie Coumba Sow pour son affection et sa confiance indéfectible.

À mes professeurs, Anne-Marie Granet-Abisset et Anne Dalmasso, pour leur guidance académique précieuse.

À toutes ces personnes qui m'ont relu et accompagné dans ma démarche de publication, notamment Christelle Castelain, Fatoumata Dramé, Fatoumata Diallo, Adja Kapha Sakho, Faty Mettou Ba, Pape Souané, Claude Koudou, Irénée Sié, Ngagne Fall, Birome Holo Ba, Ibrahima Sy…

À tous mes amis, nombreux et chers, je vous remercie pour votre disponibilité et l'estime que vous avez pour moi.

La reconnaissance est une force inspirante. Pour conclure en beauté, je dédie ce travail à ma chère Audrey Mobio, dont le soutien indéfectible et l'écoute bienveillante ont été mes piliers lors de la rédaction à Grenoble. Ta présence lumineuse a été d'un réconfort inestimable, notamment lors du décès de ma mère, et ton aide précieuse durant mes préparations aux examens de finance à Grenoble Ecole de Management. Merci infiniment pour tout.

INTRODUCTION

Située dans le champ des Sciences Sociales, l'Histoire est une discipline complexe et difficile à cerner. Dès nos premières années à l'école, du primaire au secondaire, elle nous a été définie comme une science qui étudie le passé. En 2013, admis en troisième année au département d'histoire à l'Université Cheikh Anta Diop de Dakar (UCAD), nous avons été initiés à sa définition, objet de vives controverses entre spécialistes. Pour Fernand Braudel[1], l'Histoire est la « *résurrection du passé* ». Charles-Victor Langlois, Charles Seignobos[2], Marc Bloch... la perçoivent comme une science qui s'inscrit dans le temps.

Après des années d'études et de spécialisation en Histoire, avec du recul et un regard critique, elle est, à nos yeux, une discipline scientifique. Elle est dynamique et s'intéresse aux temps suivants : passé, présent et futur. Pour comprendre la géopolitique d'une région donnée, les experts du domaine font appel à l'histoire dans le cadre de leurs analyses des faits auxquels ils s'intéressent.

Ainsi, dans ce livre, nous étudions l'histoire des crises de la région de l'Afrique des Grands Lacs. Cette production commence par une étude des causes de l'échec des accords d'Arusha de 1993 pour ensuite analyser leurs conséquences dans la région, principalement au Rwanda et dans l'ex-Zaïre. Les accords avaient été signés à Arusha, en République de Tanzanie, sous l'égide de l'Organisation de l'Unité Africaine. Leur finalité était de trouver une issue négociée à la guerre entre le gouvernement rwandais et le Front Patriotique Rwandais.

Ce conflit avait débuté à la suite de l'attaque du Rwanda par le FPR venu de l'Ouganda le 1er octobre 1990. Cette guerre avait connu son apogée en 1994 à la suite de l'échec des accords d'Arusha. Ce qui a eu par ailleurs comme conséquence directe le génocide rwandais. Ce dernier ne constitue pas le cœur de notre livre, car il a été largement traité.

---

[1]Braudel. F, Écrits sur l'histoire, Paris, Flammarion, collection Science, 1969, 315 p.
[2]Charles-Victor Langlois, Charles Seignobos, Introduction aux études historiques, Lyon, ENS Éditions, coll. « Bibliothèque idéale des sciences sociales », 2014, préf. Gérard Noiriel, EAN : 9782847885767, URL : http://books.openedition.org/enseditions/273.

Dans ce livre, les documents les plus anciens utilisés sont les écrits des ethnologues et missionnaires européens qui avaient exploré le Rwanda et le Congo.

Les territoires du Rwanda, du Burundi et de l'Est du Congo, contrairement à ceux de l'Afrique de l'Ouest et du Nord, n'ont pas fait l'objet d'une abondante littérature précoloniale. Cette quasi-absence de document historique fait dire à Robert Cornevin dans sa volonté de travailler sur ce territoire : « *Le fait de commencer une étude historique par la région que nous avons définie comme « sans histoire »* surprendra peut-être certains. *Mais ce vide pose justement un problème valable pour la quasi-totalité de l'Afrique noire, où faute de documents écrits, la tradition orale constitue la source majeure de l'histoire.* »[3] Cette affirmation sonne comme un avertissement pour tout historien spécialiste de l'Afrique, en particulier de l'Afrique des Grands Lacs.

Pour Robert Cornevin, faute de documents écrits, l'Afrique des Grands Lacs est définie comme un territoire « *sans histoire* ». Pour beaucoup de chercheurs occidentaux de la période précoloniale et celle qui couvre les deux premières décennies après les indépendances des pays africains, l'histoire de l'Afrique noire commence à la période de la découverte du continent par les explorateurs européens.

Aujourd'hui, cette vision de l'Afrique noire « *sans histoire* » ne se pose pas pour une grande majorité des chercheurs occidentaux. Avant l'arrivée des Européens, l'Afrique était organisée en royaumes, avec des organisations administratives et territoriales solides. C'est un continent d'oralité. Et, selon Robert Cornevin, les documents écrits ne constituent pas les seules sources pour aborder une étude historique. Ce qui fait de la source orale un élément incontournable pour faire une histoire africaine.

Selon l'historien sénégalais Cheikh Anta Diop,[4] l'Afrique, malgré son retard économique par rapport aux autres continents, est

---

[3] Cornevin. R, *Histoire De L'Afrique Tome II, L'Afrique Précoloniale : 1500- 1900*, Paris, Payot, 1976, p 28.
[4] Diop C. A., est un historien et anthropologue sénégalais. Il est né le 29 décembre 1923 à Thiaytou et est mort en 1986 à Dakar. Il est le fondateur de l'école égyptologique de Dakar. Cette école défend la thèse selon laquelle la civilisation égyptienne est une civilisation négro-africaine, les anciens égyptiens étaient des nègres, l'essentiel des populations de l'Afrique Noire ont une origine égyptienne. Ce sont là les idées défendues par cet égyptologue dans ses nombreux ouvrages. » (Cf. Djibril Samb,

le berceau de la civilisation. À ses yeux, la civilisation égyptienne qui a influencé l'Europe et le reste du monde est une civilisation négro-africaine.

Il est important de noter que sa thèse n'est pas enseignée dans les Universités occidentales, voire dans certaines Universités africaines. Ce qui est notable ici est qu'après le colloque du Caire de 1974, les plus grands égyptologues[5] français de l'époque, tels que Jean Leclant, Jean Vercoutter et Serge Sauneron, avaient soutenu que pour comprendre la civilisation égyptienne, il serait primordial de comprendre d'abord la civilisation de l'Afrique noire.

L'historiographie de l'Afrique est marquée par deux courants distincts. Le premier est celui des explorateurs et ethnologues européens, débutant avec les premiers contacts entre l'Afrique et ces Européens. La plupart des auteurs de cette période étaient des missionnaires investis d'une « *mission civilisatrice* », pour reprendre l'expression de Cheikh Anta Diop. À partir des années 1960, avec l'indépendance des États africains, débute le second courant, caractérisé par une histoire élaborée par les Africains eux-mêmes. Les premiers historiens africains étaient engagés dans la réhabilitation de l'histoire de l'homme noir, avec un intérêt particulier pour l'histoire des grands empires africains et l'égyptologie.

Dans cette perspective, les deux premiers courants de l'historiographie de l'Afrique avaient chacun un objectif spécifique. La finalité du premier courant était une entreprise de « *justification de la colonisation* », tandis que le second reposait sur un programme de « *revalorisation de l'histoire du noir* ».

Notre objectif dans ce livre n'est pas de critiquer les auteurs du premier courant, ni de dresser une histoire idyllique de l'Afrique. En tant qu'historiens, nous estimons que l'Afrique a une civilisation, une histoire et des pratiques très complexes. Pour écrire sur l'Afrique, il faut d'abord comprendre les sociétés africaines. Ayant

---

Cheikh Anta Diop, Les Nouvelles Éditions Africaines, 1992, pp. 129- 136).
Il a soutenu sa thèse de sciences sociales à l'Université de Paris IV. Il est le précurseur de la version de l'ancienneté des Africains dans l'histoire. Qui est aujourd'hui accepté par les plus grands égyptologues comme Jean Leclant, Serge Sauneron etc. Après sa mort à Dakar, son nom a été donné à l'Université de Dakar, qui s'appellera désormais, L'Université Cheikh Anta Diop (UCAD)
[5] Bissengué. V, Pour une réconciliation des civilisations africaines avec l'histoire universelle, Revue française d'anthropologie, 2007.

grandi sur le terrain et ayant reçu une formation d'historien dans deux écoles différentes : l'Université Cheikh Anta Diop de Dakar, considérée comme l'une des meilleures en Afrique francophone, et l'Université Grenoble Alpes, réputée sur le plan international, nous pensons avoir les outils nécessaires pour écrire sur l'Afrique, un continent dynamique, ouvert au monde.

Comment avons-nous construit ce sujet ?

Il est important de noter que les thématiques étudiées dans ce livre sont largement tirées de notre travail de Master I et de Master II à l'Université Grenoble Alpes.

Lorsque nous avons commencé notre Master I, nous avions, comme tout étudiant en Histoire un projet de recherche. Il consistait à travailler sur les guerres en Afrique des Grands Lacs en se focalisant sur la crise au Kivu.

Lors de notre premier cours de méthodologie de mémoire, le professeur Anne-Marie Granet-Abisset[6] avait demandé à chaque étudiant de se présenter et d'expliquer sur quel thème il comptait travailler pour son mémoire. Nous nous sommes présentés, et nous avions parlé de notre projet de travailler sur la crise au Kivu. Nous avions expliqué que nous voulions effectuer des recherches sur ce territoire, car notre projet professionnel consiste à travailler dans les organismes internationaux qui viennent en aide aux personnes en situation d'urgence. Et pour nous, l'Afrique des Grands Lacs est un territoire où l'on note la présence de toutes les grandes organisations internationales. Donc, rédiger un mémoire sur ce territoire nous permettra de mieux comprendre les enjeux de cet espace. Ce qui nous donnera l'occasion d'intégrer une des grandes organisations qui œuvrent dans ce vaste territoire, victime de plusieurs conflits. Après cette présentation et ces explications, le professeur Granet nous avait signalé que ce ne serait pas un travail facile, car à Grenoble, il n'y a pas d'archives sur cette question.

Le professeur Granet, dans le but de nous aider à atteindre notre objectif professionnel, nous avait proposé de nous mettre en rapport

---

[6]Anne-Marie Granet est professeure d'histoire contemporaine à l'université Grenoble Alpes. Elle travaille sur les mémoires et usages du passé ; anthropologie historique, mobilités et migrations, territoires de montagne-risque et environnement, images médias et patrimoine. Anne-Marie Granet est la directrice déléguée du LARHRA (Laboratoire de Recherche Historique Rhône-Alpes).

avec une organisation qui travaille sur des situations d'urgence. Travailler avec cette organisation nous donnerait, selon elle, l'occasion d'exploiter les archives d'intervention de cette ONG, ce qui nous permettrait de comprendre comment les organisations non gouvernementales mènent leurs projets d'interventions d'urgence.

Cette proposition du Professeur Granet constituait un excellent compromis pour pouvoir rester à Grenoble sans renoncer à notre sujet d'étude. Plus encore, elle représentait une réelle opportunité pour nous.

Face à cette perspective, le professeur nous avait remis les coordonnées du directeur de l'organisme. Après l'avoir contacté au nom de notre formatrice, le directeur de l'organisme nous avait demandé de lui envoyer notre curriculum vitae ainsi que notre projet professionnel. Le professeur Granet était encore là pour nous aider à rédiger le projet. Cependant, après l'envoi des éléments demandés, nous sommes restés plusieurs jours sans nouvelles du directeur de cette organisation. Plus tard, nous avons appris qu'il était parti en urgence sur le terrain pour une mission d'intervention.

Tout au long de cette période où nous cherchions une solution à notre problématique de sujet de mémoire avec le professeur Granet, nous menions parallèlement des recherches pour trouver des documents afin de pouvoir travailler sur le territoire de l'Afrique des Grands Lacs. À chaque fois que nous abordions les causes de la crise au Kivu, nous étions confrontés au génocide rwandais. Cependant, nous ne souhaitions pas aborder cette question pour deux raisons majeures : d'une part, elle est extrêmement sensible, et d'autre part, le génocide rwandais a déjà été largement étudié par plusieurs chercheurs de différentes spécialités. Néanmoins, compte tenu des liens entre les crises rwandaises et congolaises, nous avons réalisé qu'il était impossible d'étudier la crise au Kivu sans évoquer le Rwanda.

À partir de ce constat, nous avions décidé, pour notre mémoire de Master I, de travailler sur le Rwanda afin de trouver ensuite un angle d'approche pour aborder la question congolaise. En attendant le retour du directeur de l'organisme, et alors que le temps pressait, nous avons pris rendez-vous avec le professeur Granet pour lui présenter notre nouveau projet sur le Rwanda. Pour la convaincre, nous lui avons expliqué que nous avions trouvé de nombreux ouvrages sur le Rwanda. Cependant, le Professeur Granet nous a indiqué que résumer des livres ne constitue pas un travail d'historien. De plus, elle nous a interdit de travailler sur le génocide rwandais, arguant que la sensibilité du sujet mettait en jeu notre sécurité personnelle. En outre, selon elle, nous ne disposions pas de sources suffisantes sur le Rwanda, et il faudrait du temps pour identifier une nouvelle approche à cette question.

Face à cette situation, il était nécessaire de présenter quelque chose de solide pour convaincre le professeur Granet que nous pouvions mener un travail sur le Rwanda tout en étant à Grenoble. Cependant, deux obstacles majeurs se dressaient devant nous : d'une part, où pourrions-nous trouver des sources sur le Rwanda à Grenoble ? Et d'autre part, que pourrions-nous apporter de nouveau sur le Rwanda, un sujet déjà largement traité ?

Pour surmonter notre premier obstacle, nous avions entamé des recherches en ligne. Après plusieurs jours de recherche, nous avions trouvé plusieurs documents, principalement des rapports d'organismes portant sur le Rwanda. Nous avions également mis la main sur les textes des accords d'Arusha, le manifeste des Bahutu, le mandat d'arrêt émis par le juge Bruguière contre des proches du Président Kagame, plusieurs résolutions du Conseil de sécurité des Nations Unies, ainsi que des documents de l'État français sur le Rwanda de 1975 à 1995. Avec tous ces documents en notre possession, nous avions réalisé que la question des sources n'était plus un problème. Grâce à ces archives, nous étions convaincus qu'en tant qu'historiens, nous pouvions produire quelque chose de significatif sur le Rwanda en proposant une nouvelle approche.

À ce stade, notre deuxième problème émergeait : que pouvions-nous apporter de nouveau à l'étude de la crise rwandaise ?

Nous étions en janvier 2016, et un bilan d'étape était prévu pour le mois de février. Cet exercice permettait aux étudiants de présenter leur projet et, par la même occasion, de discuter de leurs difficultés avec les différents professeurs.

En préparation de cette évaluation, nous avions rédigé un document de dix pages décrivant les diverses sources que nous avions recueillies et la manière dont nous envisagions de les exploiter.

Le jour du bilan d'étape, nous avions présenté toutes les sources que nous avions. Nous avions exposé notre intention de travailler sur plusieurs aspects de la crise rwandaise, notamment l'attentat contre l'avion du Président Habyarimana, les origines des dissensions entre les Hutu et les Tutsi, le rôle de la France dans le conflit, l'action des Nations Unies pendant la crise, la question des réfugiés rwandais, et enfin la reconstruction du Rwanda. Après notre exposé, les professeurs Anne-Marie Granet et Anne Dalmasso nous avaient fait remarquer que les objectifs que nous avions fixés étaient ambitieux et qu'il serait impossible de les traiter tous en une année.

Tenant compte de la documentation disponible et de notre détermination, le professeur Granet nous avait autorisés à poursuivre notre travail sur l'Afrique des Grands Lacs. Cependant, le professeur Dalmasso nous avait conseillé de trouver un sujet beaucoup plus précis, car il n'était pas réaliste de travailler sur tous les thèmes que nous avions envisagés.

Après cette journée, nous avions passé deux semaines à réfléchir sur le choix du sujet. Parmi les documents que nous avions recueillis, les textes des accords d'Arusha ne semblaient pas être aussi captivants que le manifeste des Bahutu ou le mandat d'arrêt du juge Bruguière contre les proches du Président Kagame. Cependant, ils suscitaient quand même notre intérêt. En effet, bien que nous ayons lu de nombreux travaux sur le Rwanda, nous n'avions jamais trouvé d'ouvrage entièrement dédié aux accords d'Arusha.

Nous avions une connaissance générale de l'histoire du Rwanda à travers nos lectures, mais nous avions peu d'informations sur les accords d'Arusha et leur échec. Notre désir de comprendre et notre curiosité intellectuelle nous ont incités à approfondir l'histoire de ces accords de paix afin de découvrir quelque chose de nouveau pour notre mémoire.

Grâce aux documents, nous essayerons de répondre aux questions suivantes : Quels sont les facteurs qui ont conduit à l'échec des accords d'Arusha ? Et qui sont les responsables de cet échec ?

La première partie de ce livre s'efforce d'apporter des éléments de réponse à ces questions. Les conclusions formulées pour répondre à ces interrogations suivent une démarche logique, consistant à fournir l'ensemble des informations dont nous disposons et à les analyser.

Conscients de la sensibilité du sujet et du terrain délicat que nous explorons, il est important de noter que nous laissons à chaque lecteur le soin d'apprécier la situation.

Après avoir décrit les péripéties qui ont abouti à la rédaction de la première partie de notre livre, le deuxième axe de réflexion a également été largement inspiré par notre travail de mémoire de master II. Tout comme pour la première partie, il serait intéressant de retracer les étapes par lesquelles nous sommes passés pour rédiger la deuxième partie de cet ouvrage.

Après notre année de master I, nous aspirions à approfondir notre exploration de la problématique des crises dans la région du Kivu. Grâce à notre analyse de la crise rwandaise, nous avions développé une perspective qui nous permettait de comprendre et d'analyser en profondeur les crises congolaises survenues après le génocide rwandais. Nos recherches et nos nouvelles connaissances avaient révélé des questions particulièrement intéressantes qui méritaient notre attention. De plus, elles établissaient un lien direct entre la crise rwandaise et le déséquilibre observé dans la région des Grands Lacs, en commençant par le Kivu. Plus spécifiquement, ces questions se concentraient sur les conséquences de l'échec des accords d'Arusha.

Notre mémoire de master II a été plus facile à mener, car nous sommes restés sur le même territoire d'étude. Le génocide rwandais a engendré trois situations majeures, qui constituent le cœur de la deuxième partie de ce livre :

1. La question des interventions internationales pour faire face à la crise rwandaise ;
2. La question des réfugiés rwandais dans l'ex-Zaïre ;
3. La question des enfants soldats.

Les Nations Unies :

Il est crucial de souligner que les Nations Unies représentent la quasi-totalité des pays du monde, formant ainsi l'instance internationale qui incarne la communauté internationale. Après la signature des accords d'Arusha, l'ONU s'est vue confier la mission de déployer une force militaire chargée de veiller à l'application de ces accords. Ainsi, la MINUAR (Mission des Nations Unies pour l'assistance au Rwanda) a été déployée avant le début du génocide, placée sous la direction du Général canadien Roméo Dallaire. Cependant, cette force était insuffisamment équipée pour faire face au génocide et est restée en grande partie spectatrice des événements tragiques. Face à l'ampleur des massacres, l'ONU avait décidé de créer une nouvelle force, la MINUAR II, dotée de moyens renforcés et de droits d'intervention élargis, en tant que prolongement de la MINUAR.

Il convient de noter que l'ONU dépend largement de ses États membres pour fournir des effectifs pour ses interventions, mais la plupart des pays membres n'étaient pas disposés à fournir les troupes nécessaires dans l'urgence. Face à cette incapacité des Nations Unies à déployer rapidement la MINUAR II, la France avait proposé d'intervenir temporairement en attendant que l'ONU trouve les moyens nécessaires pour mettre en place le dispositif requis.

Opération Turquoise :
Il est indéniable que toute personne intéressée par l'histoire du génocide rwandais et des crises dans la région du Kivu a entendu parler de l'opération Turquoise. En tant qu'alliée du gouvernement de Habyarimana, la France est souvent soupçonnée d'être impliquée dans les crises au Rwanda et en Afrique des Grands Lacs. Vers la fin du génocide, elle avait obtenu l'autorisation des Nations Unies pour mener une opération militaire de maintien de la paix afin de donner à l'ONU le temps de déployer la MINUAR II. Cette opération était considérée par les Nations Unies comme un « lien » entre la MINUAR I et la MINUAR II. Cependant, elle avait été vivement critiquée par de nombreux acteurs, dont le FPR, l'OUA, le chef de la MINUAR, le Général Dallaire, etc. Chacun de ces opposants avait avancé des arguments contre la mise en place de l'opération Turquoise. Malgré ces nombreuses oppositions, l'opération Turquoise avait été menée. Elle a été largement critiquée par la plupart des spécialistes de la région des Grands Lacs, par le gouvernement rwandais actuel et par des organisations non gouvernementales telles que Médecins Sans Frontières, ce qui en fait l'une des principales controverses de l'histoire des interventions en Afrique. C'est pourquoi son étude est pertinente.

Organisations non gouvernementales :
Dans le contexte des crises en Afrique des Grands Lacs, de nombreuses organisations non gouvernementales s'étaient mobilisées pour apporter de l'aide aux populations en situation d'urgence. Pour analyser le rôle de ces ONG dans la région, nous avons choisi d'étudier Médecins Sans Frontières. Cette décision s'est justifiée par le contexte des camps de réfugiés, où les besoins médicaux étaient critiques en raison des blessures, des épidémies et d'autres urgences médicales.

Plus d'une centaine d'organisations étaient actives dans la région pendant la crise, rendant nécessaire le choix d'une organisation spécifique pour restreindre notre champ d'étude. En optant pour Médecins Sans Frontières, nous avons pu nous concentrer sur le rôle crucial des interventions médicales dans ce contexte.

Ces différentes catégories d'intervenants - États, organisations interétatiques et ONG - avaient chacune des missions et des responsabilités spécifiques. Malgré leurs différences, elles avaient toutes travaillé simultanément en Afrique des Grands Lacs pour répondre à la crise.

Malgré les interventions de ces acteurs, la région avait été profondément affectée par la guerre civile en ex-Zaïre, qui avait entraîné la chute du Président Mobutu. Cette guerre avait exacerbé le problème des réfugiés dans la région et avait contribué à l'émergence du phénomène des enfants soldats.

Ces événements ont suscité notre intérêt et nous ont incités à examiner de plus près ces questions.

La question des réfugiés :

La région de l'Afrique des Grands Lacs a été confrontée aux problématiques des réfugiés bien avant les indépendances, dès les années 1960. En effet, dès 1959, avec la révolution des Bahutu, de nombreux Tutsi avaient fui le Rwanda pour se réfugier dans les pays voisins tels que le Burundi, l'Ouganda, la Tanzanie et le Congo. Cette crise des réfugiés a été un facteur majeur des troubles au Rwanda, en ex-Zaïre et a contribué largement au déséquilibre régional.

Les enfants de réfugiés, parmi lesquels figure l'actuel Président Paul Kagame, avaient formé le FPR et déclenché la guerre au Rwanda en octobre 1990, en réponse aux refus répétés du gouvernement rwandais de permettre leur retour au pays.

La généralisation de la crise dans la région des Grands Lacs a alimenté l'émergence du phénomène des enfants soldats, un aspect tragique de la situation.

Les enfants soldats :

Après le génocide rwandais, une guerre civile s'est déclenchée au Zaïre, dirigée par Laurent-Désiré Kabila, qui a conduit à la chute du président Mobutu. Cette guerre congolaise était une des conséquences directes du génocide, avec comme particularité la présence massive d'enfants soldats dans le camp des partisans de Kabila.

Dans cette deuxième partie de notre ouvrage, nous nous concentrons sur les impacts des trois types d'interventions en Afrique des Grands Lacs. Notre objectif est d'analyser les conséquences des interventions de la MINUAR, de l'opération Turquoise et des organisations non gouvernementales dans le territoire. Nous cherchons à comprendre comment ces interventions ont façonné le paysage politique, social et humanitaire de la région, en mettant en lumière les effets sur les populations locales, les conflits régionaux et les dynamiques de pouvoir.

De quoi notre ouvrage est-il fait ?

Ce livre commence par une analyse des causes de l'échec des accords d'Arusha, suivie d'une étude de leurs conséquences, notamment les interventions internationales, la question des réfugiés, des enfants soldats et de l'aide humanitaire menée par les organisations non gouvernementales dans la région des Grands Lacs. À cette fin, nous avons largement exploité les rapports des ONG ayant opéré dans la région, en mettant un accent particulier sur le Rwanda et le Kivu.

Les travaux de ces organismes ont été principalement recueillis lors de nos recherches sur le Web, ce qui nous a permis d'exploiter les documents dans leur version numérique. La collecte de documentation sur ce sujet n'a pas été difficile, car l'Afrique des Grands Lacs constitue une région très agitée, et la plupart des organismes qui y travaillent produisent des rapports régulièrement.

En complément des rapports d'organismes, nous avons également exploité les archives de presse qui portaient sur la situation en Afrique des Grands Lacs. Nous avons examiné les documents de presse produits par des médias tels que Jeune Afrique, Le Monde Diplomatique et des journaux rwandais entre 1990 et 1994. Ces ressources, disponibles à la Bibliothèque des Sciences Humaines et Sociales de l'Université de Grenoble Alpes, constituent nos seules sources papier.

Pour la revue Jeune Afrique, nous avons eu la chance d'avoir accès à toutes les éditions de 1990 à 1996, couvrant ainsi la période de la guerre rwandaise et de la crise des réfugiés à l'Est du Zaïre. À travers ces éditions, nous avons trouvé plusieurs interviews des acteurs de la guerre, notamment celles du Président Habyarimana s'exprimant sur la crise rwandaise. Ces documents nous ont permis de suivre l'évolution de la situation rwandaise dans le temps, ainsi que les revendications et les positions des différentes parties lors des négociations.

S'agissant du Monde Diplomatique, la situation en Afrique des Grands Lacs n'avait pas été au cœur de ses publications pendant cette période. Néanmoins, nous avons trouvé quelques pages dans ses éditions qui traitent des actualités rwandaises et zaïroises. Bien que moins abondante que dans d'autres sources, l'exploitation de ces documents publiés par Le Monde Diplomatique revêt une importance capitale pour notre travail, car elle nous a permis de comprendre la vision de la presse européenne, notamment française, sur la crise en Afrique des Grands Lacs.

Pour les documents de presse rwandais des années 1990, nous les avons recueillis dans l'ouvrage : « Les Médias du Génocide », publié en 1995 sous la direction de Jean-Pierre Chrétien. Cet ouvrage rassemble une grande partie des grandes unes de l'actualité rwandaise produites par les journaux locaux durant la période de la crise. Ces documents nous ont permis de cerner les messages véhiculés, ainsi que les thèmes abordés par les journaux rwandais pendant les quatre années de guerre.

En outre, étant donné que la première partie de ce livre porte sur les accords d'Arusha, nous avons largement étudié les textes de ces accords. Nous avons analysé en profondeur tous les protocoles d'accords signés à Arusha. Ainsi, notre étude a consacré des parties entières à chaque protocole d'accord, notamment ceux traitant de la question des réfugiés, du gouvernement de transition à base élargie, de l'armée de transition, et de l'État de droit. Comme pour les rapports des organismes, il a été facile de trouver sur le Web l'intégralité des textes des accords d'Arusha, accompagnés des signatures des différents acteurs, ce qui atteste de l'authenticité de ces documents.

L'utilisation de documents de l'État français constitue également une part importante de notre recherche. Ces documents concernent les crises au Rwanda et au Kivu et comprennent principalement des notes de compte rendu de terrain envoyées par des généraux de l'armée française au Président François Mitterrand. L'objectif de ces documents était d'informer le Président Mitterrand de l'évolution de la situation dans la région. La plupart de ces documents ont été produits entre 1990 et 1994 et fournissent des informations précieuses sur le rôle de la France dans la crise rwandaise, ainsi que sur l'évolution de la diplomatie et des négociations pendant cette période.

Il est important de noter que depuis 1994, de nombreux travaux ont été réalisés pour mettre en évidence la responsabilité de la France dans la question rwandaise. Ainsi, les personnes qui ont publié ces documents en ligne cherchent principalement à fournir des preuves de la responsabilité de la France dans ces événements. En tant qu'historiens, nous avons utilisé ces documents pour les appliquer à notre problématique de recherche, à savoir l'analyse des éléments ayant contribué à l'échec des accords d'Arusha.

Pour mener à bien notre travail, nous avons également consulté des sources telles que le Manifeste des Bahutu et le rapport du mandat d'arrêt du juge Bruguière lancé contre les proches de Kagame. Ces documents nous ont fourni des informations supplémentaires pour comprendre les événements et les acteurs impliqués dans la crise des Grands Lacs.

Les conséquences de l'échec des accords d'Arusha constituent la deuxième partie de notre ouvrage. Nous avons analysé les résolutions votées par le Conseil de Sécurité sur la situation au Rwanda et sur la crise au Zaïre pour examiner les deux missions des Nations Unies au Rwanda. De plus, nous avons examiné la correspondance entre le représentant de la France auprès de l'ONU et le Secrétaire Général de l'ONU, ainsi que la lettre envoyée par le Secrétaire Général Boutros Boutros Ghali au Conseil de Sécurité, approuvant la demande de la France concernant l'opération Turquoise.

En ce qui concerne Médecins Sans Frontières (MSF), après avoir visité leurs locaux à Paris, nous avons reçu plus de 100 documents, comprenant des comptes rendus, des lettres, des politiques mises en place, etc., produits entre 1994 et 1995. Tous ces documents ont été archivés et numérisés par MSF. Pour un historien, ces archives constituent une ressource précieuse. Grâce à ces documents, nous avons pu analyser le travail réalisé par chaque section de MSF en Afrique des Grands Lacs entre 1994 et 1995.

Notre génération bénéficie d'une chance inestimable grâce à l'accès facile au monde et à l'information qu'offre le numérique. Cependant, cette facilité d'accès présente des risques pour les jeunes chercheurs. En effet, il est courant de se retrouver submergé par une multitude d'informations, dont bon nombre sont erronées. Afin de tirer pleinement parti de cette évolution technologique, il est essentiel d'adopter une démarche méthodologique et structurée.

Dans le cadre de ce travail, les documents numériques que nous avons utilisés pour étudier les Nations Unies, l'opération Turquoise et MSF présentent trois caractéristiques distinctes :

- Ils sont officiels, comportent les signatures et les cachets des institutions qui les ont produits.
- Ils ont été rédigés aux moments des événements et non après.
- Ils ont été numérisés et publiés sous leur forme originale.

Nous avons aussi exploité des ouvrages produits par des historiens, des politologues, et des sociologues de différentes nationalités.

À présent, il est temps de vous plonger dans notre ouvrage.

PREMIERE PARTIE : L'ECHEC DES ACCORDS D'ARUSHA

CHAPITRE 1 :
LES FONDEMENTS DE LA NATION RWANDAISE

De quoi le Rwanda est-il fait ?

Cadre spatial de l'Afrique des Grands Lacs et du Rwanda

Ici, dans les grandes lignes qui suivent, il s'agit de rappeler le cadre géographique du Rwanda et de l'Afrique des Grands Lacs et de proposer une brève approche historique de la région.

L'appellation Afrique des Grands Lacs a été prononcée pour la première[7] fois par des explorateurs anglais[8] au XIXe siècle lors de leur quête des sources du Nil. Cette région désigne l'espace situé dans la zone interlacustre, entourée par les lacs Victoria, Tanganyika, Kivu et Albert. Elle constitue également une confluence de quatre pays : la République démocratique du Congo, le Rwanda, le Burundi et l'Ouganda. Dans ce livre, nous avons également inclus la Tanzanie dans cette région, car ce pays a joué un rôle important dans la gestion de la crise rwandaise.

Très fertile, l'Afrique des Grands Lacs est un territoire doté d'énormes potentialités. C'est là que le Nil, le deuxième fleuve le plus long au monde après l'Amazone, prend sa source. Le fleuve Congo, également situé dans cette région, est le deuxième fleuve le plus puissant au monde en termes de débit, après l'Amazone.

Le Rwanda, surnommé le « *pays des mille collines* », occupe une position centrale au sein de l'Afrique des Grands Lacs. Il est bordé au Nord par l'Ouganda, à l'Est par la Tanzanie, à l'Ouest par la République démocratique du Congo, et au Sud par le Burundi. À l'exception de ce dernier, qui a une superficie presque équivalente à celle du Rwanda, le « *pays des mille collines* » est entouré de vastes pays. En raison de sa situation géographique, le Rwanda joue le rôle de trait d'union entre les grands États de la région des Grands Lacs africains.

Le Rwanda est surnommé le « *pays des mille collines* » en raison de son relief composé de hauts plateaux, formé par les mouvements tectoniques du socle africain. Cet environnement géographique a toujours attiré les convoitises en raison de son climat agréable, de ses ressources hydriques abondantes et de la fertilité de son sol. Ces avantages naturels ont favorisé le développement de l'agriculture et de l'élevage, qui sont les principales activités économiques des habitants du pays.

---

[7]GEO, n°403 de septembre 2012, p. 87.
[8] Richard Francis Burton, David Livingstone et Henry Morton Stanley.

Carte du Rwanda

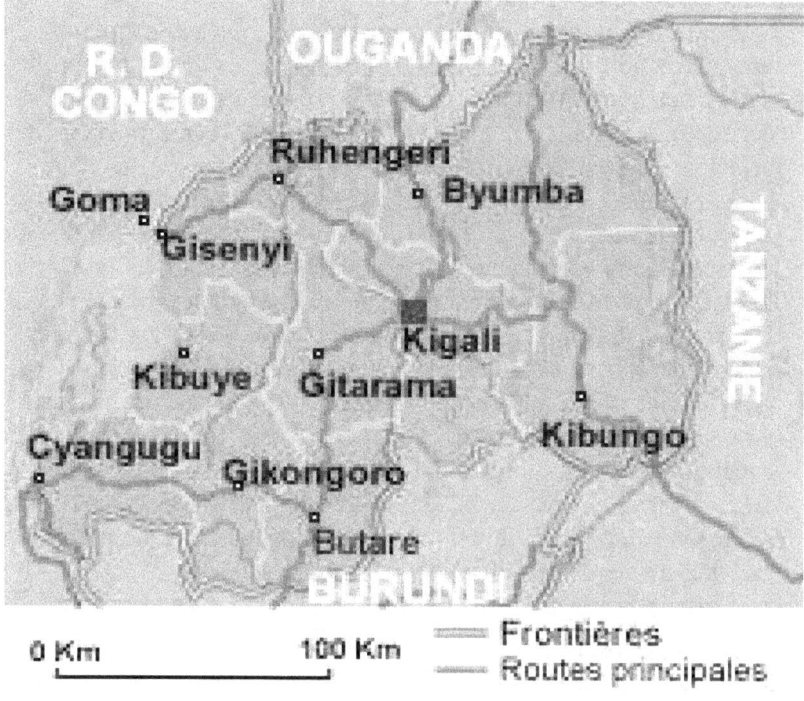

Source : RFI 01/04/2004

La question démographique du Rwanda

Le continent africain fait environ trente millions de kilomètres carrés et compte aujourd'hui un peu plus d'un milliard d'habitants. Il a une densité relativement faible, environ trente habitants par km². Ce vaste continent compte aujourd'hui 54 États. La densité varie d'un pays à un autre. En étudiant la densité des pays africains, nous sommes interpellés par la situation de deux pays : le Rwanda et le Burundi. Ces deux pays sont parmi les plus petits du continent, mais ils font partie des plus densément peuplés. En effet, le Rwanda, qui mesure environ 26 mille km², comptait en 2013, 11, 78 millions[9] d'habitants, soit une densité d'environ 450 habitants par km². Le Burundi, qui a à peu près la même superficie que le Rwanda,

---

[9] Source Banque Mondiale, 2013.

comptait 10, 16 millions[10] d'habitants en 2013, soit une densité d'environ 390 habitants par km².

Selon Jean-Pierre Chrétien[11], en 1880, le Rwanda comptait déjà une population de 2 millions de personnes, alors que la plupart des autres territoires africains étaient presque vides. Cette forte concentration humaine peut s'expliquer par deux phénomènes principaux. Tout d'abord, le Rwanda, en raison de sa position géographique, avait été relativement préservé des systèmes d'esclavage occidental et oriental qui touchaient d'autres régions du continent. Pour accéder au Rwanda depuis l'Ouest, il fallait traverser la dense forêt tropicale du Congo ; à l'Est, les vastes montagnes de l'Afrique de l'Est devaient être franchies ; et au Nord, les massifs de l'Ouganda et du Kenya représentaient des obstacles naturels. Cette géographie isolée a donc protégé le Rwanda d'une invasion étrangère. Le deuxième phénomène est lié à la fertilité exceptionnelle du sol rwandais. Situé au cœur de l'Afrique des Grands Lacs, le Rwanda bénéficie d'un approvisionnement en eau toute l'année, ce qui a favorisé le développement de l'agriculture et une densité de population élevée.

Lorsque le Rwanda a accédé à l'indépendance, le pays comptait « *trois millions (de personnes) vers 1963-1964, puis quatre millions dix ans après.* »[12] Cette hausse rapide de la population est due au fait que les premières années d'indépendance du pays constituaient une période de prospérité. La majorité de la population rwandaise était constituée d'agriculteurs, et dans la conception africaine de cette époque, la prospérité d'une personne se définit par le nombre de ses enfants, c'est-à-dire le nombre de mains pour travailler la terre. De ce fait, les gens se mariaient très jeunes pour avoir très tôt des enfants.

Dans les années 1980, la population du Rwanda atteignait sept millions de personnes. À cette époque, une famille nombreuse n'était plus considérée comme une richesse, mais plutôt comme une source de misère. En effet, avoir beaucoup d'enfants signifiait avoir plus de bouches à nourrir avec très peu de terres à partager. Ces problèmes fonciers, exacerbés par le boom démographique, avaient poussé le Président Habyarimana à soutenir que « *l'explosion démographique*

---

[10] Idem.
[11] Chrétien. J.P, Rwanda, Racisme et Génocide : l'Idéologie Hamite, Op. Cit, p 70.
[12] Jeune Afrique N° 1551, du 19 au 25 septembre 1990, p 44.

nous a totalement pris au dépourvu. Sa violence, son envergure ont été telles que pendant qu'elle se manifestait, nous étions encore à nous demander comment il fut possible que ce que nous regardions comme notre plus grande richesse (…) puisse se retourner contre nous et menacer nos acquis si durement arrachés. »[13] Le Rwanda dépendait essentiellement de ses exportations de café et de thé. La surpopulation commençait à se faire sentir à la fin des années quatre-vingt lorsque le cours du café avait fortement chuté. En effet, en 1986, les exportations de café[14] représentaient 150 millions de dollars, en 1987, elles tombent à 92 millions et un an plus tard, c'est-à-dire en 1989, elles chutent jusqu'à 70 millions. Ce qui représente une chute de plus de 50 % des recettes des exportations du café en deux ans. Cette diminution des revenus combinée à l'érosion des sols a provoqué une famine en 1989. La production agricole du pays ne pouvait subvenir qu'aux besoins de 5 millions de personnes[15], alors que le pays comptait 7,5 millions d'habitants.

Cette question démographique et le manque de terres constituaient la principale préoccupation du gouvernement au début des années 1990. Le paradoxe du Rwanda est que la majorité des habitants vivent dans les provinces plutôt que dans les grandes villes, contrairement à la situation dans d'autres pays africains. À titre d'exemple, prenons le cas du Sénégal : Dakar, la capitale, qui ne représente que 0,3 %[16] de la superficie totale du pays, regroupe 23 % de la population sénégalaise. Nous pouvons comprendre ce paradoxe rwandais car le pays est resté essentiellement agricole après l'indépendance. De ce fait, chaque paysan rwandais disposait de son propre lopin de terre pour y pratiquer son travail. Cependant, l'exploitation de ces terres par les paysans est restée artisanale et les rendements n'étaient pas assez élevés pour subvenir aux besoins de toute la population.

Il faut rappeler que 10 % du territoire rwandais est consacré à des parcs et à des forêts protégées. Devant la montée démographique, certains Rwandais pensaient[17] que ces réserves devaient être exploitées au profit de la population. Mais Habyarimana ne voulait pas de cette solution, car « *la destruction de nos parcs au profit de*

---

[13] Idem.
[14] Op.cit, Jeune Afrique, N° 1551, p 55.
[15] Idem, p 58.
[16] Agence Nationale de la Statistique et de la Démographie, Situation Economique et Sociale du Sénégal en 2015, Janvier 2018.
[17] Ibid, p 45.

l'agriculture, une solution pour demain ? Ou, plutôt, répit d'un jour, car après-demain, nous nous rendrions compte que le problème de terre revient avec davantage de gravité. Et, en plus du déséquilibre de certains de notre écosystème, jamais plus d'industrie touristique, plus d'espoir pour nos enfants (...) l'équilibre écologique est aussi vital pour notre survie que l'équilibre alimentaire ou culturel. »[18] Le Président savait que la solution ne résidait pas dans l'utilisation de cet espace. Aujourd'hui, ces réserves de forêts et de parcs attirent des touristes du monde entier au Rwanda.

L'Église, très liée au pouvoir au Rwanda en raison de l'histoire du christianisme dans le pays, avait toujours soutenu le mariage et la procréation tout en luttant contre l'utilisation des méthodes de contraception. Cependant, pendant cette période, elle avait pris conscience de la nécessité de trouver une solution à cette démographie galopante. Ce qui pousse l'abbé Félicien Muwara à soutenir que « *la solution la plus efficace est de réduire la natalité, en laissant à chaque couple le choix des moyens pour y arriver.* »[19]

Il convient également de rappeler que le pays comptait un grand nombre de réfugiés qui s'étaient regroupés dans des associations en vue de retourner dans leur pays d'origine. Cependant, en raison du contexte social et des graves crises économiques que traversait le pays, le Président Habyarimana refusait d'accueillir les 250 000 réfugiés venant de l'Ouganda. Selon Habyarimana,[20] la solution résidait dans la négociation avec les pays d'accueil afin que les réfugiés soient naturalisés dans ces pays disposant de plus d'espace. Ce n'est que lorsque le FPR a attaqué le Rwanda que Habyarimana a accepté le retour des réfugiés rwandais dans leur pays.

Comment le Rwanda est-il devenu une Nation ?

Le Rwanda et l'Église

La religion chrétienne est la principale religion au Rwanda. Les relations entre l'Église et le pouvoir au Rwanda ne datent pas d'aujourd'hui, mais remontent à l'époque coloniale, lors des premiers contacts entre les colonisateurs et les Rwandais. Jusqu'en 1894,[21] le Rwanda, en raison de sa position géographique, était un pays

---

[18] Idem.
[19] Op.cit, Jeune Afrique N°1551, p 51.
[20] Idem, p 48.
[21] Chrétien. J.P et Kabanda.J, Le Rwanda un Génocide Raciste, Paris, Editions Belin, 2013.

largement inexploré. Cette isolation a permis aux habitants du Rwanda de préserver leur religion traditionnelle, échappant ainsi à l'expansion de l'Islam et du Christianisme. Cependant, les colonisateurs ont perçu cette situation comme une opportunité de christianiser entièrement le territoire pour mieux répandre la religion catholique dans le continent.

Le Rwanda étant un royaume, la politique des colonisateurs était de convertir le souverain afin de donner l'exemple à la population. Le roi Musinga, en refusant de se convertir au christianisme, avait été destitué par les autorités belges pour être remplacé par son fils Mutara III Rudahigwa[22] qui se convertit et se fait baptiser en 1943. La conversion du roi avait entraîné, comme l'avaient pensé les colonisateurs, la conversion d'une bonne partie des habitants du royaume. En 1950, une partie importante de la population était déjà baptisée. Et le premier évêque noir de l'Afrique belge fut Mgr Aloys Birirumwami[23], qui dirigea en 1952 le vicariat de Nyundo.

Au Rwanda, l'éducation avait été confiée à l'Église. Les écoles étaient administrées par les religieux. Dans les années cinquante, devant la conversion en masse de la population, arrivent au Rwanda *« les Maristes, les Sœurs auxiliaires, les Frères des écoles chrétiennes, les Salisiens, les Sœurs de l'assomption »*[24] pour ouvrir chacun des écoles, des foyers sociaux ou des ateliers d'artisanat, afin d'assurer l'éducation du peuple rwandais. Même l'enseignement supérieur n'avait pas échappé à l'Église, car l'Université de Butaré avait été fondée par des pères dominicains provenant du Canada. La plus grande partie des élites rwandaises qui avaient dirigé le pays après l'indépendance avaient été formées par l'Église, ce qui explique les relations très étroites entre l'État rwandais et l'Église.

Lors des premiers contacts entre les colonisateurs et le Rwanda, le pays était dirigé par un roi Tutsi qui était vénéré et respecté. Afin de simplifier la domination coloniale, les colonisateurs ont choisi une forme de colonisation indirecte, c'est-à-dire en accordant tous les pouvoirs au monarque Tutsi, afin qu'il gouverne le peuple selon les désirs des colonisateurs. Ce qui avait poussé une faction d'intellectuels Hutu à souligner : « *le Muhutu devant supporter le hamite et sa domination et l'Européen et ses lois passant*

---

[22] Jeune Afrique N° 1551, du 19 au 25 septembre 1990, p 51.
[23] Idem.
[24] Idem.

systématiquement par le canal mututsi. »[25] Comme nous l'avons montré, la volonté de l'Église était de convertir en masse les Rwandais à la chrétienté. Les Hutu représentaient 84 % de la population.

Pour des raisons religieuses, le monarque Musinga avait été destitué. Cette situation avait poussé la population à comprendre que la royauté ne constituait plus le symbole de la nation, mais plutôt l'Église qui était nettement plus forte que le pouvoir royal. La masse Hutu, en se ralliant à l'Église, commençait à avoir les faveurs de cette dernière. Jean-Pierre Chrétien rapporte que : « *Selon Kandt*[26]*, les missionnaires préfèrent humilier les chefs batutsi afin de recevoir l'appui des paysans bahutu qu'ils considèrent comme des enfants plus faciles à manier.* »[27] Pour l'Église, les Tutsi étaient perçus comme étant plus résistants à l'imposition de la religion. Les missionnaires ont donc pris leur distance vis-à-vis des Tutsi. Pour marquer la rupture, l'Église décrit les Hutu « *à la fois comme travailleurs, de bonnes moralités et exploités par leurs dirigeants.* »[28] Cette description témoigne de l'implication de l'Église dans l'entretien de la division entre Hutu et Tutsi. Bien que l'Église ne soit pas à l'origine des tensions entre ces deux groupes, il est important de noter qu'elle a participé à la radicalisation des deux parties en prenant parti pour les Hutu et en se distanciant des Tutsi.

L'Église a joué un rôle significatif dans l'accession au pouvoir des Hutu. Par conséquent, elle est devenue l'un des piliers les plus importants de l'État rwandais après l'indépendance. La prise de position de l'Église en faveur des Hutu a contribué aux dissensions entre les deux groupes après l'indépendance.

L'idéologie dans laquelle le Rwanda est devenu indépendant

La marche vers l'indépendance du Rwanda a été une période très agitée. Contrairement à d'autres pays africains où l'ensemble de la population militait pour accéder à l'indépendance malgré les dissensions ethniques et politiques, au Rwanda, on observe une opposition entre deux groupes qui se livraient une guerre tout en prenant le colonisateur comme arbitre. Face à ce contexte, un groupe d'intellectuels Hutu a rédigé un manifeste adressé au vice-

---

[25] Manifeste du Bahutu, du 24 mars 1957.
[26] Richard Kandt est un médecin et un explorateur allemand.
[27] Jean Pierre Chrétien Op cit 2010, p 94.
[28] Chrétien J.P, et Kabanda. M, Op cit, 2013, p 81.

gouverneur général le 24 mars 1957. Le manifeste était titré : « *Note sur l'aspect social du problème racial indigène au Ruanda.* »[29] Il posait tous les problèmes sociaux que vivaient les Rwandais pendant l'époque coloniale. Ses auteurs soulignent qu'il existe un problème au Rwanda. D'aucuns se demandent « *s'il s'agit là d'un conflit social ou d'un conflit racial.* » Mais pour eux, il s'agit des deux à la fois. Cette affirmation nous pousse à nous demander pourquoi la notion de « *race* » avait été utilisée dans le manifeste par des Rwandais pour parler des problèmes entre Rwandais. Le mot race est défini comme une « *catégorie de classement de l'espèce humaine, selon des critères morphologiques ou culturels, scientifiquement aberrante, dont le fondement des divers racismes et de leurs pratiques.* »[30] Partant de cette définition, il est important de se demander comment des individus partageant la même langue, les mêmes pratiques et la même couleur de peau peuvent être considérés comme appartenant à deux races distinctes. Aujourd'hui, les avancées en génétique ont conduit au rejet de toute tentative de classification raciale chez les êtres humains. En effet, la notion de race ne s'applique qu'aux animaux et aux plantes. Ainsi, le fait que des intellectuels rwandais aient décrit la société rwandaise comme étant composée de deux races distinctes est révélateur de la tension palpable entre une partie des Hutu et une partie des Tutsi à la veille de l'indépendance du Rwanda.

L'utilisation du terme « *race* » en 1957 peut donc être considérée comme une clé de compréhension du caractère raciste du génocide de 1994. Cela montre comment des idées et des classifications raciales ont été utilisées pour diviser la société rwandaise et nourrir les tensions ethniques qui ont finalement abouti à des conflits violents et au génocide.

Les auteurs du Manifeste étaient parmi les premiers intellectuels rwandais, tous formés dans les écoles établies et dirigées par les colonisateurs. Dans ces écoles, ils ont été imprégnés d'une idéologie, d'une culture et de connaissances spécifiques. Avant l'arrivée des colonisateurs, la notion de race ne se posait pas au Rwanda.

À leur arrivée, les colonisateurs ont trouvé trois groupes sociaux distincts : les Hutu, les Tutsi et les Twa. Ils ont catégorisé ces groupes en les classant selon leur morphologie en termes de races. Les Tutsi, avec une peau plus claire, ont été décrits comme des

---

[29] Manifeste des Bahutu, le 24 mars 1957.
[30] Le Petit Larousse, 2014, p 954.

Hamites, tandis que les Hutu, avec une peau plus foncée, ont été décrits comme des Bantous.

Jean-Pierre Chrétien nous apporte la conception d'un médecin belge sur les habitants du Rwanda : « *Les Batutsi sont des Hamites, probablement d'origine sémitique... Ils sont élancés. Ils possèdent le nez droit, le front haut, les lèvres minces... Ils apparaissent distants, réservés, polis, fins (...) les Bahutu, des négres qui en possèdent toutes les caractéristiques : nez épaté, lèvres épaisses, front bas, crâne brachycéphale.* »[31] Effectivement, cette vision des colonisateurs a été développée et enseignée lors de la formation des premiers intellectuels rwandais. Elle a été entretenue et soutenue par ces intellectuels. Compte tenu de la majorité de la population hutu, certains leaders politiques hutu se sont appuyés sur la question des races pour accéder au pouvoir. Une fois l'indépendance obtenue, cette conception de la société rwandaise a été perpétuée par des hommes politiques afin de maintenir leur pouvoir. C'est dans cette logique que la notion du « *rubanda nyamwinshi* » « *le peuple majoritaire* »[32] a été créée.

En examinant les éléments de la presse rwandaise des années quatre-vingt-dix, on observe une fréquente utilisation de ce discours appelant à l'union des Hutu contre les Tutsi « *envahisseurs* » d'origine « *hamite* ».[33]

L'identité de l'État rwandais après l'indépendance a été façonnée sur la base d'une idéologie raciste initiée par les colonisateurs. Il est important de noter qu'après le départ des colonisateurs, cette idéologie raciste a été développée pendant trente ans par les Rwandais eux-mêmes. Elle a atteint son paroxysme lors du génocide, lorsque certains membres de la population Hutu se sont lancés dans le massacre des Tutsi.

Jean-Pierre Chrétien, spécialiste de la crise rwandaise, avance que les colonisateurs ont contribué à créer les conditions qui ont mené au génocide. Certes, les colonisateurs ont joué un rôle dans les dissensions, mais est-il légitime de les accuser d'avoir programmé le génocide ? Certains soutiendront que ce sont les colonisateurs qui

---

[31] Chrétien Jean-Pierre, Op cit, 2010, p 304.
[32] Kangura, n°39, 21 janvier 1993, p. 2, éditorial de Hassan Ngeze, « Arusha nous entraîne dans une guerre ethnique ».
Cet article est tiré de l'ouvrage : Les médias du génocide. Dans cet ouvrage, il y a plusieurs articles de ce genre qui soulèvent ces genres de groupes de mots.
[33] Chrétien. J.P et Kabanda. M, Op. cit, 2013.

ont instauré la dichotomie Hamite et Bantu au Rwanda. Il est important de noter que cette classification ethnique n'était pas propre au Rwanda, mais également présente dans d'autres régions colonisées par les Européens. Les colonisateurs avaient une connaissance limitée des peuples africains. Lorsqu'ils rencontraient des habitants avec une peau plus claire, ils supposaient qu'ils venaient d'Asie. Maurice Delafosse[34] avait par exemple avancé que les Peuls étaient originaires d'Asie. Cependant, de nombreux travaux ultérieurs ont démontré que les Peuls sont bien d'origine africaine, malgré leur teint plus clair.[35]

Cela soulève la question de savoir pourquoi les intellectuels rwandais n'ont pas entrepris de déconstruire cette vision. Cette idéologie raciste ne servait-elle pas les intérêts de certains Hutu et Tutsi ? Les premiers auraient pu l'utiliser pour s'emparer du pouvoir en tant que majoritaires, tandis que les seconds pouvaient s'en servir pour se distinguer en tant qu'issus de la royauté.

Ce que nous soutenons ici, c'est que la distinction entre les deux « *races* » a été perpétuée par les politiciens rwandais, qui ont entretenu cette idéologie raciste pendant des décennies après l'indépendance du pays. Cela nous amène à nous demander si le génocide, causé en partie par une question identitaire, ne serait-il pas largement imputable à un groupe de politiciens rwandais ayant développé l'idéologie raciste des années après l'indépendance du pays ?

Les deux premières Républiques rwandaises

Le Rwanda sous la première République

Comme la plupart des autres pays africains, le Rwanda a accédé à l'indépendance dans les années soixante, plus précisément en 1962. Toutefois, contrairement à certains pays africains où l'indépendance a été obtenue au prix de nombreux morts lors de manifestations réprimées par le colonisateur, au Rwanda, la plupart des victimes n'ont pas été causées par une répression coloniale, mais par des

---

[34] Maurice Delafosse : Les Noirs de l'Afrique (1922)
 Maurice Delafosse est un ancien gouverneur des colonies, professeur à l'école coloniale et à l'école des langues orientales.
[35] Parmi les personnes qui ont travaillé sur l'origine des peuls on peut citer le professeur Aboubacry Moussa Lam de l'Université Cheikh Anta Diop de Dakar.
Voir son ouvrage : De l'origine égyptienne des peuls.

affrontements entre les Hutu et les Tutsi. Cette lutte a abouti à la victoire des Hutu, qui ont réussi à renverser la monarchie tutsi. À la suite de cette victoire, ils ont instauré la République, ce qui a entraîné le départ de nombreux Tutsi du Rwanda vers d'autres pays étrangers pour se réfugier.

Le mouvement Hutu ayant conduit à la République était dirigé par neuf jeunes intellectuels Hutu :[36] Maximilien Niyonzima, Godefroid Sentama, Grégoire Kayibanda, Silvestre Munyambonera, Claver Ndahayo, Joseph Sibomana, Isidore Nzeyimana, Joseph Habyarimana et Calliopé Mulindahabi. Ces personnes constituent les auteurs du *« Manifeste des Bahutu »*. Elles avaient créé le parti Aprosoma (*Association pour la promotion sociale de la masse*). Grégoire Kanyibanda en 1959 explique l'objectif de l'Aprosoma en ces termes. « *Notre mouvement vise le groupe Hutu, outragé, humilié et méprisé par l'envahisseur Tutsi. Si nous voulons lui rendre service, évitons de l'embrouiller avec un jeu de mot... Nombreux sont ceux qui demandent ce que Aprosoma veut dire. On leur répond que ce sont les « ennemis du mwami », que c'est « un monstre qui va dévorer les Batutsi » (...) Nous devons éclairer la masse, nous sommes là pour faire restituer le pays à ses propriétaires ; c'est le pays des Bahutu (gusubiza igihugu bene cyo ; ni icy' Abahutu). Le petit Mututsi est venu avec le grand. La forêt a été défrichée par qui ? Par Gahutu. Alors !* »[37] À travers ce discours, on perçoit clairement la lutte menée par les intellectuels Hutu dans les années 50. Cette lutte a conduit à la chute de la monarchie et à la proclamation de l'indépendance du Rwanda. Grégoire Kayibanda a été élu premier Président de la République du Rwanda. En tant que Président de la République, il a dirigé le pays avec cette conception. Sous sa gouvernance, le pouvoir et l'armée étaient entre les mains des Hutu. Selon Jeune Afrique, *« le 21 décembre 1963, 200 à 300 Inyenzi venus du Burundi et se réclamant de l'Union nationale rwandaise, armés de quelques fusils, de lances et de flèches, avaient assailli le camp Gako.* »[38] Les Inyenzi étaient des Tutsi qui s'étaient réfugiés dans les pays frontaliers du Rwanda. Leur attaque était motivée par leur désir de retourner au Rwanda pour reprendre le pouvoir. Cependant, ils ont été arrêtés à une vingtaine de kilomètres

---

[36] Manifeste des Bahutu, 24 mars 1957.
[37] Chrétien Jean-Pierre, Op. Cit, 2010, pages 317- 318.
[38] Jeune Afrique N° 2778 du 6 au 12 avril 2014, p 29.

de la capitale par des unités de la Garde nationale bien armées et commandées par des officiers belges.

Après cette attaque, commencèrent les massacres de Tutsi de 1963. À la suite de ces massacres, le terme « *génocide* » avait été utilisé pour la première fois dans l'histoire du Rwanda. Se prononçant sur ces massacres, le Président Kayibanda souligne : « *À supposer par l'impossible que vous veniez à prendre Kigali d'assaut, comment mesuriez-vous le chaos dont vous serez les premières victimes ? Vous le dites entre vous : ce serait la fin totale et précipitée de la race Tutsi. Qui est génocide ?* »[39] Dans cette affirmation du Président Kayibanda, le terme "génocide" a été utilisé. Cela laisse entendre que les massacres de Tutsi à la suite de l'attaque de 1963 étaient si importants qu'ils ont été qualifiés de génocide. Ce discours du Président Kayibanda montre que le premier chef d'État rwandais était déterminé dans la lutte contre les Tutsi et ne montrait aucune empathie envers les victimes Tutsi. Pourtant, la plupart des victimes de ces massacres étaient des Tutsi qui étaient restés au Rwanda et n'étaient pas impliqués dans cette attaque.

Lorsque le pays avait accédé à l'indépendance, la constitution du 24 novembre 1962 avait entériné l'existence du multipartisme. Mais, lors de la première élection du pays en 1965, seul le parti du Président, le MDR-Parmehutu fut représenté.[40] Ce parti resta le seul parti politique du pays jusqu'à sa chute en 1973.

Le Président Grégoire Kayibanda étant originaire du sud du Rwanda, une grande partie de ses ministres étaient également originaires de cette région. Comme cela se produisait souvent dans de nombreux premiers gouvernements d'États africains, les personnes les plus influentes du pouvoir étaient généralement issues de la même région ou de la même ethnie que le président. Cette situation a engendré une tension entre les Hutu du Nord et du Sud. Pour apaiser ces tensions entre les Hutu, le gouvernement de Kayibanda encourageait souvent des massacres de Tutsi. Cela permettait au Président Kayibanda de rassembler les Hutu autour d'une même idéologie en leur désignant un ennemi commun : le Tutsi, considéré comme un envahisseur. Cependant, dans les années 1970, cette stratégie n'était plus viable. Les critiques à l'égard de la

---

[39] Idem.
[40] Idem.

politique du gouvernement de Kayibanda ne venaient plus des Tutsi, mais des Hutu du Nord, notamment des habitants des régions comme Gisenyi et Ruhengeri. L'appel aux massacres des Tutsi n'était plus un discours légitime. Face à cette situation, le Général Juvénal Habyarimana, chef d'État-major de l'armée et originaire du Nord, avait renversé le Président Kayibanda et avait instauré la Deuxième République en 1973.

Le Rwanda sous la deuxième République

En 1973, le Rwanda connaît un regain de tensions. Elles étaient une répercussion du mécontentement de la population sur la gestion du Président Grégoire Kayibanda. Les divergences entre les Hutu du Nord et ceux du Sud s'intensifiaient. Pour régler la crise, le Général Habyarimana prit le pouvoir et promit de rétablir l'ordre dans le pays. Par ce coup d'État, Habyarimana instaura la deuxième République rwandaise. Son coup d'État semble être non-violent. Mais il faut souligner qu'« *une cinquantaine des dirigeants les plus éminents de la première République furent néanmoins exécutés par la suite, ou moururent en prison.* » En effet, le Président Kayibanda fut arrêté et mis en prison. Quelque temps après, il est déclaré mort.

Habyarimana dirigea le pays de juillet 1973 à avril 1994. Durant sa gouvernance, le pays semblait être plutôt apaisé. Les appels à la chasse aux Tutsi régulièrement lancés par son prédécesseur n'étaient plus à l'ordre du jour. Le 5 juillet 1977, à l'occasion de la célébration de ces quatre années de pouvoir, Habyarimana souligne : « *Le précédent régime avait installé la division dans tout le pays. Au lieu de panser les blessures, la première République a choisi de diviser pour régner. Les Tutsi étaient complètement mis en marge de la société. Aujourd'hui, je peux vous assurer que les querelles entre ethnies n'existent plus. Certes, il est difficile de réparer en quatre ans quarante années de discorde.* »[41] La politique « ethnique » de la Deuxième République était plus souple que celle de la première République. Cette situation peut être comprise par le fait que les dirigeants de la première République avaient réussi à prendre le pouvoir en tenant un discours séparatiste. La Deuxième République est née à la suite d'une crise régionale et économique. Donc sa politique était de rassembler le peuple pour surmonter la crise. Cette politique d'union nationale avait rendu le pays calme. Contrairement

---

[41]Sindayigaya, J-M, Op.cit, 1998, p 128.

au régime précédent, ce régime n'avait pas subi d'attaque des Tutsi venant de l'extérieur entre 1973 et 1989. La première attaque qu'il a subie a eu lieu le 1er octobre 1990, date de début de la guerre entre le Rwanda et le FPR.

Cette politique d'union permettait à Habyarimana de diriger le pays d'une main ferme. Il commence par faire voter un référendum pour officialiser le Parti unique. Le Président Habyarimana crée en 1975 le Mouvement Révolutionnaire National pour le Développement (MRND),[42] qu'il considère comme le parti de tous les Rwandais. En effet, tout Rwandais est membre dès sa naissance du MRND. Lors des élections de 1989,[43] Habyarimana était le candidat unique. Il remporta les élections avec 98, 98 % des voix. Juste avant les élections, deux personnages qui avaient osé critiquer la gestion du Président meurent dans des accidents. *« En 1989, Fercule Nyiramutarambirwa, membre du CND (...) était renversé par un camion, quelques jours après avoir critiqué la gestion des travaux publics, fief du gendre de Habyarimana. L'Abbé Sindambiwe qui osa critiquer la gabegie, à son tour décéda dans un accident de voiture. »* [44] Le Conseil national de développement (CND) constitue le Parlement rwandais. Nous ne pouvons pas affirmer que ces accidents étaient programmés, faute de preuves pour les étayer.

La Deuxième République avait commencé à connaître des tensions sociales vers la fin des années 80. Cette période coïncide avec la crise économique au Rwanda, mais aussi dans presque tous les pays africains. C'est pendant cette période que beaucoup de guerres civiles se sont déclenchées dans le continent. Quand les caisses de l'État central sont remplies, l'État fait toujours face à ses obligations, mais quand les caisses sont vides, toutes les tensions sociales ressurgissent. Donc, c'est à partir de cette période que les crises entre Hutu et Tutsi avaient réapparu. Ces tensions avaient été intensifiées par l'attaque du FPR qui avait accentué les difficultés économiques du pays.

La plupart des tenants du pouvoir sous la Deuxième République venaient de la même région que le Président Habyarimana, c'est-à-dire du nord du Rwanda. C'est exactement ce qui s'était passé sous la Première République, dont le pouvoir était centré au Sud, région

---

[42] Tribunal pénal international pour le Rwanda, ICTR No. 97-27, p 2.
[43] Le Monde Diplomatique, 20 novembre 1990, p 20.
[44] Op.cit, Démocratie ou Ethnocratie, p 213.

d'origine du premier Président. L'attaque du FPR et la crise économique du pays avaient soulevé les problèmes régionaux. Lorsque le multipartisme avait été instauré, la majorité des partis politiques d'opposition venaient du Sud.

Le régionalisme est l'une des questions majeures qui ont marqué le Rwanda contemporain. Ce problème créé par la première République a été à l'origine de sa chute. Le même schéma s'est produit lors de la deuxième République. Cette question n'a pas encore été étudiée par les historiens. Elle est masquée par les dissensions Hutu - Tutsi. Mais, il faut signaler que beaucoup de personnalités Hutu du Sud avaient été massacrées durant le génocide.

CHAPITRE 2 :
LA GUERRE AU RWANDA

L'attaque du FPR et la contre-attaque des FAR

Le 1ᵉʳ octobre 1990

Le 1er octobre 1990 restera une date inoubliable dans l'histoire du Rwanda. Cette date marque le début de la guerre entre le gouvernement rwandais et le FPR, qui a duré quatre longues années. Elle a atteint son apogée entre avril et juillet 1994, période du génocide. Elle s'était soldée par la mort de plus de huit cent mille personnes et le déplacement de plus d'un million de Rwandais. Elle a provoqué également l'effondrement total de l'économie rwandaise qui était déjà gravement affaiblie dans les années 80.

L'attaque du 1er octobre n'a pas été la première que le Rwanda indépendant ait connue. Mais elle constitue la première depuis la prise du pouvoir par le Général Habyarimana en 1973. Elle est intervenue à un moment où le Rwanda n'avait pas du tout besoin d'une guerre. Elle était très bien organisée, car les rebelles étaient issus de l'armée régulière ougandaise. Fred Rwigema, le chef qui avait coordonné cette attaque, *« fut le numéro 2 du NRA. »*[45] La National Resistance Army fut la rébellion qui porta le Président Museveni au pouvoir en Ouganda en 1986.

Parmi les soldats du NRA se trouvaient plusieurs réfugiés originaires du Rwanda, dont Fred Rwigema et Paul Kagame, les futurs dirigeants du FPR. Cette attaque du FPR était inéluctable et Habyarimana le savait très bien. Pendant des mois, les militaires tutsi ougandais d'origine rwandaise avaient commencé à déserter l'armée ougandaise, emportant avec eux leurs armes et équipements militaires.[46]

Selon le FPR, cette attaque avait pour objet d'instaurer *« un État de droit au Rwanda, de mettre fin à la politique de discrimination ethnique et régionale institutionnalisée et de permettre le retour des réfugiés éparpillés dans la région des Grands Lacs et dans le monde. »*[47] Le Rwanda comptait plus de 600 000 réfugiés éparpillés un peu partout dans le monde, notamment en Ouganda, en Tanzanie, au Burundi, au Kenya, mais aussi en Europe et en Amérique. Donc,

---

[45]Le Monde diplomatique, Novembre 1990, p 20.
[46]Les Médias du Génocide, Op cit, 1995, p 33.
[47]Rapport de la Commission nationale indépendante chargée de rassembler les preuves montrant l'implication de l'État français dans le génocide perpétré au Rwanda en 1994, p 21.

le retour de cette diaspora constituait l'un des plus grands objectifs du FPR. Très tôt, cette attaque avait été perçue par une partie de la presse rwandaise comme le début du processus de conquête de l'Afrique des Grands Lacs par les Tutsi. En effet, au mois de novembre 1990, c'est-à-dire un mois après l'attaque, le journal Kangura[48] publie un texte qui explique le projet des Tutsi en Afrique des Grands Lacs. Cette vision du journal Kangura avait pour but d'influencer l'opinion des habitants de cette région de l'Afrique, afin que personne ne soutienne le FPR dans sa lutte armée. Cette démarche visait aussi à pousser les Rwandais à considérer le FPR comme des Tutsi, envahisseurs.

Le journal Kangura était l'outil de la guerre médiatique contre les Tutsi. De 1990 à 1994, il n'a jamais cessé de faire de la propagande pour monter la population Hutu contre les Tutsi. L'étude de la presse nationale rwandaise révèle que depuis octobre 1990, la guerre était devenue le sujet central des publications.

Contre-attaque du gouvernement rwandais

Après l'attaque du FPR, l'armée rwandaise avait été déséquilibrée. Pour faire face à cette attaque, Habyarimana avait obtenu le soutien de la France, de la Belgique et du Zaïre pour repousser les rebelles hors du territoire. Au cours de cette contre-attaque, le chef du FPR, Fred Rwigema, fut tué. Cette intervention avait poussé les soldats du FPR à se replier et à s'implanter au Nord du Rwanda, près de la frontière avec l'Ouganda. Ce repli des rebelles et l'intervention étrangère ne marquaient pas la fin de la guerre. Cette situation avait incité le FPR à repenser sa stratégie de guerre. Ce que confirme le journal Jeune Afrique[49] en ces termes : « *Les rebelles du FPR se sont repliés dans le parc de l'Akagera.[50] De là, ils peuvent lancer des opérations de commando et tenter d'asphyxier l'économie rwandaise puisque toutes les voies d'approvisionnement y passent.* » [51]

---

[48] Kangura, n°5, novembre 1990. Ce texte a été trouvé dans l'ouvrage : Les médias du génocide.
[49] Jeune Afrique N° 1562 Du 5 Décembre au 11 Décembre 1990, p 28.
[50] Le parc de l'Akagera se trouve à l'Est du Rwanda au niveau de la frontière avec la Tanzanie.
[51] Op cit, Jeune Afrique, P 28.

Après avoir repoussé les rebelles, l'État rwandais avait arrêté des personnes qu'il jugeait être des complices du FPR. Plusieurs mesures avaient été mises en place pour garantir la sécurité dans le pays. Parmi ces mesures, nous pouvons noter l'instauration d'un couvre-feu, l'obligation d'obtenir une autorisation pour voyager d'une commune à une autre, ainsi que des contrôles des pièces d'identité sur les routes.

À part les arrestations arbitraires, les mesures prises par le gouvernement rwandais pouvaient être perçues comme normales, car le pays était en guerre, et il fallait absolument assurer la sécurité de la population en adoptant des mesures de sécurité strictes. Cependant, en raison de la pression exercée par les organismes de défense des droits de l'homme concernant les arrestations arbitraires des Tutsi et des Hutu du Sud considérés comme les ennemis du gouvernement, 2500 prisonniers[52] avaient été libérés un mois après leur arrestation.

La contre-attaque du gouvernement rwandais avait créé une situation sociale très troublée. Sous le règne de Habyarimana, les dissensions ethniques et régionales ne caractérisaient plus la société rwandaise. Mais la guerre déclenchée par le FPR avait réveillé les anciens maux du Rwanda, ramenant le pays dans une phase sociale marquée par la violence.

Analyse des causes de l'attaque du 1ᵉʳ octobre 1990

La question des réfugiés constitue la plus grande problématique de l'histoire contemporaine du Rwanda. À la veille de son indépendance, une importante partie des Tutsi s'étaient réfugiés hors du pays à la suite de la révolution de 1959 dite « *Révolution sociale Hutu* ».

Même l'actuel Président, le chef de la rébellion de l'époque, est issu d'une famille de réfugiés. En effet, Paul Kagame est né en 1957 au Rwanda. Alors qu'il avait quatre ans, en 1961, ses parents s'étaient réfugiés en Ouganda pour fuir les exactions contre les Tutsi.[53] C'est ainsi qu'à l'âge de quatre ans, il s'était retrouvé en Ouganda comme plusieurs Rwandais.

---

[52] Jeune Afrique N° 1560, du 21 au 27 Novembre 1990.
[53] Faulkner. M, L'auteur Face au Génocide : la mise en scène de la subjectivité dans l'ombre d'Imana : Voyages jusqu'au bout du Rwanda de Véronique Tadjo, Etude Romane de Bruno, 2012, p 254.

Beaucoup de Rwandais que nous avons rencontrés nous ont témoigné d'avoir été au moins une fois dans une situation de réfugiés. Certains soutiennent qu'ils sont nés au Burundi ou au Zaïre, car leur famille y était réfugiée. D'autres affirment que leur famille s'était réfugiée au Zaïre en 1994 après la prise du pouvoir par le FPR. Il faut signaler qu'à la suite de la conquête du pays par le FPR, plus d'un million de Rwandais avaient fui vers le Zaïre.

Si la guerre s'est déclenchée en 1990 au Rwanda, c'est parce que la question des réfugiés héritée de la décolonisation belge n'était pas résolue. En effet, le FPR, qui avait attaqué le Rwanda le 1er octobre 1990, était constitué des descendants des Rwandais qui avaient fui les massacres au Rwanda, soit en 1959, soit après l'indépendance. Depuis cette période, ces réfugiés Tutsi avaient essayé de retourner au Rwanda par les armes, mais la plupart de leurs tentatives avaient été maîtrisées par l'État rwandais. Déjà en 1964, les réfugiés étaient aux portes de Kigali.[54] Mais le gouvernement rwandais avait toujours réussi à les repousser.

Les réfugiés rwandais, principalement issus du groupe Tutsi, avaient souvent bénéficié d'une bonne formation, car durant la période coloniale, les Belges avaient favorisé la formation des Tutsi, qui constituaient les élites du pays, au détriment des Hutu. Cela avait facilité leur intégration dans leurs pays d'accueil nouvellement indépendants. En effet, après les indépendances, il y avait un manque considérable de cadres pour assurer le bon fonctionnement des nouvelles administrations.

Dans les années 80, la situation des réfugiés rwandais s'était significativement détériorée dans les pays d'accueil. Cette période marque un tournant décisif dans l'histoire politique des États africains. Nous ne sommes plus dans les années 60, où toute personne poursuivant des études, quel que soit son niveau scolaire, trouvait du travail. Avec le développement des universités, les cadres africains devenaient de plus en plus nombreux, rendant la recherche d'emploi de plus en plus difficile. Cette époque a vu

---

Durant la révolution hutu de 1959, de nombreux Tutsi furent tués, d'autres se sont exilés et d'autres ont été déportés vers des régions inhospitalières du Rwanda, dont Nyamata (Twagiliman, 2007 : XXIX). D'autres massacres de Tutsi ont eu lieu notamment en 1962 lorsque le pays obtenait son indépendance, en 1963, en 1967 et en 1973.

[54]Le monde diplomatique, Avril 1993, pages 18- 19.

l'avènement des premiers partis d'opposition. Depuis les indépendances, la plupart des États africains étaient dirigés par un parti unique, mais les années 80 ont marqué le début du processus de démocratisation des États africains. La prolifération des partis d'opposition avait favorisé l'émergence du nationalisme.

Les réfugiés rwandais, qui occupaient des postes de responsabilité dans les pays d'accueil, ont commencé à faire face aux critiques des nationalistes. Ces derniers soutenaient que de nombreux postes au sein des administrations, occupés par des étrangers, auraient dû revenir aux jeunes diplômés nationaux qui peinaient à trouver un emploi. Face à cette situation, de nouvelles mesures ont été prises dans les pays où il y avait une forte présence d'exilés rwandais pour apaiser les tensions.

Au Zaïre, l'État avait octroyé la nationalité aux réfugiés depuis 1972. En 1981, une nouvelle loi avait été décrétée. La loi stipulait que : est Zaïrois toute personne capable de montrer dans sa lignée qu' « *un des ascendants a été ou est membre d'une des tribus établies sur le territoire de la République du Zaïre dans ses limites du 1er août 1885.* »[55] Cette nouvelle mesure qui visait à régler les revendications des nationalistes était le moyen le plus simple d'exclure tous les réfugiés rwandais de la nationalité zaïroise, mais aussi de l'administration. La question identitaire fait partie des questions les plus brûlantes au Congo, surtout au Nord-est dans la région du Kivu.

En 1980, l'Ouganda était en guerre. Museveni, « *ancien ministre du président Milton Oboté, décide de prendre les armes contre ce dernier à la suite d'élections qu'il estime truquées.* »[56] Museveni dans sa lutte contre Oboté était aidé par les fils de réfugiés tels que Fred Rwigyema et Paul Kagame, les fondateurs du FPR. Le Président Oboté, pour priver Museveni de ses réserves, avait décidé d'exclure tous les réfugiés rwandais. Ces réfugiés étaient également

---

[55] Rapport d'information déposé en application de l'article 145 du règlement par la mission d'information (1) de la commission de la défense nationale et des forces armées et de la commission des affaires étrangères, sur les opérations militaires menées par la France, d'autres pays et l'ONU au Rwanda entre 1990 et 1994, P 68.

[56] Jeune Afrique N° 1749 du 14 au 20 juillet, 1994, P 14.

rejetés par l'État rwandais. Ainsi, 80 mille[57] personnes se retrouvent entre les deux pays sans savoir où aller.

Depuis les années 80, l'OUA et le HCR se sont impliqués pour régler la question des réfugiés rwandais. Mais, le Pouvoir rwandais ne voulait absolument pas les intégrer. Néanmoins, la pression de l'OUA, du HCR et des associations de réfugiés rwandais avait poussé Habyarimana dans les années 90 à proposer la solution du « *rapatriement volontaire et individuel de ceux qui ont les moyens pécuniaires de rentrer et naturalisation des autres dans les pays d'accueil.* »[58] Certes, cette décision était une réelle avancée dans la gestion de cette question. Mais elle était insuffisante pour régler le problème des réfugiés.

Dans un entretien accordé à Jeune Afrique sur la question des réfugiés, Habyarimana soutenait : « *Nous appelons à l'assistance des pays voisins et de la communauté internationale. Les pays voisins pourraient nous aider en gardant ceux, qui ne voudraient pas rentrer, tout en restant rwandais. La communauté internationale pourrait le faire en assurant la logistique, les infrastructures nécessaires à l'installation de ceux qui reviennent.* »[59] Cette déclaration montre qu'il y a une évolution dans la conception du Président. Mais celle-ci intervient trop tard : elle date de 1991, soit un an après le début de la guerre.

Le rapport d'information déposé par la mission d'information de la commission de la défense nationale des forces armées et de la commission des Affaires étrangères sur les opérations militaires menées par la France, d'autres pays et l'ONU au Rwanda entre 1990 et 1994 souligne : « *En 1964, le Haut-Commissariat des Nations Unies pour les réfugiés et la Croix-Rouge internationale dénombrent 336 000 réfugiés dans les camps placés sous leur contrôle, soit 200 000 au Burundi, 78 000 en Ouganda, 36 000 en Tanzanie et 22 000 au Zaïre.* »[60] Ici, nous voyons que déjà dans les années 60, le nombre de réfugiés rwandais était très important. Dans les années 90, ce nombre avait été presque multiplié par deux. Dans ce rapport, nous constatons également que le Burundi comptait presque trois fois plus de réfugiés que l'Ouganda. Ce qui nous

---

[57]Op.cit., p 68.
[58] Op.cit., p72.
[59] Jeune Afrique N°1584 du 8 au 14 Mai 1991, P 43.
[60] Op.cit., Rapport d'information.

pousse à nous demander : pourquoi la guerre des réfugiés vient-elle de l'Ouganda et non du Burundi ?

Le Burundi et le Rwanda ont presque les mêmes structures sociales. Comme le Rwanda, la population burundaise est composée majoritairement de Hutu, de Tutsi et de Twa. Mais, contrairement au Rwanda, au Burundi, après les indépendances, le pouvoir avait été confisqué par les Tutsi. Donc, il n'y avait pas assez de pressions qui poussaient les réfugiés rwandais au Burundi à créer une rébellion pour attaquer le Rwanda. En 1986, après la prise du pouvoir par Museveni en Ouganda, ses alliés Tutsi furent promus à des postes de responsabilité au sein de l'armée. Cette situation leur offrait enfin une belle opportunité pour retourner dans leur cher pays.

Le rapport de l'organisme Médecins Sans Frontières nous informe que : *« L'incursion au Rwanda en 1990 du « Front Patriotique Rwandais » ou FRP en provenance d'Ouganda était la conséquence à la fois d'un problème de réfugiés non résolu depuis trente ans, et de la situation politique intérieure en Ouganda. »*[61] La situation interne de l'Ouganda à cette époque n'était pas favorable aux réfugiés malgré la prise du pouvoir par Museveni. Les réfugiés se voyaient être l'objet de vives critiques. Et d'ailleurs, *« les exilés n'ont jamais été définitivement acceptés dans aucun pays de refuge. »*[62] Le retour au Rwanda devenait une urgence pour les réfugiés Tutsi.

Dans une note adressée à François Mitterrand, l'Amiral Lanxade souligne que les éléments du FPR sont des *« rebelles ougando-tutsis. »*[63] Dans la conception de l'Amiral Lanxade, le Rwanda n'est pas attaqué par des rebelles rwandais, mais plutôt ougandais. La plupart des membres du FPR avaient la nationalité ougandaise. Paul Barril l'a bien souligné dans son entretien[64] avec le journaliste Marc Perelman sur France 24. Il soutient que le chef de la rébellion, Paul Kagame, est un Ougandais puisqu'il a exercé dans les services de renseignements de l'Ouganda. Il était un militaire ougandais. Il percevait un salaire ougandais. Il était parti faire un stage dans les unités spéciales américaines avec un passeport ougandais.

---

[61] Rapport Médecins Sans Frontières, Op.cit, p81.
[62] Le monde diplomatique, Avril 1993, pages 18- 19.
[63] Note de l'Amiral Lanxade à l'attention de Monsieur le Président de la République 22 avril 1991.
[64] Entretien entre Paul Barril et Marc Perelman sur France 24. Enregistrer le 26 mars 2014.

Cette affirmation du Capitaine Barril est juste. Cependant, il faut rappeler que Paul Kagame, comme la plupart des membres du FPR, était le fils de réfugiés rwandais. Même s'il s'est naturalisé ougandais, son pays d'origine reste le Rwanda. C'est d'ailleurs ce que souligne Habyarimana dans un discours[65] à Abuja lors du sommet de l'OUA en 1991 : « *Les Rwandais, ayant fui leur pays à la fin des années 50, suite à la lutte du peuple rwandais pour l'indépendance nationale et l'instauration d'un régime républicain... et le rejet massif par le peuple rwandais du régime féodo-monarchique, ce qui a provoqué l'exil des dignitaires de ce régime et de leurs sympathisants, décidés à organiser de l'extérieur une lutte armée contre le jeune régime républicain.* » Habyarimana et tous les Rwandais savaient de manière très claire que les membres du FPR n'étaient pas des Ougandais, mais des Rwandais. Ce que Habyarimana cherche à montrer aux yeux des Africains et du monde entier, c'est que cette guerre n'était pas légitime, car le FPR veut réinstaurer un régime « *féodo-monarchique* » que le peuple avait combattu pour accéder à la « *République.* »[66]

---

[65]Chrétien. J.P, Invention de l'Afrique des Grands Lacs, Paris, Editions Karthala, 2010, P 320, 321.

[66] Cette analyse soulève une question fondamentale sur la nature du régime politique au Rwanda sous les présidences de Kayibanda et de Habyarimana. En effet, le terme "République" implique traditionnellement un système politique où le pouvoir est censé émaner du peuple et être exercé en son nom. Cependant, dans le cas du Rwanda sous ces deux présidents, le pouvoir était largement concentré entre les mains d'un petit groupe de personnes, principalement originaires du sud sous Kayibanda et du nord sous Habyarimana. Cette concentration du pouvoir entre les mains d'une élite restreinte remet en question la véritable nature démocratique de ces régimes et leur adhésion aux principes républicains.

Il est donc légitime de remettre en question l'appellation de "République" pour décrire le Rwanda de cette période, car elle ne reflète pas nécessairement la réalité du fonctionnement politique et de la répartition du pouvoir dans le pays. Cette réflexion souligne l'importance de prendre en compte les réalités politiques et sociales spécifiques à chaque contexte lors de l'évaluation des régimes politiques et de l'utilisation des termes associés.

Pourcentage de la composition ethnique au Rwanda en 1991

Préfecture	Composition ethnique (%)				Population totale
	Hutus	Tutsis	Twas	Autres	
Butare	82,0	17,3	0,7	0,0	753 868
Byumba	98,2	1,5	0,2	0,0	775 935
Cyangugu	88,7	10,5	0,5	0,3	551 565
Gikongoro	86,3	12,8	0,8	0,1	465 814
Gisenyi	96,8	2,9	0,3	0,1	731 996
Gitarama	90,2	9,2	0,6	0,1	848 027
Kibungo	92,0	7,7	0,2	0,1	648 912
Kibuye	84,8	14,8	0,4	0,0	469 494
Kigali rural	90,8	8,8	0,4	0,1	905 632
Kigali ville	81,4	17,9	0,3	0,4	221 806
Ruhengeri	99,0	0,5	0,4	0,1	766 795
Total	91,1	8,4	0,4	0,1	7 099 844

(a) Population *de jure* de nationalité rwandaise.
Source : recensement du Rwanda, 1991 (SNR, 1994).

Les forces obscures de la guerre

Le FPR et ses alliés

Le FPR a été fondé par des réfugiés rwandais basés en Ouganda après la victoire de la rébellion de Museveni sur le président Milton Oboté. Dans l'armée de Museveni, plusieurs milliers de rebelles étaient d'origine rwandaise. Par conséquent, ces rebelles occupaient des postes à responsabilité au sein de l'armée nationale ougandaise. Il faut retenir qu'après la victoire de Museveni, l'armée nationale ougandaise comptait cinquante mille soldats.[67] Dans ce contexte, le FMI[68] avait menacé Museveni de couper les aides s'il ne réduisait pas l'effectif de son armée. Donc, il fallait absolument trouver une solution pour diminuer les effectifs de l'armée ougandaise.

Le chef du FPR, Fred Rwigema[69] était l'un des hommes les plus influents du National Resistance Army (NRA). Il fut le premier à démissionner de son poste de général-major et vice-ministre

---

[67]Sindayigaya, J-M, Grands Lacs : Démocratie ou Ethnocratie ? Paris, Harmattan, 1998, p 252.
[68] La menace du FMI de réduire les aides à l'Ouganda en raison de la taille importante de son armée souligne également l'impact des pressions économiques internationales sur les décisions politiques des gouvernements nationaux. Cette pression économique peut avoir joué un rôle dans la décision de Museveni de soutenir le FPR dans son intervention au Rwanda.
[69] Le Monde diplomatique, Novembre 1990, p 20.

ougandais de la Défense pour se consacrer au FPR et préparer l'attaque contre le Rwanda. Devant cette logique, une bonne partie des soldats du NRA d'origine rwandaise l'avaient suivi en rendant leur démission à l'armée ougandaise. Cependant, lorsque des soldats démissionnaient, l'armée ougandaise ne récupérait pas leurs armes, ce qui montrait que l'armée ougandaise était parfaitement au courant du projet d'attaque contre le Rwanda.

Lorsque les soldats du FPR avaient attaqué le Rwanda, le Président Museveni en avait profité pour « *renvoyer de son armée tous les Rwandais qui en faisaient partie depuis l'époque du maquis.* »[70] Cette décision est intervenue juste après le déclenchement de la guerre et était totalement intentionnelle. Museveni savait pertinemment que les militaires renvoyés iraient gonfler les rangs du FPR.

Museveni, en tant que Président en exercice de l'Organisation de l'Unité Africaine, ne pouvait pas afficher publiquement son soutien au FPR dans sa rébellion. Il avait décidé de jouer un double jeu, en promettant « *qu'il ne permettrait pas aux rebelles d'utiliser le sol ougandais pour attaquer le Rwanda.* »[71] Cependant, Habyarimana était convaincu qu'il était derrière les rebelles et pouvait certainement intervenir pour mettre fin à la guerre. Cela a conduit Habyarimana à soutenir que « *les gens du FPR appartiennent toujours à la NRA. Ayant de l'influence sur ces gens, le président Museveni peut les tempérer.* »[72]

Le soutien de l'Ouganda au FPR était également évoqué par les services français. Après chaque grande offensive du FPR, les militaires français sur le terrain affirmaient à Mitterrand que le FPR était appuyé par l'Ouganda. En effet, à la suite de l'offensive du FPR de juillet 1992, le Général Quesnot écrivait à François Mitterrand que le FPR « *bénéficie toujours de l'important appui de l'armée ougandaise.* »[73] Après la grande offensive du FPR de février 1993 qui avait causé plus de 600 mille déplacés au Rwanda, le Général Quesnot soulignait au Président Mitterrand qu'il y avait une « *aide du président ougandais Museveni.* »[74] Cette aide pousse le général

---

[70] Jeune Afrique N° 1562 du 5 au 11 décembre 1990, p 28.
[71] Idem.
[72] Jeune Afrique N° 1657 du 8 au 14 octobre 1992, p 40.
[73] Note à l'attention de Monsieur le Président de la République. Objet : situation militaire au Rwanda, 1er juillet 1992.
[74] Note du général Quesnot au Président Mitterrand du 23 février 1993

Quesnot à penser que le problème ne pouvait pas être réglé sans l'Ouganda. Ce qui le pousse à suggérer à Mitterrand l'organisation d'une réunion[75] entre la France, le Rwanda, le FPR et l'Ouganda.

Ce soutien inconditionnel de Museveni au FPR peut être interprété comme un acte de reconnaissance envers les soldats du FPR, qui étaient d'anciens combattants du NRA. Museveni avait une dette envers le FPR et a choisi d'intervenir indirectement dans la guerre. Cette approche empêchait la France d'intervenir directement, car, selon le Général Quesnot, *« ce choix, techniquement possible, ne peut être envisagé que si nous avons des preuves irréfutables d'une intervention militaire ougandaise directe, ce qui n'est pas le cas actuellement. »*[76] Cette politique de soutien indirect du FPR par l'Ouganda limitait les options de la France pour une action directe et immédiate visant à changer le rapport de forces.

---

[75] Idem.
[76] Idem.

CHAPITRE 3 :
REFLEXION SUR LES ACCORDS D'ARUSHA

Processus des accords

La volonté du gouvernement rwandais de trouver une issue politique à la guerre

Lorsqu'une guerre éclate, deux issues principales peuvent se présenter pour y mettre fin. Soit l'un des belligérants écrase totalement l'autre, soit les deux parties acceptent de se réunir autour d'une table de négociations afin de trouver une résolution pacifique au conflit. La plupart du temps, les adversaires optent pour cette seconde voie, celle de la diplomatie. Cette démarche se concrétise par des rencontres et des conférences réunissant les parties en conflit. Par exemple, durant la Seconde Guerre mondiale, des conférences ont été organisées entre les Alliés pour discuter de l'avenir du monde après le conflit. C'est de ces rencontres qu'est née l'idée de créer les Nations Unies, la plus grande organisation internationale du monde, chargée de promouvoir la stabilité et la paix mondiale.

Après l'attaque du Rwanda par le FPR le 1er octobre 1990, et suite à l'intervention de la France, de la Belgique et de l'Italie pour repousser l'assaut, les rebelles se sont repliés et ont réussi à sécuriser une petite zone au nord du pays.[77] Très rapidement, le Président Habyarimana a réalisé que la voie militaire ne résoudrait pas le conflit. Cela l'a conduit à entamer des pourparlers avec le FPR. Déjà en mai 1991, lors d'un entretien accordé à Jeune Afrique, le Président Habyarimana avait affirmé que la solution résidait dans la négociation. Bien que le gouvernement rwandais soit alors en position de force par rapport aux rebelles, Habyarimana craignait que la prolongation de la guerre ne change la donne et ne fasse de la population rwandaise la principale victime. Conscient du caractère fratricide du conflit, il considérait la recherche de la paix par le dialogue comme la meilleure solution.

Pour manifester sa volonté de négocier, deux semaines après le début du conflit, Habyarimana a initié des pourparlers visant à réunir les dirigeants du FPR autour d'une table. Il a impliqué tous les chefs d'État de la sous-région dans cette démarche de résolution du conflit. À cet effet, plusieurs rencontres avaient été organisées : à Mwanza en République Unie de Tanzanie le 17 octobre 1990, à Gbadolité en République du Zaïre le 26 octobre 1990, à Goma en République du

---

[77]Jeune Afrique N° 1749 du 14 au 20 juillet 1994.

Zaïre le 20 novembre 1990, à Zanzibar en République Unie de Tanzanie le 17 février 1991, et à Dar-Es-Salaam en République Unie de Tanzanie le 19 février 1991. L'objectif de ces rencontres était de parvenir à un cessez-le-feu, condition préalable à toute négociation ultérieure.

À Goma, le Président Habyarimana avait conclu un accord de cessez-le-feu avec le FPR. Cette décision avait suscité des critiques au Rwanda. Certains[78] estimaient qu'il ne fallait pas signer cet accord, tandis que d'autres pensaient que trop de concessions avaient été faites. Cependant, pour le Président, il était impératif d'opter pour une solution pacifique. Le gouvernement rwandais devait s'engager dans une voie de compromis et de concessions pour parvenir à une résolution. Dans une situation de crise, la force d'un chef d'État réside dans sa capacité à prendre des décisions efficaces pour le bien de la population. Ainsi, les critiques à l'égard de la politique du Président Habyarimana ne le dérangeaient pas, car il avait la responsabilité, en tant que chef d'État, de prendre les décisions nécessaires, même si elles étaient impopulaires.

Le Président Salim Ahmed Salim de la Tanzanie avait été désigné pour jouer le rôle de médiateur entre les deux parties lors des négociations. Arusha avait été choisie comme ville pour les pourparlers. À l'exception de la République Unie de Tanzanie, tous les pays de l'Afrique des Grands Lacs étaient d'une manière ou d'une autre impliqués dans la guerre. En effet, le Zaïre de Mobutu avait envoyé des soldats pour combattre aux côtés de l'armée rwandaise lors de l'offensive de 1990. L'Ouganda était impliqué car la plupart des rebelles étaient issus de ses rangs. Le Burundi partageait la même composition ethnique que le Rwanda, mais le pouvoir était aux mains des Tutsi. La Tanzanie était le seul pays de l'Afrique des Grands Lacs à sembler être un terrain neutre.

Les pourparlers avaient été placés sous l'égide de l'Organisation de l'Unité Africaine (OUA), ce qui constituait une première pour cette organisation. Dans tous les protocoles d'accord signés à Arusha, on constate la présence des représentants du Secrétaire Général des Nations Unies, de la France, de la Belgique, des États-Unis, de l'Allemagne, du Nigeria et du Zimbabwe.

Lorsque le FPR avait lancé son attaque contre le Rwanda le 1er octobre 1990, plusieurs individus avaient été appréhendés par les autorités rwandaises sous suspicion de complicité avec le FPR.

---

[78] Jeune Afrique N° 1584.

Toutefois, ces personnes avaient été libérées[79] dans le cadre d'une mesure de grâce annoncée par l'arrêté présidentiel n° 325/05 du 18 avril 1991. Cette initiative reflétait la volonté du gouvernement rwandais de rechercher des solutions pour mettre fin à la guerre. Habyarimana avait noté que pendant la période de détention, les prisons étaient ouvertes aux journalistes, à la Croix-Rouge internationale, ainsi qu'aux représentants du corps diplomatique et consulaire accrédités à Kigali.

Habyarimana avait mis en place plusieurs mécanismes pour garantir le bon déroulement des accords. En 1992, il avait instauré un gouvernement de coalition et nommé Dimas Nsengiyaremye au poste de Premier ministre. Nsengiyaremye provenait du plus grand parti d'opposition du pays, le Mouvement Démocratique Républicain (MDR). Dans cette coalition, James Gasana, un civil, avait également été nommé ministre de la Défense. C'était la première fois dans l'histoire du Rwanda qu'un civil était chargé des affaires militaires, un geste sans précédent étant donné que le pays était en guerre. Cette nomination s'inscrivait dans une démarche d'apaisement et de recherche de solutions pacifiques.

Toujours dans l'intention de trouver une issue négociée à la crise, Habyarimana avait décidé de rencontrer le Président Museveni au Burundi. Il ne pouvait pas se rendre en Ouganda car il considérait ce pays comme le bastion de la rébellion. De même, Museveni, perçu par les Rwandais comme celui qui armait les rebelles, ne pouvait pas se rendre au Rwanda. Ainsi, à Bujumbura, la capitale burundaise, Habyarimana avait demandé à Museveni d'exercer son influence sur les rebelles pour les ramener à la raison, les encourager à adopter une approche plus réaliste lors des négociations, et à ne pas réclamer l'impossible pour faire avancer la situation. Habyarimana avait fait cette demande à Museveni car, selon lui, les soldats du FPR faisaient toujours partie de la NRA (l'armée nationale de la révolution), qui constituait l'armée nationale ougandaise.

Lorsque nous avons consulté les archives de Jeune Afrique dans le but d'étudier l'évolution des pourparlers à Arusha, nous avons découvert une nouvelle facette de la guerre rwandaise. Nous avons constaté une image positive de Habyarimana au début des années 90 jusqu'à sa mort en 1994. Cette perception nous a interpellés, car malgré nos recherches approfondies sur la question rwandaise, nous

---

[79] Jeune Afrique N°1657 du 8 au 14 Octobre 1992, p 62.

n'avons jamais trouvé cette perspective dans les ouvrages d'autorité tels que ceux de Jean-Pierre Chrétien et Alexis Des Forges.

Jeune Afrique est un magazine de renommée mondiale, respecté pour son professionnalisme et son sérieux journalistique. En tant qu'une des publications les plus anciennes et les plus vendues en Afrique, il est peu probable que ses archives soient peu fiables. Il est peu probable que Jeune Afrique ait délibérément propagé de fausses informations ou mené une campagne de propagande en faveur de Habyarimana pendant une période aussi critique que celle de la guerre au Rwanda.

Par conséquent, il est possible que les spécialistes de l'histoire de l'Afrique des Grands Lacs aient omis de prendre en compte cette perspective positive de Habyarimana dans leurs travaux. Cela pourrait être dû à divers facteurs, tels que des différences d'interprétation des événements, des sources d'information différentes ou des biais méthodologiques. Il est essentiel d'examiner et de comparer une variété de sources historiques pour obtenir une compréhension plus complète et nuancée de l'histoire du Rwanda pendant cette période.

La volonté du Président Habyarimana de promouvoir la paix est également mise en évidence dans les notes de situation adressées au Président François Mitterrand.[80] Après la violation du cessez-le-feu en février 1993 par le FPR, le gouvernement rwandais a pris la décision de ne pas réoccuper militairement les zones évacuées, afin de les laisser sous le contrôle des observateurs internationaux. De plus, le gouvernement de Kigali a officiellement demandé au secrétaire général des Nations Unies le déploiement d'observateurs le long de la frontière entre l'Ouganda et le Rwanda. Cette initiative démontre la détermination du Président rwandais à rechercher la paix.

En sollicitant l'intervention de l'ONU, le Rwanda cherchait à bénéficier de l'assistance de la communauté internationale, conformément au mandat de l'organisation. Impliquer l'ONU dans la crise rwandaise était également un moyen de sensibiliser le monde à la nécessité d'agir pour mettre fin au conflit. Cette démarche témoigne de la volonté du gouvernement rwandais de trouver une solution pacifique à la guerre, démontrant ainsi son engagement en faveur de la paix et de la stabilité régionale.

---

[80] Note du général Quesnot au Président Mitterrand du 23 février 1993.

Une autre preuve de la volonté de Habyarimana de promouvoir la paix se trouve dans les déclarations du Premier ministre de coalition, Dismas Nsengiyaremye. Ce dernier, membre du parti d'opposition MDR, donc en désaccord avec le régime de Habyarimana, plaidait en faveur de l'organisation d'élections pour rééquilibrer les forces politiques au Rwanda. Il n'avait donc aucun intérêt à soutenir le régime en place. Selon lui, tous les membres du gouvernement rwandais aspiraient à la paix. La question demeurait de savoir si le Front Patriotique Rwandais (FPR) partageait cette même volonté.

D'après le Premier ministre, des propositions constructives[81] avaient été avancées par le gouvernement rwandais, auxquelles le FPR ne pouvait pas simplement faire fi. Bien qu'il puisse y apporter des modifications ou des ajouts, il serait difficile pour le FPR de rejeter ces offres généreuses. Malgré les critiques à l'égard de cette politique gouvernementale, le Premier ministre soutenait qu'il fallait faire un choix : la paix n'avait pas de prix. S'opposer au FPR et prolonger le conflit ne ferait qu'accentuer la souffrance de la population.

À partir des documents consultés sur les négociations à Arusha, il est clair que le Président Habyarimana a déployé de nombreux efforts pour trouver une solution négociée au conflit rwandais. Cette démarche du Président a engendré des dissensions politiques tant parmi les membres du gouvernement rwandais qu'au sein des Forces Armées Rwandaises.[82]

Contenu des accords d'Arusha

Le gouvernement de transition à base élargie

À Arusha, les deux parties se sont réunies et ont accepté de partager le pouvoir afin de former un gouvernement national de transition. Pour elles, former un tel gouvernement, inclusif et représentatif, serait la meilleure solution pour tous les Rwandais, signe de leur volonté commune de parvenir à la paix. Ils ont convenu que ce gouvernement de transition devait inclure, outre le parti de Habyarimana et le Front Patriotique Rwandais (FPR), les membres des trois principaux partis d'opposition : le Mouvement

---

[81]Idem.
[82]Note de Dominique Pin à François Mitterrand du 2 mars 1993, sur la visite du ministre de la Coopération, Marcel Debarge, au Rwanda.

Démocratique Républicain (MDR), le Parti Libéral (PL) et le Parti Démocratique Chrétien (PDC).

Cette mesure visant à intégrer toutes les parties prenantes dans le gouvernement de transition reflète l'aspiration de tous les Rwandais à retrouver la paix et l'unité. Pour parvenir à une réelle unité nationale, il est nécessaire que tous les citoyens soient égaux devant la loi et aient les mêmes opportunités dans le monde du travail. Pendant tout le règne de Habyarimana, le pouvoir était concentré entre les mains d'un petit groupe de personnes originaires du Nord, qui contrôlait les revenus du pays, s'enrichissait au vu et au su de la population, et agissait en toute impunité. Cette situation était souvent dénoncée par les opposants du régime, principalement issus des régions du Sud du Rwanda.

Il existait une rivalité entre les leaders politiques Hutu du Nord et ceux du Sud, animée par la lutte pour le pouvoir. Sous la Première République, le pouvoir était principalement détenu par les partisans du Président Kayibanda, originaires du sud du Rwanda. Cependant, après le coup d'État de Habyarimana, le pouvoir avait basculé vers le Nord, tandis que l'opposition provenait principalement du Sud. Comme nous l'avons vu, dès le début du génocide, plusieurs Hutu opposants au régime de Habyarimana avaient été tués. Bien que le génocide rwandais visait principalement les Tutsi, ces assassinats de personnalités politiques Hutu soulignent que les instigateurs du génocide cherchaient avant tout à maintenir leur emprise sur le pouvoir.

Les partis d'opposition comme le MDR ne considéraient pas le FPR comme l'ennemi des Hutu, mais plutôt comme un allié pour chasser Habyarimana du pouvoir. Le diplomate français Dominique Pin rapportant la situation du Rwanda au Président François Mitterrand souligne que « le *Premier ministre, et les opposants favorables eux aussi, à la présence et au maintien des troupes françaises, mais plutôt soucieux de chasser du pouvoir Habyarimana que de s'opposer au FPR malgré la crainte qu'il leur inspire, croient encore de s'imposer comme une troisième force.* »[83] La France était impliquée dans la guerre rwandaise, car elle avait signé avec le Rwanda un accord d'assistance[84] militaire depuis 1975. Cette information apportée par Dominique Pin ne fait que confirmer

---

[83]Note de Dominique Pin à François Mitterrand du 2 mars 1993, sur la visite du ministre de la Coopération, Marcel Debarge, au Rwanda
[84]Accord particulier d'assistance militaire du 18 juillet 1975.

ce que nous avons souligné sur les jeux du pouvoir dans la guerre. La guerre rwandaise a été l'une des préoccupations majeures de la France alors que le Rwanda était une ancienne colonie belge.

En Afrique, tous les pays colonisés par la Belgique ont connu une décolonisation qualifiée de ratée. Le Congo, le Burundi et le Rwanda ont été déchirés par des troubles, des divisions internes et des violences politiques après leur accession à l'indépendance. Ces instabilités politiques trouvent leur origine dans la manière dont les Belges ont géré le processus de décolonisation. Cela soulève la question de savoir si les Belges, confrontés à des pressions internes et externes, n'ont pas octroyé l'indépendance de manière hâtive, sans mener d'étude sérieuse ni adopter une réelle politique de soutien envers ces jeunes États africains nouvellement indépendants. Après avoir exploité et semé la discorde dans leurs anciennes colonies, la Belgique n'a-t-elle pas ensuite abandonné ces territoires à leur sort ? La conduite de la Belgique envers ses anciennes colonies ne pourrait-elle pas expliquer l'assassinat de 10 casques bleus belges dès la mort du président Habyarimana ?

Par ailleurs, la France, cherchant à accroître son influence en Afrique, à promouvoir la francophonie et à sécuriser ses approvisionnements en matières premières, s'est impliquée dans la gestion des États africains indépendants. Elle a été partie prenante de toutes les crises politiques survenues dans ses anciennes colonies africaines. La France a souvent dépêché des forces militaires lors des conflits en Afrique francophone.

Le soutien de la France aux dirigeants de ses anciennes colonies fait qu'elle est souvent admirée[85] par ces derniers. En exploitant les relations tendues entre les anciennes colonies belges et la Belgique, la France a cherché à gagner la sympathie des dirigeants des anciens protectorats belges. Le Président Habyarimana, « *s'est progressivement rapproché, au fil des ans, de Paris et a su traduire dans les faits la volonté de démocratisation souhaitée par le Président Mitterrand lors du sommet franco-africains de la Baule (juin 1990).* »[86] Dans les années 1990, Habyarimana, sentant la menace militaire du FPR, avait noué de solides relations avec le Président Mitterrand. Lors du sommet de la Baule de 1990, la France avait souligné qu'elle allait soutenir les chefs d'États qui acceptaient de s'ouvrir à la démocratie. À cet effet, Habyarimana avait ouvert le

---

[85] Aujourd'hui, nous ne sommes plus dans cette configuration.
[86] Jeune Afrique N°1584 du 8 au 14 Mai 1991, P 38.

pays au multipartisme, ce qui explique la naissance des partis politiques comme le MDR, le PL, le PDC cités plus haut. Dans sa démarche de réponse à Mitterrand, Habyarimana avait mis en place un projet de charte.[87] Ce projet stipule que l'armée doit être apolitique. Lors de sa tournée en France et en Belgique, du 22 au 25 avril 1991, le Président, pour s'assurer de la loyauté de la France, avait confirmé « *sa volonté de mener jusqu'au bout un processus irréversible de démocratisation.* »[88]

La France était militairement présente au Rwanda. Mais une fois les négociations initiées à Arusha, la présence des militaires français n'était plus justifiée au Rwanda. Au vu des dégâts et de l'ampleur des attaques du FPR en février 1993, l'opposition[89] rwandaise, qui savait que la France soutenait politiquement et militairement Habyarimana, était favorable à ce qu'elle reste militairement dans le pays pour représenter une force d'interposition entre les deux belligérants.

En analysant les questions politiques au Rwanda dans les années 1990, marquées par de profondes divisions entre les Rwandais, il apparaît que le gouvernement de transition représente le moyen le plus efficace pour résoudre durablement les problèmes du pays. Ainsi, les accords d'Arusha offraient une opportunité unique de traiter en profondeur la question délicate du partage du pouvoir entre les différentes factions rwandaises.

Avant même la signature des accords d'Arusha, Habyarimana avait constitué un gouvernement de coalition en 1992, regroupant six partis politiques. Cette initiative indique que le processus de création d'un gouvernement de transition, tel que prévu par les accords d'Arusha en 1993, était déjà en cours sous la présidence de Habyarimana. Ainsi, avec une année d'expérience, la mise en place du gouvernement de transition défini par Arusha ne devrait pas poser de problème majeur. Cependant, la principale différence entre le gouvernement de coalition de 1992 et le gouvernement de transition prévu par les accords réside dans l'intégration du FPR et l'influence qu'il exercera dans ce gouvernement. James Gasana,[90] ministre de la Défense dans le gouvernement de coalition, pensait que la transition pourrait se dérouler sans trop de difficultés, car tous les partis

---

[87] Idem, p 46.
[88] Ibidem, p 39.
[89] Note du général Quesnot au Président Mitterrand du 23 février 1993.
[90] Jeune Afrique N° 1657 du 8 au 14 octobre 1992, p 49.

avaient déjà travaillé ensemble malgré leurs différences. Ainsi, le FPR, malgré son origine extraterritoriale et la guerre menée contre le pouvoir en place au Rwanda, pouvait occuper les postes qui lui étaient attribués par les accords d'Arusha sans rencontrer d'obstacles majeurs. Cependant, cela dépendait d'une condition : que le FPR et le gouvernement rwandais acceptent de travailler ensemble et de mettre de côté leurs divergences pour le bien-être de la population, qui était la principale victime de la guerre.

Les accords d'Arusha stipulaient que le gouvernement rwandais durant la période de transition devait être formé de quatre institutions :[91]
- *La Présidence de la République ;*
- *Le Gouvernement de Transition à Base Élargie ;*
- *L'Assemblée Nationale de Transition ;*
- *Les Institutions du Pouvoir Judiciaire.*

Dans le projet du Gouvernement de transition à base élargie, nous constatons une séparation des pouvoirs. Avant la guerre, le pouvoir était concentré entre les mains d'une seule personne : le Président Habyarimana. Les accords d'Arusha réduisaient considérablement son pouvoir. Bien qu'il conserverait le titre de Président, l'autorité exécutive revenait désormais au Conseil des ministres.

Les prérogatives du Président Habyarimana prévues par les accords étaient :[92]

1. Nommer le Premier Ministre et les autres membres du Gouvernement dans les trois jours de leur désignation par les instances habilitées. Passé ce délai, le Premier Ministre commence ses fonctions et nomme les autres membres du Gouvernement. Les

---

[91] Protocole d'accord entre le gouvernement de la république rwandaise et le front patriotique rwandais sur le partage du pouvoir dans le cadre d'un gouvernement de transition à base élargie. Signé à Arusha le 30 octobre 1993 par le représentant du gouvernement rwandais, le ministre des Affaires étrangères et de la coopération Boniface Ngulinzira. Par le représentant du FPR Pasteur Bizimungu, membre du Comité exécutif du FPR et commissaire à l'information et à la documentation. Par le représentant du facilitateur, le ministre des Affaires étrangères et de la coopération internationale de la Tanzanie Ahmed Hassane Diria. En présence du représentant du secrétaire général de l'OUA, le DR M. T. Mapuranga En présence aussi de l'ambassadeur du Sénégal en Ethiopie et en Tanzanie et représentant auprès de l'OUA Papa Louis Fall.

[92] Op.cit., Article 6.

modalités de nomination du Premier Ministre et d'autres membres du Gouvernement sont prévues dans le présent Accord de Paix.

2. Nommer et accréditer les Ambassadeurs et Plénipotentiaires et Envoyés Extraordinaires à l'étranger, désignés par le Conseil des Ministres ; recevoir les accréditations des Ambassadeurs et Envoyés Extraordinaires des pays étrangers agréés par le Conseil des Ministres.

3. Représenter l'État rwandais dans ses rapports avec l'étranger.

4. Sanctionner et promulguer, sans droit au véto, les lois votées par l'Assemblée Nationale et les Décrets de lois adoptés par le Conseil des Ministres, dans les dix jours qui suivent la date de réception de l'arrêt de constitutionnalité de ces lois. Passé ce délai, les Décrets de lois seront sanctionnés et promulgués par le Premier Ministre, les lois seront sanctionnées et promulguées par le Président de l'Assemblée Nationale de Transition.

5. Déclarer la guerre et signer l'armistice sur décision du Conseil des Ministres et après autorisation de l'Assemblée Nationale. À cette fin, il porte le titre de Chef Suprême des Forces Armées. L'Armée et les autres forces de sécurité rendent compte au Gouvernement, suivant les modalités spécifiées dans l'Accord de Paix.

Cette diminution des pouvoirs du Président, telle que prévue par les accords, a incité le journal Kangura à publier une caricature représentant le Président Habyarimana avec les mains coupées. Agathe Uwilingiyimana, son Premier ministre, lui dit : « *Ce n'est pas moi qui te coupe les bras, ce sont les accords d'Arusha qui te les coupent.* » Cette caricature exprime bien la vision des membres du Parti présidentiel, car le Kangura appartenait aux partisans de Habyarimana. Ses partisans ne voulaient absolument pas de ces accords, car ils diminuaient considérablement leurs privilèges. Le fait de montrer son Premier ministre issu de l'opposition est une façon de lui dire que les accords sont favorables aux opposants.

Les accords avaient prévu de répartir les postes ministériels entre les différentes organisations politiques comme suit :[93] le MRND parti au pouvoir 5 portefeuilles, le FPR 5 portefeuilles, le MDR 4

---

[93] Article 54 du Protocole d'accord entre le gouvernement de la république rwandaise et le front patriotique rwandais sur le partage du pouvoir dans le cadre d'un gouvernement de transition a base élargie.
(Suite du protocole d'accord signé le 30 / 10 / 1992)

portefeuilles (dont le poste de première ministre), le PSD 3 portefeuilles, le PL 3 portefeuilles et le PDC 1 portefeuille.

Les accords d'Arusha prévoyaient également de mettre en place une Assemblée Nationale de Transition. Cette assemblée, comme le gouvernement de transition, devrait être constituée par plusieurs partis politiques. À la date de la signature des accords, c'est-à-dire le 4 août 1993, le Rwanda comptait 15 partis politiques agréés. Tous ces partis étaient nés à la suite de la décision du Président Habyarimana d'engager le pays sur la voie de la démocratie. Les accords avaient prévu des représentants de tous ces partis dans la nouvelle Assemblée. Cette Assemblée devrait compter 70 députés. Parmi ces 70 députés, le FPR et le Parti du Président devaient avoir chacun 11 sièges. De ce fait, la question qui se pose logiquement est : comment le FPR a-t-il réussi à avoir les mêmes parts dans le nouveau gouvernement que le parti du Président ? Ou bien, qu'est-ce qui a bien poussé le camp du Président à accepter ce partage équitable ?

Dans tous les conflits, les jours précédant une date fixée pour des négociations sont souvent cruciaux. Les parties en conflit cherchent à gagner du terrain pour renforcer leur position lors des pourparlers. Cette stratégie est illustrée par l'emprisonnement de quinze mille soldats français le 7 mai 1954 à Diên Biên Phu par les forces du Viêt Minh, juste avant une conférence tenue en juillet 1954 à Genève pour chercher une issue pacifique à la guerre entre la France et le Vietnam. Les Français, dans l'espoir de renforcer leur position lors des négociations, avaient lancé d'importantes opérations militaires qui se sont finalement soldées par cette défaite historique.

Le FPR avait prévu d'entrer en position de force dans les pourparlers programmés le 10 juillet 1992 à Arusha. Ce qui pousse le Général Quesnot à souligner à Mitterrand : « *Les premiers jours du mois de juillet seront décisifs pour le Rwanda, car le FPR va probablement chercher un gage territorial maximal avant le 10 juillet, date retenue pour les prochaines négociations.* »[94] Depuis le déclenchement de la guerre, le FPR replié au Nord-Est lançait très souvent des offensives contre les FAR. Au début du mois de juillet 1992, le Général Quesnot craignant l'attaque du FPR qui se préparait, affirme à Mitterrand : « Les *informations qui me parviennent sur l'aide ougandaise au FPR sont préoccupantes et*

---

[94]Note du Général Quesnot à l'attention de Monsieur le Président de la République. Objet : situation militaire au Rwanda, 1er juillet 1992.

confirment les craintes des autorités rwandaises. »[95] Le Président Museveni avait toujours nié l'implication de l'Ouganda dans la guerre rwandaise. Mais plusieurs indices, comme l'affirmation du Général, attestaient d'une aide ougandaise au FPR.

L'attaque du FPR avait déséquilibré les FAR lors de l'offensive de juillet 1992. Cela a conduit Dominique Pin à dire au Président Mitterrand que le Président Habyarimana « *ne prend pas d'initiative et semble être dépassé.* »[96] Le Rwanda est un pays densément peuplé. L'attaque du FPR depuis le Nord a entraîné le déplacement de centaines de milliers de personnes. Ces déplacés se sont retrouvés dans des camps situés aux portes de Kigali, vivant dans des conditions précaires, souvent abrités par des palissades de paille de sorgho recouvertes de feuilles de plastique, principalement fournies par les États-Unis. Le Rwanda connaissant des précipitations abondantes, l'humidité exacerbait les difficultés de vie des déplacés. Selon Jeune Afrique, ces « *réfugiés internes* »[97] ne devaient leur survie qu'à l'aide internationale, notamment celle de la Croix-Rouge. Cependant, en raison du nombre croissant de déplacés, « *les stocks d'aide s'épuisaient et le marché alimentaire national commençait à souffrir de pénuries.* » L'aide fournie par les organisations internationales ne suffisait plus, exposant ainsi les déplacés à de nombreux risques sanitaires.

La situation des déplacés était décrite comme une véritable catastrophe nationale par le Ministre du Travail et des Affaires Sociales du gouvernement de transition, Landoald Ndasingwa. Régler la guerre rwandaise devenait l'une des priorités du gouvernement de coalition. Tant que la guerre n'était pas terminée, la situation des déplacés ne s'améliorerait pas. À chaque offensive du FPR, le nombre de déplacés augmentait considérablement, exerçant ainsi une pression croissante sur le gouvernement rwandais. Le FPR avait clairement compris que plus ce nombre augmentait, plus la pression sur le gouvernement devenait intense. En lançant des offensives, le FPR cherchait probablement à imposer sa vision à Arusha. Face à cette situation, le Président Habyarimana avait accéléré le processus de paix pour tenter de remédier à la crise des déplacés.

---

[95] Idem.
[96] Note du Général Quesnot à l'attention de Monsieur le Président de la République. Objet : situation militaire au Rwanda, 1er juillet 1992.
[97] Jeune Afrique N°1657 du 8 au 14 octobre 1992, p 36.

Le FPR est souvent accusé d'avoir sacrifié les Tutsi de l'intérieur. C'est la vision de Paul Barril,[98] un acteur direct de la guerre au Rwanda. Selon lui, les offensives militaires menées par le FPR ont alimenté la haine des Hutu envers les Tutsi non impliqués dans le conflit. Cette population tutsi représentait environ 10 % de la population rwandaise. Étant majoritairement composé de Tutsi, le FPR se présentait naturellement comme leur protecteur. Cependant, cela soulève la question de savoir si le FPR aurait dû mieux gérer ses attaques pour éviter l'escalade de la haine Hutu envers les Tutsi, afin de protéger cette minorité.

La situation difficile des déplacés de guerre peut-elle expliquer le caractère généralisé du génocide ? Certains déplacés, vivant dans des conditions précaires, pouvaient attribuer tous leurs maux au FPR, organisation majoritairement tutsi, et se venger en ciblant les Tutsi de l'intérieur. Cependant, il est difficile de savoir si le FPR pouvait réellement anticiper l'ampleur du génocide. Bien qu'il ait pu envisager des massacres de Tutsi en représailles à ses actions militaires, personne ne pouvait prédire l'horreur qui a suivi.

Les accusations de Paul Barril ne reflètent-elles pas ses propres divergences avec le FPR ?

Il est également important de noter les conséquences économiques désastreuses de la guerre au Rwanda. La production de café et de thé, principales sources de revenus du pays, avait considérablement diminué. Les années 1990 ont été une période économiquement difficile, marquée par des dépenses liées à la guerre insoutenables et l'installation de la famine. Pour le gouvernement, trouver la paix était devenu une priorité absolue.

La question des réfugiés dans les accords

La question des réfugiés rwandais constitue la principale cause de l'attaque du 1er octobre 1990. Il est important de souligner qu'au cours des années 1990, le nombre de réfugiés rwandais s'élevait à 600 000. Ce chiffre était significatif, car de nombreux pays africains comme les Comores et le Cap-Vert, pour n'en citer que deux, ne comptaient pas plus de 500 000 habitants à cette époque.

Pour informer Mitterrand des dégâts de l'offensive du 1er juillet 1992 du FPR, le Général Quesnot souligne qu'elle avait causé le déplacement de 280 000 Hutu qui avaient fui les zones de combat. Le 24 février 1993, le Général Quesnot rapporte encore au Président

---

[98]Entretien à France 24 en mars 2014.

Mitterrand que : « *le Rwanda compte aujourd'hui près de 600 000 personnes déplacées à cause des combats.* »[99] Ici, nous constatons que le nombre des déplacés avait doublé entre juillet 1992 et février 1993. Sur les 600 000 réfugiés que comptait le Rwanda, se sont ajoutés 600 000 déplacés. Ce qui fait que le Rwanda comptait entre 1992 et 1993 environ 1 200 000 personnes en situation de réfugiés et de déplacés de guerre. Vu que les deux parties s'étaient réunies pour régler de manière pacifique la guerre, la question des réfugiés, qui était à l'origine de cette guerre, et la question des déplacés, causée par cette guerre, devenaient des sujets incontournables lors des pourparlers à Arusha.

Devant cette logique, un protocole d'accord avait été signé entre les deux parties antagonistes le 9 janvier 1993.[100] Une étape importante avait été franchie dans la résolution de la question des réfugiés et des personnes déplacées. Maintenant, il est opportun d'examiner ce que les accords d'Arusha avaient prévu pour aborder cette question fondamentale, qui était à l'origine du conflit.

---

[99] Note du général Quesnot au Président Mitterrand du 23 février 1993.
[100] Protocole d'Accord entre le gouvernement de la République rwandaise et le Front Patriotique Rwandais sur le rapatriement des réfugiés rwandais et la réinstallation des personnes déplacées.
Signé à Arusha le 9 janvier 1993 par le représentant du gouvernement rwandais, Landoald Ndasingwa, Ministre du Travail et des Affaires Sociales du Rwanda, et par le représentant du FPR, Pasteur Bizimungu, membre du comité exécutif et commissaire à l'information et à la documentation du FPR. En présence du représentant du facilitateur de la République Unie du Tanzanie, Ami R. Mpungwe, Ministre des Affaires étrangères et de la Coopération internationale, ainsi que du représentant du Secrétaire Général de l'OUA, le Dr. M. T. Mapuranga. En présence également de l'Ambassadeur du Sénégal en Ethiopie et en Tanzanie, et représentant auprès de l'OUA, Papa Louis Fall.

Le retour des réfugiés était considéré comme un pas essentiel vers la réconciliation et la paix au Rwanda selon les acteurs des accords d'Arusha. Ces accords stipulaient que le retour des réfugiés devait être libre pour tous ceux qui désiraient revenir au Rwanda. Pour les accords d'Arusha, est réfugié rwandais :[101]

1. Celui qui possède des documents du Haut-Commissariat aux Réfugiés (HCR) attestant sa qualité de réfugié rwandais ;
2. Tout Rwandais qui se déclare réfugié rwandais, mais n'est pas enregistré au HCR.

Le Haut-Commissariat des Nations Unies pour les réfugiés (HCR) est l'organisation onusienne chargée de s'occuper des questions des réfugiés dans le monde. En 1990, seuls 300 000[102] réfugiés rwandais sur une population totale d'environ 600 000 possédaient des documents fournis par le HCR, soit la moitié des réfugiés. C'est pourquoi les accords d'Arusha avaient stipulé que tout Rwandais déclarant être réfugié bénéficierait automatiquement du statut de réfugié.

Les auteurs des accords d'Arusha avaient bien impliqué le HCR dans l'intégration des réfugiés rwandais, ce qui était logique au vu de la vocation de l'organisation. Ainsi, pour régler et faciliter

---

[101] Article 8 du protocole d'accord pour le rapatriement des réfugiés rwandais et la réinstallation des personnes déplacées.
[102] Op.cit., mission d'information, P 67

l'intégration des réfugiés au Rwanda, le gouvernement de transition à base élargie, sous la demande des accords d'Arusha, devait créer une Commission de mise en œuvre du rapatriement. Cette commission devait être composée de représentants du gouvernement rwandais, du HCR, de l'OUA et des réfugiés eux-mêmes. Cette démarche inclusive visait à assurer le succès de l'intégration des réfugiés rwandais dans leur pays d'origine.

La Commission[103] de mise en œuvre du rapatriement selon les accords avait pour mission principale de finaliser et de mettre en œuvre un programme de rapatriement et de réintégration des rapatriés. Elle était concrètement chargée de :

1. Mener une enquête socio-économique auprès des réfugiés ;

2. Organiser un recensement et un enregistrement des réfugiés avant leur rapatriement ;

3. Mener une campagne d'information et de sensibilisation aussi bien auprès de la population des réfugiés qu'auprès de celle de l'intérieur du pays ;

4. Exécuter le travail d'identification des sites d'installation et superviser la distribution des parcelles et la mise en place des infrastructures de base telles que les centres d'hébergement, les centres de santé, les centres d'enseignement, etc.

5. Organiser le voyage en cas de besoin pour tous les rapatriés ainsi que le transport de leurs biens ;

6. Superviser toutes formes d'assistance aux rapatriés telles que l'assistance alimentaire, l'outillage agricole, les matériaux de construction, les biens domestiques, les semences, etc.

S'occuper de 600 000 réfugiés et de 600 000 déplacés de guerre était un vrai défi pour la Commission de rapatriement. D'après les textes du protocole d'accord, chaque personne (réfugié ou déplacé) recevra dès son arrivée une petite somme d'argent, de l'aide alimentaire pendant 15 mois, des outillages agricoles, des matériaux de construction... Cette commission devait fournir tous ces éléments à 1 200 000 de Rwandais. Pour atteindre cet objectif, la Commission devrait avoir à sa disposition d'importants moyens financiers. Et pour faire face à ces questions financières, le Rwanda serait assisté par la communauté internationale. Ce qui nous pousse à nous demander : est-ce que la communauté internationale était prête à débourser une somme assez suffisante pour résoudre le problème de tous ces 1 200 000 Rwandais qui avaient besoin d'aide ?

---

[103]Op.cit., Article 10

La suite des événements nous a montré que la communauté internationale à travers l'ONU n'avait pas voulu mettre en place les moyens financiers nécessaires pour assister à temps le Rwanda pour la mise en place des éléments des accords d'Arusha.

La question de l'occupation des terres par les réfugiés avait été évoquée. En effet, selon les accords : « *Pour l'installation des rapatriés, le Gouvernement rwandais devra disponibiliser des terres non occupées aujourd'hui par les particuliers, après identification par la Commission de mise en œuvre du rapatriement.* »[104]

Toujours selon le protocole d'accord sur la question des réfugiés, la commission de mise en œuvre du rapatriement après la formation du gouvernement de transition « *aura la latitude de prospecter et de sélectionner des sites d'installation sans restriction sur le territoire national.* »[105] Ce qui signifie qu'aucun travail de recherche de site libre au Rwanda n'avait été réalisé au moment de l'élaboration de ces solutions à Arusha. Et si aujourd'hui, les accords étaient appliqués, n'y aurait-il pas des mécontentements ou des révoltes de certains réfugiés, si la commission n'arrivait pas à trouver assez de terres pour les réhabiliter ? Ce qui nous amène à nous demander comment des experts et des observateurs internationaux ont pu approuver des solutions sans que ces dernières passent par des études réelles ?

Les solutions préconisées par les accords pour les réfugiés touchaient aussi les secteurs de l'emploi et de l'éducation. Il est clair que, les trois secteurs qui recrutent le plus après une guerre sont : l'enseignement, la santé et la justice. Pour l'enseignement, il fallait une réorganisation puisque la guerre avait désorganisé le système. Une bonne partie des réfugiés devaient venir de pays anglophones (Ouganda, Tanzanie). Dans ces pays, ils ont reçu une éducation en anglais. Ils ne comprenaient pas le français qui était la langue officielle enseignée au Rwanda. À cet effet, les accords stipulaient « *En vue d'effectuer une transition souple vers le système national sans que les enfants ne doivent interrompre leurs études et sans qu'ils subissent les effets adverses, un certain nombre de mesures devront être prises :*

1. Pendant la première année, l'enseignement devra être dispensé dans la langue utilisée dans le pays de provenance.

---

[104] Op.cit Article 3
[105] Op.cit. Article 30

2. Des cours intensifs de Français devraient être organisés dans les trois premiers mois pour les enseignants et les élèves, spécialement pour les élèves du cycle supérieur du primaire en provenance des pays anglophones.

3. Certains aspects de l'adaptation peuvent être facilités par le système de l'enseignement privé.

4. Le plan d'action en faveur des réfugiés rwandais devra prendre en charge les élèves et étudiants fréquentant les deux dernières années terminales du primaire, du secondaire et du supérieur, qui souhaiteront terminer leurs études dans les pays d'accueil, pour autant que les systèmes d'enseignement dans lesquels ils ont évolué diffèrent de celui du Rwanda. Les certificats sanctionnant leurs études seront reconnus conformément au système d'équivalence de diplômes, certificats... suivi par l'UNESCO. »[106]

Comme le système éducatif, le système judiciaire avait été bouleversé par la guerre. La question de la justice pose un problème le plus souvent au sortir d'une guerre. Il y a toujours plusieurs procès et réformes judiciaires à mener. Pour la plupart des pays africains, faute de moyens financiers et de formations, le problème d'effectifs se pose pour la justice. Ce constat est confirmé par l'affirmation du ministre rwandais de la Justice Alphonse Marie Nkubito en 1994 : *« Vous voulez faire quelque chose dans le domaine de la justice ? Eh bien, il y a vingt-huit mille personnes en prison, ce nombre augmente tous les jours. Je n'ai que vingt-deux inspecteurs de police judiciaire (IPJ) pour mener toutes les enquêtes d'après-génocide et massacre. Ce n'est pas possible ! Il faut organiser une formation d'IPJ ; cent cinquante, pendant trois mois. »*[107] Cette situation était aussi présente au Burundi en 1993. À la suite d'une guerre, le pays ne possédait pas assez de cadres dans le secteur de la justice pour garantir son bon fonctionnement.

En ce qui concerne le secteur de la santé, il est tout à fait normal qu'il y ait une forte demande. La guerre laisse de nombreuses personnes avec des blessures physiques et morales. Ainsi, il est indispensable que les effectifs soient à la hauteur pour assurer le bon fonctionnement du secteur.

---

[106]Op. Cit. Article 30.
[107]Op. Cit, Médecin sans frontière, 1997, p 278.

L'Armée de Transition à Base Elargie (ATBE)

La majeure partie de la deuxième génération des chefs d'État des pays africains, après les indépendances, était des militaires. Cette deuxième vague de dirigeants militaires avait pris le pouvoir le plus souvent à la suite d'un coup d'État. À titre d'exemple, nous pouvons citer le cas de Mobutu du Congo, de Bokassa de la République centrafricaine ou encore de Habyarimana du Rwanda. Ces chefs d'État, d'anciens militaires, s'appuyaient sur une puissante armée dirigée par leurs hommes de confiance pour imposer leur volonté dans le pays.

Pour trouver une issue pacifique au conflit opposant le FPR et le gouvernement rwandais, dans le cadre des négociations à Arusha, un protocole d'accord avait été signé le 3 août 1993. Ce protocole constitue l'acceptation des deux armées, c'est-à-dire les FAR et le FPR, de fusionner leurs forces pour constituer une armée nationale de transition.

Cette question d'intégrer les deux armées belligérantes reste l'une des questions les plus discutées à Arusha, d'où la signature du protocole d'accord à la veille de la signature des accords d'Arusha. Il a fallu huit mois après la signature du protocole d'accord sur la question des réfugiés pour obtenir un « *consensus* »[108] sur la forme et le fonctionnement de l'armée de transition à base élargie.

Vu que l'objectif premier de cet accord était de trouver la paix au Rwanda, et sachant que la paix et la démocratie ne peuvent exister dans un pays où l'armée s'intéresse à la politique, les concepteurs des accords d'Arusha[109] avaient souligné que :

---

[108] Ici, nous avons mis consensus entre guillemets, parce que l'on se pose réellement la question de savoir, est ce qu'il y a eu consensus ? En effet les militaires, les journalistes et les membres du parti présidentiel, ont largement réfuté cette partie des accords. Ce qui nous amène à penser : est-ce que Habyarimana n'a pas forcé pour signer cet accord sans qu'il y ait l'aval de ses partisans ? Nous y reviendrons plus largement.

[109] Protocole d'accord entre le gouvernement de la République rwandaise et le front patriotique rwandais sur l'intégration des forces armées des deux parties. Signé à Arusha le 3 Aout 1993 par le ministre des Affaires Etrangères et de la coopération du Rwanda le Dr Anastase Casana, par Pasteur Bizimungu membre du comité exécutif et commissaire à l'information et à la documentation du FPR, en présence du facilitateur, le ministre des affaires étrangères et de la coopération internationale de la Tanzanie Joseph Rwecasira et du représentant du Secrétaire Général de l'OUA M. T. Mapuranga

1. L'Armée Nationale est non partisane ;
2. Les membres de l'Armée Nationale ne peuvent pas être affiliés à des partis politiques ni à toute autre association à caractère politique. Ils ne peuvent participer ni aux activités ni aux manifestations des partis ou des associations politiques. Ils ne peuvent pas manifester publiquement leur préférence politique ;
3. Les membres de l'Armée Nationale exercent leur droit de vote. Cependant, compte tenu de la nature de l'organisation actuelle de cette armée, ses membres ne peuvent pas participer aux élections locales ;
4. Les membres de l'Armée Nationale ne peuvent se porter candidats à l'exercice d'un mandat politique électif, à moins de démissionner préalablement de leurs fonctions militaires.

Ces mesures, élaborées par le protocole d'accord constituant les principes de l'armée de transition à base élargie, étaient très strictes. Elles étaient conçues pour éviter les coups d'État, qui étaient monnaie courante en Afrique à cette époque, ainsi que toute forme de dictature caractéristique des dirigeants militaires de cette période. Dans cette logique, malgré sa position de chef suprême des armées, le Président n'avait pas le pouvoir d'imposer une décision concernant le fonctionnement de l'armée de transition. Cette armée de transition à base élargie était placée sous l'autorité du Haut Conseil de Commandement de l'Armée. Ce haut conseil était composé du Chef d'État-Major de l'Armée Nationale, qui était le Président, du chef d'État-Major adjoint de l'Armée nationale, qui était le vice-président, de quatre commandants de brigades et de quatre commandants en second de brigades. Toutes les décisions devaient être prises par consensus.

D'après les rédacteurs des accords d'Arusha, cette armée de transition devait avoir un effectif[110] (Officiers, Sous-officiers, Caporaux et Soldats) fixé à treize mille (13.000) hommes. La proportion des différentes catégories par rapport à l'ensemble de l'Armée devrait être de 6 % pour les Officiers, de 22 % pour les Sous-officiers et de 72 % pour les hommes de troupes. Le nombre de soldats dans toutes les hiérarchies devait être le même entre les deux forces, c'est-à-dire, les deux belligérants devaient proposer la moitié des treize mille hommes que devaient constituer cette nouvelle armée. Ces mesures avaient été élaborées pour avoir un équilibre des deux forces dans l'armée nationale, afin d'éviter toutes

---
[110] Article 2 du protocole d'accord sur l'intégration des deux armées.

formes de rapports de forces, de troubles ou de violences au sein de l'armée.

Très naturellement, ces mesures n'étaient pas bien perçues par les militaires. D'après Human Rights Watch :[111] « *Deux jours après la signature du traité, les services de renseignements militaires belges signalaient un mécontentement à la fois chez les militaires et chez les civils et prévenaient qu'une vague de manifestations, d'affrontements et même de tentatives d'assassinat pouvait se déclencher dans les prochains jours.* »

Depuis plus de trois ans, le pays était en guerre contre le FPR. L'armée a passé toute cette période à recruter. Ses effectifs,[112] qui étaient 5 000 hommes en 1990, passent au moment de la signature des accords, en 1993, à 40 000 hommes. Le FPR avait une armée constituée de 19 000 hommes. Donc, le cumul des effectifs de ces deux armées au moment de la signature des accords en 1993 faisait 59 000 hommes. Suivant la logique des accords, sur cet effectif de 59 000 soldats, 46 000 hommes devraient être démobilisés.

Pour les FAR, sur les 40 000 hommes, il ne resterait que 6 500 soldats, soit la moitié des 13 000 que prévoient les accords. Ce qui signifie que 33 500 soldats vont se retrouver au chômage. Les « amis » de Habyarimana qui avaient commis le coup d'État en 1973 et qui dirigeaient l'armée parce qu'étant les plus hauts gradés, mais proches de la retraite, seront les premiers à être démobilisés. Or, ces hauts gradés ont le plus souvent commis des crimes et dès lors qu'ils seraient déchargés, ils pourraient faire l'objet de poursuites judiciaires. Ou même s'ils n'avaient pas commis de crimes, ils étaient des hommes d'affaires et avaient beaucoup de privilèges. Donc, s'ils perdaient leurs prérogatives au sein de l'armée, cela entraverait certainement leurs affaires.

À ce niveau, la question qui se pose est de savoir : que prévoient les accords pour ces dizaines de milliers de militaires qui devraient être démobilisés ?

La réponse à cette question se trouve dans le chapitre trois du protocole d'accord sur l'intégration des deux armées qui s'intéresse au processus de démobilisation. L'accord prévoit de donner à

---

[111]Alison Des Forges (dir), Aucun témoin ne doit survivre. Le génocide Rwandais, Paris, Karthala, 1999, p 150.

[112]Jeune Afrique N° 1657 du 8 au 14 Octobre 1992, p 62.

chaque personne à démobiliser une allocation forfaitaire de démobilisation[113]. Cette allocation est de :
- 100 000 FRw pour les caporaux, soldats et gendarmes ;
- 200 000 FRw pour les sous-officiers de la deuxième catégorie ;
- 300 000 FRw pour les sous-officiers de la première catégorie ;
- 400 000 FRw pour les officiers subalternes ;
- 500 000 FRw pour les officiers supérieurs.

La plupart des personnes à démobiliser n'avaient aucune formation intellectuelle ni aucune qualification professionnelle qui pourraient leur permettre de se réinsérer dans la vie civile. Tout ce qu'ils savaient faire était de manier une arme. Ceci nous pousse à nous demander si ces mesures étaient appliquées : est-ce que les Rwandais vivraient en sécurité ? Si nous savons que ces personnes n'avaient aucune perspective économique, n'allaient-elles pas se lancer dans le banditisme ? Ces accords, tellement discutés et négociés, avaient-ils réfléchi à ces questions ?

En voulant instaurer l'équilibre et la démocratie, ces accords avaient créé une situation de rejet. Même si Habyarimana avait signé cet accord, il n'avait pas obtenu l'approbation de l'armée rwandaise. Il avait subi la pression internationale, surtout celle de la France, qui avait fait recours à la menace ultime pour le pousser à signer cet accord. En effet, la France, « *en coalition avec la Banque mondiale, informa Habyarimana que les versements de l'aide internationale au gouvernement rwandais seraient suspendus, s'il ne signait pas le traité avant le 9 août.* »[114]

D'après le rapport de l'OUA[115] sur le génocide rwandais, l'ancien sous-secrétaire d'État américain pour l'Afrique, Herman Cohen, avait révélé que la CIA avait publié en 1993 une analyse selon laquelle les extrémistes ne permettraient jamais la mise en œuvre d'Arusha. Toujours selon le rapport de l'OUA, en janvier 1994, une organisation des droits de l'homme déclarait que de nombreux observateurs estimaient que les chances étaient minces pour que l'accord de paix, qui demande l'intégration des armées, soit mis en œuvre.

Le 12 janvier 1994, alors que tout le monde attendait l'application des accords, M. Bunel rapporte dans un télégramme

---

[113] Article 153 du protocole d'accord sur l'intégration des deux armées
[114] Op. cit, Aucun témoin ne doit survivre, 1999, p 148.
[115] Organisation de l'Unité Africaine, Rapport sur le génocide au Rwanda, Mai2000, P68.

des aveux d'un haut responsable du parti présidentiel rwandais. Ces aveux parlent d'une menace d'une guerre civile au Rwanda. Le scénario est décrit comme suit : « *Quelques éléments des « interahmwe[116] » se livraient à des provocations à l'encontre du bataillon du FPR stationné au parlement CND afin de susciter une riposte de celui-ci. Parallèlement, les militaires Belges de la MINUAR seraient pris à partie dans le même but. Les victimes rwandaises qui ne manqueraient pas de provoquer ces réactions seraient alors le prétexte à l'élimination des Tutsi de la capitale.* »[117] Ces informations, connues depuis le mois de janvier par les Nations Unies, la France, les États-Unis, bref par la communauté internationale, montrent qu'il y avait des personnalités politiques et militaires qui voulaient saboter les accords d'Arusha.

Les acteurs non rwandais impliqués aux accords

L'Organisation de l'Unité Africaine et les accords

Créée en 1963 à Addis-Abeba par 30 États africains nouvellement indépendants, l'Organisation de l'Unité Africaine militait pour l'unité africaine. Son objectif était de promouvoir la solidarité africaine et de favoriser l'indépendance des territoires encore sous domination étrangère. En effet, à cette époque, certains pays africains étaient encore colonisés, notamment par le Portugal et certains par la France, comme les Comores.

Comme l'ONU, l'OUA[118] était une organisation intergouvernementale. Cependant, contrairement à l'ONU où les décisions importantes sont prises par le Conseil de sécurité, dominé par ses cinq membres permanents, les décisions importantes de l'OUA étaient prises par la Conférence des chefs d'État, sur la base de recommandations émises par le Conseil des ministres. Cette procédure, bien que parfois lourde, était nettement plus égalitaire que celle de l'ONU. Comme l'ONU, l'OUA disposait également d'un Secrétariat dirigé par un Secrétaire Général (SG). Cependant,

---

[116] Interahamwe est un mot en kinyarwanda, la langue locale rwandaise. Ce mot signifie « ceux qui luttent ensemble ». Ces Interahamwe constituaient la milice du parti MRND et du CDR. Ce sont les jeunes du parti. Ce sont eux qui sont à la base du génocide. La plupart des massacres ont été commis par eux.

[117] Télégramme diplomatique de M. Bunel, rapportant les informations d'un haut responsable du parti présidentiel rwandais du 12 janvier 1994.

[118] Rapport de l'OUA sur le génocide rwandais.

le Secrétariat de l'OUA travaillait avec des contraintes encore plus importantes. Les pouvoirs du Secrétaire Général étaient considérablement limités par le processus décisionnel complexe et la nécessité de travailler en collaboration avec les États membres sur toutes les questions.

Cette organisation s'était impliquée dans la gestion du conflit rwandais. En effet, dès 1991, selon Jeune Afrique,[119] l'OUA avait déployé de sérieux efforts pour résoudre la guerre. Elle avait mis en place une démarche visant à obtenir un cessez-le-feu et à garantir son respect par les deux parties afin de faciliter les pourparlers. À travers des manœuvres habiles et avec le soutien des chefs d'État des pays de l'Afrique des Grands Lacs, l'OUA avait réussi à obtenir ce cessez-le-feu. Les dispositifs du cessez-le-feu excluaient toute présence de forces étrangères, à l'exception de celles formées par l'OUA.

Les négociations à Arusha étaient placées sous l'égide de l'OUA, ce qui constituait une première pour l'organisation. Comme nous l'avons souligné, son objectif premier était de lutter pour l'émancipation des États africains. Dans sa charte, apparaissaient la souveraineté des États membres et le principe de non-ingérence dans leurs affaires intérieures. Mais, vu le contexte du conflit rwandais, l'intervention de l'OUA était inéluctable. Cependant, un problème se posait. L'OUA n'avait pas prévu de dispositif pour la prévention, la gestion et la résolution des conflits. Ce n'est qu'en 1993[120] que l'organisation avait mis en place un mécanisme de prévention, de gestion et de règlement des conflits, pour apporter des éléments de réponse à la question rwandaise. Donc, en 1990, l'OUA s'était engagée dans la gestion de la crise rwandaise sans aucune expérience. L'expérience du Rwanda avait aidé l'OUA à modeler son approche dans la gestion et la résolution des conflits. Elle lui a permis de mieux cerner la question de la gestion des conflits et de mieux accentuer son intervention, car son implication s'était soldée par un échec. Comme nous le savons, c'est dans l'échec que l'on apprend le mieux.

Lors des négociations, l'OUA avait mandaté les présidents, Abdou Diouf, Président de la République du Sénégal et Hosni Moubarak, Président de la République arabe d'Egypte pour rencontrer les deux parties, ainsi que les chefs d'État de l'Afrique

---

[119] Jeune Afrique N° 1584 du 8 au 14 Mai 1991, p 40.
[120] Op.cit., rapport OUA, p 80.

des Grands Lacs qui ne pouvaient pas être exclus du processus de paix.

Le travail principal de l'OUA était de veiller au respect du cessez-le-feu afin que les négociations se déroulent sans incident. À cette fin, une commission mixte d'observateurs avait été mise en place, dont l'OUA était membre. Pour mettre en œuvre le cessez-le-feu, l'organisation devait constituer un groupe d'observateurs militaires neutres (GOMN). Ce groupe devait composer de 50 officiers, comprenant 10 Sénégalais, 10 Nigérians, 10 Zimbabwéens, 5 officiers des FAR, 5 officiers du FPR et 10 officiers issus d'un autre pays africain choisi par le Président sénégalais Abdou Diouf, Président en exercice de l'OUA, en collaboration avec le facilitateur des pourparlers, le Président tanzanien Ali Hassan MWINYI.[121]

La France, présente militairement au Rwanda depuis le déclenchement de la guerre, devait se retirer pour laisser la place au GOMN, qui serait la seule force étrangère autorisée au Rwanda pour garantir le bon déroulement des négociations. Le choix de ne composer le GOMN que de soldats africains témoigne de la volonté des Africains de prendre en charge la gestion de la crise. La sélection de soldats en provenance du Sénégal, du Nigeria et du Zimbabwe n'était pas fortuite. Ces pays, situés en dehors de la région des Grands Lacs africains et n'étant pas impliqués dans la crise, avaient été choisis pour cette mission spécifique.

Comme nous le voyons, l'OUA avait répondu de manière très satisfaisante à la gestion de la crise rwandaise en mettant en place le GOMN. Cette force militaire était très appréciée, car elle n'était composée que de soldats Africains. Ce qui nous pousse au regard de la crise malienne et des interventions de soldats non africains dans le continent à nous demander : au lieu de laisser la place à la France, pourquoi cette démarche de mise en place d'une force militaire par l'organisation africaine n'a pas eu lieu dans les crises récentes sur le continent ?

L'OUA, en tant qu'organisation pour l'unité africaine, était consciente que la cause de l'attaque menée par le FPR résidait dans la question des réfugiés. Cependant, depuis sa création, l'OUA n'avait jamais tenté de régler la question des réfugiés rwandais. Selon un rapport établi par l'organisation en 2000, cette absence

---

[121] Accord de paix d'Arusha entre le gouvernement de la république rwandaise et le Front Patriotique Rwandais.

d'intervention sur la question des réfugiés rwandais posait un problème moral à l'OUA pour condamner l'attaque du FPR. C'est pourquoi, lors des pourparlers, l'organisation avait pris la décision de s'engager totalement pour résoudre cette question. À cette fin, elle avait impliqué le HCR, naturellement chargé de gérer les réfugiés.

L'OUA s'était engagée avec le HCR à organiser une table ronde avec les bailleurs de fonds afin de trouver des financements. Ces financements étaient destinés à faciliter le retour des réfugiés et des personnes déplacées par la guerre. Malgré son implication et ses efforts dans la marche vers la paix au Rwanda, l'OUA avait un très grand handicap. La gestion d'une guerre armée nécessite beaucoup de moyens financiers. Les ressources de l'OUA provenaient de la cotisation de ses États membres. Les pays africains, la plupart sous-développés, ne pouvaient pas cotiser d'importantes sommes, alors que dans leurs pays, ils manquaient de moyens pour leur propre développement.

Aujourd'hui, l'OUA a connu un échec. Elle s'était engagée jusqu'au bout pour obtenir la signature des accords. Mais elle est restée passive lors du génocide. Ce qui nous pousse à nous demander : Pourquoi cette passivité durant les massacres ? Est-ce que réellement, des questions financières devraient être posées par l'OUA pour intervenir durant les massacres ? Tous les États africains, notamment le Sénégal, le Nigeria, la Zambie... étaient parfaitement informés des exactions qui se déroulaient au Rwanda. Si le panafricanisme et l'unité africaine que se revendiquent les pays africains étaient une réalité, n'y aurait-il pas au moins un pays africain sur les différents États que compte l'Afrique qui interviendrait militairement au Rwanda pour s'interposer aux massacres ?

L'Organisation des Nations Unies

Créée après la Seconde Guerre mondiale, l'Organisation des Nations Unies regroupe presque tous les pays du monde et constitue la plus grande organisation intergouvernementale, ayant pour mission principale de consolider la paix dans le monde.

Naturellement, lorsque la guerre a éclaté au Rwanda et que le dialogue a été engagé, l'ONU est intervenue pour jouer son rôle dans la recherche de la paix. Bien que les négociations à Arusha aient été une initiative africaine et que les pourparlers aient été sous l'égide de l'OUA, l'ONU, en raison de sa portée mondiale, ne pouvait être exclue. Cette organisation a été présente tout au long des négociations à Arusha. D'ailleurs, les documents officiels des accords d'Arusha portent la signature du représentant du Secrétaire Général de l'ONU, Valdimir Petrovsky, le Secrétaire Général Adjoint et directeur général du bureau des Nations Unies à Genève.

L'ONU devait jouer un rôle décisif pour la réussite des accords d'Arusha. Après la signature, elle avait pour mission de mettre en œuvre les conclusions des accords. En février 1993, à la suite de la violation du cessez-le-feu, alors que les pourparlers avaient été engagés depuis 8 mois, le gouvernement de Kigali[122] avait écrit à Boutros Boutros Ghali, le secrétaire général de l'ONU, pour lui demander le déploiement d'observateurs le long de la frontière entre l'Ouganda et le Rwanda.

La frontière entre le Rwanda et l'Ouganda constituait le noyau de la guerre. Même en 1991, quand le gouvernement rwandais avait pris le dessus sur les rebelles, l'Amiral Laxande décrivait la situation militaire du pays à Mitterrand en ces termes : « *La situation est calme sur l'ensemble du pays, sauf à la frontière Nord-Ouest, où la zone proche de l'Ouganda demeure l'objet de harcèlements de la part des rebelles ougando-Tutsi.* »[123] Comme nous l'avons souligné, il y avait un détachement de militaires africains qui était sous l'égide de l'OUA installé sur ce territoire en 1993. L'offensive du FPR de février 1993 était brutale, car elle avait augmenté considérablement le nombre de déplacés. Si le gouvernement rwandais avait fait cette demande de déploiement d'observateurs le long de la frontière entre l'Ouganda et le Rwanda, c'est parce que les soldats de l'OUA n'avaient pas pu empêcher cette vaste offensive en février 1993. Donc, l'ONU avec plus de moyens que l'OUA devrait pouvoir mieux surveiller la frontière entre les deux pays.

Pour intervenir au Rwanda, l'ONU avait voté la résolution 872[124] le 5 octobre 1993. Cette résolution a entériné la création de la force chargée d'intervenir au Rwanda afin de mettre en œuvre les conclusions des accords d'Arusha. Cette force était nommée MINUAR (Mission des Nations Unies pour l'Assistance au Rwanda).

---

[122] Note du général Quesnot au Président Mitterrand du 23 février 1993.
[123] Note de l'amiral Lanxade à l'attention de Monsieur le Président de la République 22 avril 1991.
[124] Op.cit, Médecin sans frontière. P 270.

De manière générale, la MINUAR avait pour mission d'assurer la transition, d'assurer la sécurité dans la ville de Kigali, de superviser le cessez-le-feu, de participer aux déminages du pays, de contrôler le processus de rapatriement des réfugiés, et d'aider à coordonner les aides humanitaires. Pour être plus précis, toute la gestion du processus de paix se situait entre les mains de la MINUAR.

La MINUAR, placée sous le commandement du Général canadien Roméo Dallaire, devait compter 2548 soldats[125] et être déployée au Rwanda 37 jours après la signature des accords de paix, soit le 10 septembre, date d'entrée en vigueur des accords. Malheureusement, la MINUAR n'a été créée que le 5 octobre, soit trois semaines après la date prévue pour l'application des accords. Il est important de préciser que sa création le 5 octobre 1993 ne signifie pas qu'elle était présente au Rwanda à cette date. Il a fallu plusieurs semaines pour réunir les effectifs militaires. Cette situation soulève la question suivante : pourquoi ce retard, étant donné le rôle central de la MINUAR dans la mise en œuvre des accords ?

La plupart des rapports[126] que nous avons consultés soulignent que le retard dans la mise en place de la MINUAR était dû à des problèmes financiers de l'ONU. Nous pensons que l'ONU avait les moyens de financer la MINUAR à temps. Ce retard montre que la question rwandaise n'était pas une priorité. Cela est également illustré par les conditions dans lesquelles travaillaient les soldats de la MINUAR. Si les soldats de l'ONU rencontraient des problèmes de nourriture et de carburant,[127] c'est probablement parce que cette mission n'avait pas la faveur des Nations Unies. Un autre signe du désintérêt des Nations Unies pour le Rwanda réside dans la réaction du Conseil de sécurité dès le début du génocide. En effet, lorsque les massacres avaient commencé et que les Rwandais avaient désespérément besoin de l'aide de la MINUAR, le Conseil de Sécurité de l'ONU avait décidé de réduire les effectifs déjà insuffisants de la MINUAR. En laissant environ 400 soldats sans équipement au Rwanda, l'ONU les avait empêchés d'intervenir pour arrêter le génocide, les condamnant à être de simples témoins impuissants.

---

[125] Op.cit., Aucun témoin ne doit survivre, 1999.
[126] Voir rapport OUA sur le génocide rwandais.
[127] Aucun témoin ne doit survivre, Op.cit. P 700.

Le Général Dallaire, chef de la MINUAR, avait initialement demandé 4500 soldats pour atteindre les objectifs de la mission, mais sa demande avait été rejetée par le Conseil de Sécurité. La MINUAR avait rencontré plusieurs problèmes financiers pendant son exécution. Son budget n'a été approuvé que le 4 avril 1994, à la veille du génocide, alors qu'elle avait été créée depuis le 5 octobre précédent. Cette situation soulève des questions importantes : pourquoi les Nations Unies, pourtant présentes lors des accords, ont-elles attendu plus de sept mois après la signature des accords pour voter un budget ? Les Nations Unies savaient pourtant que les accords étaient fragiles. Le fait qu'elles aient pris autant de temps n'a-t-il pas aggravé la situation ? Ce retard dans le financement n'a-t-il pas réduit les maigres chances de succès des accords ?

Le Conseil de Sécurité des Nations Unies a joué un rôle dans l'échec des accords d'Arusha. Le Secrétaire Général des Nations Unies a mandaté Jacques-Roger Booh Booh pour le représenter sur le terrain. À la suite du retard dans la mise en application des accords, Booh Booh a constaté que la situation s'était détériorée. Il a averti que les partis politiques signataires des accords commençaient à se diviser.[128] Cela l'a poussé à essayer de réunir les partis lors de réunions pour trouver une solution, mais sans succès.

Lors de l'investiture du Président Mandela[129] en mai 1993, Boutros Boutros-Ghali avait rencontré les chefs d'État du Zimbabwe, de la Zambie, de la Tanzanie, du Ghana, du Nigeria, de la Namibie et du Sénégal. Tous ces chefs d'État étaient prêts à fournir des militaires à l'ONU pour la mise en place de la MINUAR. Cependant, il est important de souligner que lors de la mise en place de la MINUAR, les militaires belges représentaient un tiers de l'effectif de la mission. Et il faut rappeler que lorsque les dix Casques bleus belges avaient été tués aux premières heures du génocide, le

---

[128] Les partis politiques qui devaient être représentés dans le gouvernement de transition s'étaient déchirés. En effet, chaque membre voulait représenter le parti dans le gouvernement. Ce qui avait divisé la plupart des partis en deux groupes antagonistes. La question : Qui est le leader ? Posait un problème parce que chaque personne, voyant des intérêts d'être ministre ou député, s'émancipait pour devenir le leader.

[129] Nshimiyimana V., Prélude du Génocide Rwandais. Enquête sur les circonstances politiques et militaires du meurtre du président Habyarimana, Bruxelles, Editions Quorum, 1995. P37.

gouvernement belge avait appelé ses soldats à regagner[130] leur pays, ce qui avait considérablement réduit l'effectif de la MINUAR. Cette situation soulève la question suivante : si plusieurs pays, notamment africains, étaient disposés à fournir des militaires à l'ONU, pourquoi les militaires belges représentaient-ils un tiers des effectifs ?

La réduction des effectifs de la MINUAR suite au retrait des soldats belges a laissé la mission des Nations Unies impuissante face au génocide. Ce retrait a servi de leçon à l'ONU, l'incitant à mieux répartir les effectifs des Casques bleus en fonction des pays contributeurs de troupes. En effet, lorsqu'un pays contribue de manière disproportionnée aux effectifs d'une mission des Nations Unies, cela crée une forte dépendance de l'ONU à l'égard de ce pays pour la réussite de la mission. Si ce pays décide ensuite de se retirer de la mission suite à un désaccord avec l'ONU, cela impacte considérablement les chances de succès de la mission. Il est évident que l'ONU manque d'agilité pour fournir des renforts en cas d'urgence. Dans le cas de la MINUAR, il a fallu attendre deux mois après la fin du génocide, soit en octobre, pour que les renforts de l'ONU arrivent au Rwanda.

La France dans la marche vers Arusha

La France est présente sur le continent africain depuis le XVe siècle, ce qui en fait le pays étranger le plus impliqué dans la gestion des affaires internes des pays africains. En raison de son rôle dans les questions africaines pendant la guerre froide, elle est souvent qualifiée de « *gendarme de l'Afrique* ». Il serait difficile d'examiner l'histoire contemporaine de l'Afrique sans mentionner la France, car elle est impliquée dans toutes les grandes questions politiques du continent.

La France, en tant que puissance mondiale, a joué un rôle actif dans la crise rwandaise. En effet, depuis 1975, elle avait conclu avec le gouvernement rwandais un accord[131] spécifique d'assistance militaire. Cet accord stipulait que la France fournirait aux Rwandais des personnels militaires français nécessaires à l'organisation et à l'instruction de la gendarmerie rwandaise. Par ailleurs, la France

---

[130] Le rapport de Human Rights Watch dont nous avons cité nous explique que dès le lendemain de l'attentat contre l'avion du Président, la RTLM diffuse une information disant que les Belges étaient derrière cet attentat. Ce qui faisait des Belges des cibles pour les génocidaires.
[131] Accord particulier d'assistance militaire du 18 juillet 1975.

maintient des soldats stationnés dans plusieurs pays d'Afrique, notamment au Sénégal, au Tchad, en Côte d'Ivoire, et dans d'autres régions du continent.

Dès l'attaque du FPR, les militaires français étaient intervenus pour repousser les rebelles. Depuis cette période, ils étaient très actifs dans le pays pour assister le gouvernement de Habyarimana à faire face aux rebelles. Le Président Mitterrand était informé régulièrement de l'évolution du conflit rwandais depuis son éclatement. Mitterrand était très attaché au Rwanda, car il avait envoyé dans ce pays ses conseillers militaires particuliers, comme le Général Quesnot et l'Amiral Lanxade, qui étaient tous les deux chefs d'état-major particuliers du Président de la République. Selon le rapport de Human Rights Watch, après l'assassinat de Habyarimana, le Président Mitterrand avait fait un don[132] de 200 000 francs à la veuve du Président dès son arrivée à Paris. Ce don était une manière pour Mitterrand d'exprimer sa sympathie à la famille de Habyarimana qu'il avait soutenue jusqu'au bout.

Face au déclenchement de la guerre, la France avait rapidement compris l'impossibilité d'une victoire militaire du gouvernement en place. Consciente qu'une issue négociée avec le FPR était nécessaire pour préserver son allié et son influence dans la région, elle avait encouragé le gouvernement de Habyarimana à entamer des négociations avec les rebelles. Cette stratégie de la France constitue une clé de compréhension de l'attitude de Habyarimana, qui dès le début de la guerre, avait manifesté sa volonté de rechercher une solution diplomatique avec les rebelles.

Habyarimana se pliait aux directives de la France, son principal allié politique et militaire. Pour des questions stratégiques, la France soutenait le gouvernement de Habyarimana. Pour elle, la chute du Rwanda constituerait un échec de sa politique en Afrique des Grands Lacs. Comme le souligne le Général Quesnot à Mitterrand : si la France quitte le Rwanda, « *on pourrait assister à la constitution d'un axe Tutsi Kampala-Kigali-Bujumbura.* »[133] Dans la conception française, les Tutsi étaient plus proches des anglophones et que leur objectif était de contrôler l'Ouganda, le Rwanda et le Burundi. Il est important de noter que le Président Yoweri Museveni de l'Ouganda est un Hima, une ethnie très proche des Tutsi. Le Burundi était dirigé par une armée composée essentiellement de hauts gradés Tutsi. Le

---

[132] Op.cit., Aucun témoin ne doit survivre, P 767.
[133] Note du général Quesnot au Président Mitterrand du 23 février 1993.

FPR qui convoitait le Rwanda était essentiellement composé de Tutsi. Donc négocier un accord permettra à la France de garder son influence, car le Rwanda, quel que soit le contenu des accords, restera un pays francophone.

En février 1993, à la suite de la violation du cessez-le-feu par le FPR, les pourparlers avaient été interrompus. La France considérait qu'il était impératif de relancer les négociations, car le FPR était sur le point de remporter une victoire politique et militaire au Rwanda. Confronté à cette situation, le Général Quesnot avait alors suggéré au Président Mitterrand quatre stratégies[134] pour réussir sa politique au Rwanda.

1- Profiter de l'offensive du FPR pour rapprocher le Président Habyarimana et les Hutu du Sud.

Les Hutu du sud formaient l'opposition au président Habyarimana. Le principal parti d'opposition du pays, le Mouvement Démocratique Révolutionnaire (MDR), était originaire du sud. Ce parti d'opposition ne considérait pas le FPR comme l'ennemi du Rwanda. C'est pourquoi, après l'assassinat du président, la plupart des dirigeants de l'opposition présents au Rwanda à l'époque ont été massacrés. Ainsi, l'offensive du FPR offrait à la France l'opportunité d'encourager la réconciliation entre le pouvoir et l'opposition rwandaise, afin de les inciter à former un front commun contre le FPR à Arusha.

2- Appuyer la demande du gouvernement rwandais auprès des Nations Unies pour le déploiement de militaires au niveau de la frontière entre le Rwanda et l'Ouganda.

À la suite de cette offensive, le gouvernement rwandais avait demandé aux Nations Unies de déployer des militaires pour contrôler sa frontière avec l'Ouganda. Le Général Quesnot avait suggéré que la France appuie cette demande, afin de démontrer à la communauté internationale le soutien de l'Ouganda au FPR.

3- Demander l'appui des Présidents du Sénégal, le Président Abdou Diouf, de la Côte d'Ivoire, le Président Houphouët Boigny et du Gabon, le Président Oumar Bongo dans le dossier rwandais auprès de l'OUA.

Ces trois Présidents étaient étroitement liés à la France et représentaient le symbole de la relation entre la France et l'Afrique. Sur le plan diplomatique, ces trois États exerçaient une grande influence sur le continent. La France pouvait utiliser cette influence

---

[134] Idem

pour les encourager à intervenir auprès de l'OUA afin de relancer le processus de paix.

    4- Être ferme avec le Président Museveni et d'organiser une réunion quadripartite entre la France, l'Ouganda, le Rwanda et le FPR pour faire évoluer les négociations.

Pour la France, le FPR était soutenu par l'Ouganda, ce qui en faisait une priorité absolue de discuter directement avec ce pays pour trouver une solution négociée à la guerre. Ainsi, le Général Quesnot a suggéré au Président Mitterrand d'adopter une position ferme envers l'Ouganda et d'organiser une réunion quadripartite en marge d'Arusha. Cette réunion privée permettrait aux parties impliquées dans le conflit d'être directes entre elles, de se dire la vérité et de cesser de jouer un double jeu. Ainsi, les pourparlers à Arusha pourraient être relancés et les progrès pourraient être plus rapides. Pour affaiblir le FPR, la France a également mené des discussions avec le Président Museveni par le biais de son ministre de la Coopération et du Développement,[135] afin de le dissuader de soutenir le FPR. Cependant, malgré ces efforts, le FPR est resté militairement puissant.

Ce qui est important de souligner ici, c'est que l'Ouganda est un pays anglophone. Il a été colonisé par la Grande-Bretagne. Contrairement aux pays francophones d'Afrique, la France n'exerçait aucune influence et n'avait aucun pouvoir de décision sur la politique du Président Museveni.

Alain Juppé,[136] ministre des Affaires étrangères de la France d'alors, soutenait le 2 avril 1994, c'est-à-dire 4 jours avant l'assassinat de Habyarimana, qu'il y avait des risques de massacres. Et que si la France partait, ce serait un risque de défiance africaine vis-à-vis de la France. En revanche, si la France renforce sa présence, elle s'enfoncera dans le dossier Rwandais. Selon Juppé, la France ne pouvait pas partir. Dans sa logique de soutenir le gouvernement rwandais contre le FPR, elle s'était engagée à s'enfoncer dans la question rwandaise. Cette décision de soutenir le gouvernement rwandais jusqu'au bout fait qu'elle est accusée aujourd'hui d'avoir participé au génocide.

---

[135]Note de Dominique Pin à François Mitterrand du 2 mars 1993, sur la visite du ministre de la Coopération, Marcel Debarge, au Rwanda.
[136]Le Monde Diplomatique du 12 mars 2008.

D'après la réaction de Juppé, il est crucial de comprendre que la France souhaitait rester pour préserver son prestige auprès des États africains qui la considéraient comme une superpuissance. Elle avait également décidé de demeurer pour protéger ses intérêts dans cette région de l'Afrique. Bien qu'elle était au courant des risques de massacres si les accords n'étaient pas appliqués, était-elle véritablement consciente qu'un génocide se produirait ? L'assassinat du Président Habyarimana a pris la France par surprise, elle ne l'avait pas anticipé dans ses démarches. Cela explique sa volonté, dès le mois de mai, de participer à l'enquête sur la mort du Président Habyarimana.

La disparition du président Habyarimana a été le coup de grâce pour les accords d'Arusha, marquant le retour de la guerre et le début du génocide dans le pays. Habyarimana incarnait l'équilibre fragile de la paix au Rwanda, et sa mort a libéré l'horreur. Depuis son implication au Rwanda, la France avait toujours intervenu[137] pour soutenir le camp du défunt Président. Cependant, cette fois-ci, la guerre était incontrôlable.

Le 5 avril,[138] à la veille de la mort du Président Habyarimana, Monsieur Mérimée, le représentant de la France aux Nations Unies, avait soutenu que si les accords étaient bloqués, c'était parce que la Coalition pour la Défense de la République (CDR), bien que parti politique, n'avait pas participé aux négociations à Arusha. Le CDR était composé de personnalités très influentes, membres de l'armée et du gouvernement. Habyarimana, en tant que chef de l'État, s'était engagé à mettre en application les accords dès que le FPR abandonnerait son idée d'exclure le CDR des Institutions de la Transition. Le fait que la France ait souligné cette absence du CDR lors d'une séance du Conseil de sécurité de l'ONU montre qu'elle était déterminée à ce que les accords soient appliqués.

Quand la guerre avait repris, la France avait été surprise par l'avancée rapide du FPR. Ne pouvant pas intervenir directement dans la guerre et confrontée à l'embargo sur les armes à destination du Rwanda, elle avait décidé de défendre le gouvernement rwandais sur le plan international, afin de retourner l'opinion internationale à

---

[137] Opération Turquoise
[138] Procès-verbal de la 3358e séance du Conseil de sécurité de l'ONU, 5 avril 1994.

travers les médias.[139] Cette démarche visait à légitimer une intervention militaire afin de renverser les rapports de force. Mais avant cela, il fallait que l'opinion internationale considère le FPR comme les agresseurs et le gouvernement rwandais comme les victimes. Cette stratégie permet de comprendre que les médias sont souvent utilisés à des fins de manipulation de la masse pour justifier une politique.

La France n'arrivait pas à estimer la puissance du FPR. Certes, elle avait demandé de *« ne pas sous-estimer l'adversaire qui aujourd'hui dispose de grands moyens »* et de « *tenir compte de ses alliés puissants.* »[140] Après la reprise des hostilités en avril 1994, elle avait estimé que la guerre allait se prolonger. Cependant, face à la rapide avancée du FPR quelques semaines après le déclenchement des combats, la France avait tenté d'obtenir un cessez-le-feu en usant de son influence aux Nations Unies. Mais le FPR, sur le point de remporter une victoire militaire après avoir déjà remporté la victoire politique, n'avait aucun intérêt à accepter ce cessez-le-feu.

Dans la deuxième partie de notre livre, nous reviendrons en détail sur l'implication de la France dans la crise rwandaise à travers l'opération Turquoise.

---

[139] Op.cit., Rapport de visite fait auprès de la Mission militaire de coopération à Paris.
[140] Idem.

Des militaires français dans un camp de réfugiés hutu, le 3 juillet 1994[141]

Source : CRÉDITS HOCINE ZAOURAR AFP

---

[141]Cette photo, mettant en relief des soldats français arrivés au Rwanda comme des sauveurs de la population civile, constitue une véritable image de propagande de l'armée française. On y voit des soldats français, armés et équipés, se tenant en position de protecteurs, tandis que la population civile rwandaise est absente ou non représentée derrière eux.

CHAPITRE 4 :
LES BLOCUS AUX ACCORDS

Facteurs extérieurs au Rwanda

L'assassinat du Président burundais

Le Burundi et le Rwanda sont souvent qualifiés de faux jumeaux en raison de leur histoire commune. Ces deux nations sont très proches et partagent des populations similaires. En effet, tout comme au Rwanda, le Burundi est composé de trois groupes ethniques : les Hutu, les Tutsi et les Twa. Les Hutu constituent la majorité de la population, suivis des Tutsi, puis des Twa. Pendant la période coloniale, ces deux pays formaient un même territoire[142] administré conjointement par l'Allemagne, puis par la Belgique après la Première Guerre mondiale. Ce territoire était connu sous le nom de Ruanda-Urundi. Cependant, contrairement au Rwanda, au Burundi, le pouvoir est resté entre les mains des Tutsi après l'indépendance, ce qui avait conduit à une armée sous influence tutsi.

Comme le Rwanda, le Burundi est l'un des pays les plus petits du continent africain. Cependant, en raison de leur histoire politique et sociale tumultueuse, ces deux nations étaient parmi les plus instables dans les années 90. Depuis leur accession à l'indépendance, le Rwanda a été le théâtre de plusieurs massacres de Tutsi, tandis que le Burundi a été le lieu de nombreux massacres de Hutu perpétrés par l'armée dominée par les Tutsi. Bien que ces deux pays partagent une trajectoire similaire et connaissent des phénomènes semblables, les victimes et les auteurs des atrocités varient d'un pays à l'autre.

Dans les années 90, alors que le continent africain connaissait un réveil démocratique, le Burundi, qui n'avait jamais eu de président démocratiquement élu depuis son indépendance, aspirait également à la démocratie. Dans cette optique, Melchior Ndadaye, un Hutu, est devenu le premier président élu démocratiquement au Burundi. Il a été investi le 10 juillet 1993. Cependant, à peine trois mois après son accession à la présidence, le 21 octobre 1993, il a été assassiné par des officiers Tutsi.[143]

Melchior Ndadaye est né le 28 mars 1953 au Burundi. Il vient d'une famille nombreuse dont il était l'aîné. En 1972,[144] lors des massacres des Hutu au Burundi, il s'était exilé au Rwanda pour y

---

[142] Le Monde Diplomatique, Novembre 1990, p 20.
[143] Human Rights Watch et Fédération Internationale des Ligues des Droits de l'Homme, 1999.
[144] Ibid., p 160.

poursuivre ses études. En 1986, il fonda le FRODEBU (Front pour la démocratie du Burundi). Deux ans plus tard, en 1988, plusieurs milliers de Hutu furent massacrés au Burundi, entraînant un flux de réfugiés burundais vers le Rwanda. Ces événements ont exacerbé les tensions entre le Rwanda, dirigé par des Hutu, et le Burundi, dominé par les Tutsi.

Dans ce contexte de tensions récurrentes entre les Tutsi et les Hutu, des élections présidentielles furent organisées au Burundi en juin 1993. Ndadaye, candidat du FRODEBU, remporta les élections. Pour apaiser les tensions et réconcilier les deux groupes, le Président Ndadaye nomma Sylvie Kinigi, une Tutsi, comme Premier ministre. C'était la première fois dans l'histoire du pays qu'une femme occupait le poste de Premier ministre. Dans sa volonté de mener son pays vers une réconciliation nationale, il forma un gouvernement d'union nationale en nommant plusieurs opposants Tutsi à des fonctions ministérielles. Pour éviter de créer des troubles au sein de l'armée, qui était dirigée par les Tutsi, Ndadaye n'y apporta pas de réformes. Il ne la confia pas aux Hutu, mais la laissa entre les mains des Tutsi.

L'élection de Ndadaye fut suivie de près au Rwanda. Il faut rappeler que ces élections étaient organisées à une période où le Rwanda s'acheminait vers la signature des accords d'Arusha. Le choix des ministres du Président Ndadaye montra aux Rwandais que les Hutu et Tutsi pouvaient vivre ensemble dans le respect de la démocratie, suscitant ainsi l'espoir à Arusha.

Le 21 octobre 1993, Ndadaye fut assassiné par des militaires Tutsi. Cet assassinat bloqua tout le processus de recherche de paix entre les deux communautés au Burundi et au Rwanda. Pour protester contre l'assassinat du Président Ndadaye, une série de manifestations fut organisée par les Hutu du Burundi. Ces manifestations furent réprimées par l'armée burundaise. Selon la revue Jeune Afrique,[145] entre 50 000 et 80 000 victimes furent recensées durant ces manifestations. Les violences qui ont suivi l'assassinat du Président ont fait que les funérailles de Ndadaye, prévues le 29 novembre, furent repoussées jusqu'au 5 décembre 1993.

À la suite des massacres, 300 mille[146] Hutu se réfugièrent au Rwanda. Les Rwandais, témoins de l'horreur vécue par les

---

[145] Jeune Afrique N° 1717, du 2 au 8 décembre 1993, p 11.
[146] Op ci, t aucun témoin ne doit survivre p 160.

Burundais, commencèrent à être sceptiques quant à la possibilité de cohabitation entre les deux communautés. En décembre 1993, Le Monde diplomatique soulignait que les putschistes « ont *déclenché au Burundi une vague d'atrocités qui risque de briser à l'avenir toute possibilité de cohabitation entre les deux ethnies.* »[147] Cette affirmation du monde diplomatique avait été confirmée par la suite des événements au Burundi. En effet, l'assassinat de Ndadaye avait conduit à l'avortement de la naissance de la démocratie burundaise. Il avait plongé le pays dans une profonde crise sociale et sécuritaire.

L'assassinat du Président Ndadaye deux mois après la signature des accords d'Arusha avait ravivé les dissensions entre Hutu et Tutsi au Rwanda, compromettant gravement les espoirs de paix qui avaient été concrétisés par la signature des accords de paix. Cet événement avait accentué la radicalisation de plusieurs Hutu, car le mouvement Hutu Power, créé au début de l'année 1993, s'était renforcé après cet assassinat. Tous les partis politiques rwandais avaient des branches qui se revendiquaient du Hutu Power. Le rapport de l'OUA sur le génocide souligne que cet assassinat n'était pas une condition préalable au génocide, mais qu'il avait été l'un des éléments qui avaient contribué à rendre le génocide populaire. Les aspirations du Hutu Power étaient d'exterminer les Tutsi, et cette idée s'était propagée après l'assassinat de Ndadaye.

Cet assassinat avait fourni un argument de propagande précieux aux extrémistes. Le meurtre de Ndadaye avait été largement exploité par les médias rwandais. Par exemple, en novembre 1993, le journal La Médaille-Nyiramacibiri avait publié une caricature représentant le Président Ndadaye en train d'être exécuté par des militaires Tutsi du Burundi, tandis que Kagame, le chef du FPR, leur dit « *Achevez-le vite. Ne savez-vous pas qu'à Byumba et à Ruhengeri nous en avons fait du travail. Les femmes, nous leur avons retiré les enfants de la matrice, les hommes, nous leur avons fait enlever les yeux.* »[148] L'utilisation de l'image du chef du FPR Paul Kagame pour parler de leurs actions à Byumba et à Ruhengeri était une manière de suggérer que les Tutsi (FPR) infligeaient le même sort aux Hutu rwandais dans les régions qu'ils occupaient. Cette propagande visait à souligner que les Tutsi n'étaient pas enclins à faire la paix.

Si l'on étudie les idées développées après l'assassinat de Ndadaye, surtout celle de Shingiro Mbonyumutwa à la Radio-

---

[147] Le Monde Diplomatique, Décembre, 1993, p23.
[148] Chrétien J.P (dir), Les médias du génocide, Paris, Karthala, 1995, p365.

Rwanda en avril 1994, nous pouvons comprendre le caractère populaire du génocide. Mbonyumutwa soulignait que : « ... *Qui donc n'a pas eu les yeux ouverts par les faits qui se sont déroulés au Burundi ? Au Burundi, nous pensions que la paix allait régner, que la démocratie venait d'y élire domicile, s'y enracinait... Ils avaient voté en paix... avaient élu le Président Ndadaye, lequel avait une grande volonté de faire coexister les Hutu et les Tutsi, mais vous savez ce qu'ils lui ont fait... Au Rwanda, nous voyons donc les choses de cette manière.* »[149] Pour un Hutu Rwandais moyen qui ne prend pas suffisamment de recul face aux rumeurs et aux manipulations de l'information, et en raison de considérations identitaires, il peut être enclin à donner raison aux extrémistes. Cela souligne l'importance de remettre en question les informations que nous recevons régulièrement.

Même avant l'assassinat de Ndadaye la presse rwandaise utilisait les massacres des Hutu au Burundi, pour radicaliser la population rwandaise. Kangura avait publié en 1991 une lettre intitulée « *À mes frères Hutu : la lente mort des Hutu* ». Dans cette lettre, nous pouvons lire :

« *Je vous demande d'observer cinq minutes de silence avant de lire cette lettre. Pensez à nos frères que l'on massacre tout près de chez nous. Leur tort est qu'ils sont des intellectuels hutu et qu'ils veulent que chez eux les choses changent. Voici les chiffres dont dispose Kangura sur le nombre des Hutu qui meurent chaque jour :*
- *En 1962, 50*
- *En 1965, il y a eu 10 000 tués et 500 réfugiés*
- *En 1969, 500 morts, 300 réfugiés*
- *En 1972- 73, il y a eu 500 000 hutu tués et 300 000 réfugiés*
- *En 1988, 50 000 tués et 18 000 réfugiés*
- *En 1991, il y a chaque mois pas moins de 100 hutu tués afin qu'ils ne puissent pas aider leurs frères à accéder au pouvoir.* »[150]

Au Burundi, entre 1962 et 1990, il y a eu plusieurs séries de massacres de Hutu perpétrés par l'État pro-Tutsi. Ces massacres étaient utilisés par les extrémistes rwandais pour creuser davantage les dissensions entre les Hutu et les Tutsi du Rwanda. En observant les chiffres avancés par Kangura, nous pouvons comprendre qu'ils avaient été majorés. Kangura soutenait que 500 000 Hutu avaient été

---

[149] Ibid, p 294.
[150] Ibid., p 292.

tués en 1972. Mais, des organismes de défense des droits de l'homme comme Human Rights Watch soutenaient qu'il y a eu entre 50 000 et 80 000 victimes au Burundi en 1972.

Ce qui est important de retenir ici est qu'il y avait des massacres au Burundi. Faire un débat sur le nombre de victimes n'est pas important, car nous avons au moins 50 mille victimes en 1972 au Burundi. La dignité de la vie humaine avait été bafouée. Ces massacres avaient fortement incité certains Hutu rwandais à se radicaliser et à considérer tous les Tutsi comme des ennemis.

L'ethnocentrisme est une réalité pour chaque être humain. Que l'on soit Européen, Asiatique ou Africain, chaque personne est consciente de son appartenance. Personne ne reste indifférent aux malheurs des siens. Ces campagnes de manipulation basées sur l'identité avaient réussi à pousser une partie des Hutu rwandais à participer au génocide.

La mort de Ndadaye a beaucoup contribué à l'échec des accords d'Arusha. Elle a été utilisée par les extrémistes Hutu dans leur démarche de manipulation de la masse pour le rejet des accords d'Arusha. L'assassinat du Président Ndadaye par des militaires Tutsi burundais avait favorisé la radicalisation de plusieurs milliers de Hutu rwandais.

Facteurs internes au Rwanda

L'intransigeance du FPR face à la participation du CDR aux pourparlers.

Comme la plupart des partis politiques rwandais, la Coalition pour la Défense de la République (CDR) a été fondée en 1992, à la suite de l'ouverture du Rwanda au multipartisme. Ce parti est issu du MRND, le parti présidentiel. Il a été créé par des membres du gouvernement rwandais qui se réclamaient d'une idéologie Hutu. Lors des négociations à Arusha, il était convenu que tous les partis politiques devaient être représentés. Mais un problème s'est posé dès le début. Le FPR, en position de force[151] avait refusé que le CDR participe aux négociations. En effet, pour le FPR, le CDR est un parti composé de personnes qui prônent une idéologie raciste et dont les membres sont des criminels ayant participé aux massacres de 1992.

---

[151] Le FPR avait lancé une vaste offensive en début du mois de juillet, pour avoir plus de représentativité dans les pourparlers et d'imposer son hégémonie. Chose réussie, le FPR se présente comme le patron le 10 juillet lors des négociations.

Face à cette situation, les États-Unis, la France, la Belgique, l'OUA et les Nations Unies avaient tous[152] demandé au FPR d'accepter la participation du CDR aux pourparlers, mais c'était sans compter sur l'intransigeance du FPR. Les conséquences de l'exclusion du CDR des pourparlers ne se sont pas fait attendre. Dans la presse nationale rwandaise, les membres du CDR se sont mis à critiquer avec virulence les accords d'Arusha. Après la signature des accords, les membres du CDR ont mené de vastes campagnes de propagande afin de faire comprendre à la population majoritairement Hutu que les accords n'étaient pas en faveur du peuple Hutu. Devant cette logique de propagande, Hassan NGEZE, le chef de la rédaction du journal Kangura et militant du CDR, publie[153] un recueil qui parle des accords d'Arusha et de ses conséquences sur la vie des Rwandais après son application :

« Ces accords ne sont utiles que pour des partis politiques qui ont obtenu des sièges dans le gouvernement, et donc des occasions de piller le pays, d'utiliser l'argent de l'État pour se ménager des adhésions. Les autres intéressés par les accords d'Arusha sont les Tutsi du monde entier parce que c'est pour eux une occasion de ramener les Hutu à l'esclavage et de reprendre le pouvoir par la ruse. Il est clair que ces accords dits de la paix portent atteinte aux intérêts de certains et que ceux-ci sont la majorité... Il y aura des manifestations de la part de ceux qui ne trouvent pas leur compte dans les conclusions d'Arusha et qui demandent la tenue des élections qui seules peuvent sortir le Rwanda du désordre.

Mais cela ne me regarde pas, moi je suis CDR.

1.- Toi Hutu qui a repris tes biens en 1959 aussitôt après la fuite des cafards du Rwanda, abandonne-les, les cafards sont venus les reprendre conformément aux accords d'Arusha.

- Cela ne me regarde pas, moi je suis CDR.

2.- Citoyen rwandais, prépare-toi au gouvernement de la chicotte et à payer les impôts pour enrichir les cafards, comme le prévoient les accords d'Arusha.

---

[152] Procès-verbal de la 3358e séance du Conseil de sécurité de l'ONU, 5 avril 1994.
[153] Kangura, n° 47, août 1993, p. 5 : Hassan Ngeze, « les accords d'Arusha seront-ils appliqués ? »
Ce document, nous l'avons trouvé dans l'ouvrage <u>Rwanda, les médias du génocide</u>. Cet ouvrage a été publié sous la direction de Jean-Pierre Chrétien. Il contient plusieurs sources inédites de la presse locale rwandaise de 1990 à 1994, comme le souligne l'auteur dans la préface.

- Cela ne me regarde pas, moi je suis CDR.

3.- Soldat, bouclier du Rwanda, donne ton fusil et retourne aux cultures des champs dans les marais, comme le prévoient les accords d'Arusha.

- Cela ne me regarde pas, moi je suis CDR.

4.- Commerçant du Rwanda, toi qui en as déjà tant vu, prépare-toi à une augmentation des impôts pour que le gouvernement élargi aux cafards puisse rembourser les dettes qu'ils ont contractées pour acheter les armes avec lesquelles ils ont agressé le peuple majoritaire, conformément aux accords d'Arusha.

- Cela ne me regarde pas, moi je suis CDR.

5.- Ministre Hutu, quitte la capitale et va travailler à Byumba, là où les inkotanyi peuvent s'emparer de toi, comme le disent les accords d'Arusha.

- Cela ne me regarde pas, moi je suis CDR.

6.- Rwandais qui utilise les taxis pour tes déplacements, prépare-toi à remplir les poches des cafards. Tu vois que leurs frères n'arrêtent pas de faire monter les prix des déplacements alors qu'ils ne sont pas encore là, les voici venir, les 40 francs seront multipliés par 4.

- Cela ne me regarde pas, nous utiliserons les nôtres, moi je suis CDR.

7.- Fonctionnaire de l'Etat, cède ton bureau, laisse la place aux cafards comme les accords d'Arusha le disent.

- Cela ne me regarde pas, moi je suis CDR.

8.- Hutu, vous tous, préparez-vous à être soignés par des cafards qui ne font pas attention aux aiguilles pleines de Sida, les accords d'Arusha leur ont donné plein pouvoir dans le domaine de la santé.[154]

- Cela ne me regarde pas, moi je suis CDR.

9.- Hutu qui dors encore, même si tu es intelligent, prépare-toi à disparaître par le soin des cafards comme le cafard Museveni l'a fait en Ouganda.

- Cela ne me regarde pas, moi je suis CDR.

10.- Innocents, préparez- vous à être déstabilisés, comme le prévoient les accords d'Arusha.

- Cela ne me regarde pas, moi je suis CDR. »

---

[154] Les accords d'Arusha prévoient que le ministère de la santé sera dirigé par le FPR.

Au vu de ces agissements de la presse, il est important de se poser la question de savoir pourquoi ces articles n'ont pas été censurés par l'État rwandais ?

La réponse à cette interrogation réside dans la compréhension par le gouvernement du concept de « *liberté d'expression* ». La liberté d'expression ne signifie pas dire tout ce que l'on veut, surtout dans le contexte dans lequel se trouvait le Rwanda à l'époque. Ce contexte n'était guère favorable à ce type de réflexions. Si la paix était la priorité du gouvernement, il aurait dû s'opposer catégoriquement à la publication d'articles de ce genre.

Toujours dans une démarche pour saboter les négociations à Arusha, en février 1993, les milices du CDR massacrèrent à Gisensi 300 personnes.[155] Les victimes de ces massacres étaient essentiellement des Tutsi et des Hutu du Sud. Pour la Direction Générale de la Sécurité Extérieure (DGSE) de la France, il y a deux explications[156] à ces massacres. La première, « *il s'agirait d'un élément du vaste programme de « purification ethnique » dirigé contre les Tutsis, dont les concepteurs seraient les proches du chef de l'État.* » La deuxième explication « *tient dans l'opposition des anciens tenants du pouvoir au processus démocratique, qui n'hésitent pas à réveiller les vieux démons ethniques pour faire capoter les avancées en ce domaine.* » Les membres du CDR étaient prêts à tout pour saboter les négociations et interrompre le processus de paix.

La non-participation du CDR aux institutions de transition avait retardé l'application des accords d'Arusha. En avril 1994, alors que toutes les conditions étaient réunies pour que les accords soient mis en œuvre, un problème non résolu depuis le début ressurgit. Sous la pression du CDR, Habyarimana[157] soulignait qu'il s'engagerait à mettre en place les institutions de la transition dès que le CDR serait autorisé à y participer.

Pour M. Mérimée, le représentant de la France au Conseil de Sécurité de l'ONU, « *la seule difficulté qui subsiste est la participation du CDR à l'Assemblée nationale transitoire... Il n'y a aucune raison pour que cela ne soit pas fait dans les six semaines*

---

[155] Fiche particulière de la DGSE « Rwanda : éléments d'information », 18 février 1993
[156] Idem.
[157] Procès-verbal de la 3358e séance du Conseil de sécurité de l'ONU, 5 avril 1994.

prévues par la résolution. »[158] Les dissensions entre le FPR et le CDR avaient retardé la mise en place des institutions de la paix. Ce qui avait poussé le représentant de la France au Conseil de Sécurité de l'ONU à souligner que « *les partis doivent faire preuve de responsabilités en surmontant les désaccords qui ont surgi dans la mise sur pied des institutions transitoires, ces dernières étant nécessaires à la poursuite du processus de paix.* »[159] Trouver une solution à ce dernier blocage a été fatal à Habyarimana, puisqu'il a été assassiné le 6 avril, juste après l'évaluation de cette question par le Conseil de Sécurité de l'ONU.

Malgré toute cette pression exercée par le CDR, le FPR avait toujours maintenu sa position.

Le non-respect des cessez-le feu

Dès le début du conflit rwandais, les chefs des États de la sous-région s'étaient réunis pour obtenir un cessez-le-feu entre le FPR et le gouvernement du Rwanda. Après plusieurs rencontres[160] des dirigeants des États des Grands Lacs entre octobre 1990 et mars 1991, un premier cessez-le-feu avait été signé.[161] De 1990 à 1993, trois[162] cessez-le-feu, avaient été obtenus entre les deux belligérants rwandais. Mais, tous ces cessez-le-feu avaient été violés. Ces transgressions avaient entravé la marche du Rwanda vers une solution négociée pour sortir de la guerre.

En 1991, à la suite de la violation du premier cessez-le-feu, la revue Jeune Afrique[163] soulignait que cette violation du cessez-le-feu de mars 1991 par le FPR était « *délibérée* ». Pour plusieurs observateurs, précise le journal, cette violation du cessez-le-feu par le FPR tenait à ce que ce dernier, refoulé du Rwanda en octobre 1990, s'efforce en vain de conquérir un lambeau du territoire national pour avoir une certaine représentativité à l'extérieur. En effet, Habyarimana n'avait pas attendu pour discuter avec le FPR. Au moment où le premier cessez-le-feu avait été obtenu, le FPR n'avait pas assez de représentativité pour imposer ses directives lors

---

[158] Idem.
[159] Idem.
[160] Op.cit., les accords d'Arusha, 1993.
[161] Médecins sans frontières : Rapport de la commission « Régions Afriques en Crise » : conflits en Afrique, Analyse des Crises et des pistes pour une prévention, 1997, p 147.
[162] Op.cit., les accords d'Arusha, 1993.
[163] Jeune Afrique N°1584, du 8 au 14 mai, 1991, p 49.

des futures négociations. Donc, cette première violation du cessez-le-feu est stratégique. Elle permettait au FPR d'avoir plus de représentativité sur le plan national et international, comme le précise le journal.

Après la violation de 1991, un autre cessez-le-feu avait été obtenu après des semaines de négociations, en septembre 1991[164].Alors que la date des pourparlers avait été retenue pour le 10 juillet 1992 à Arusha, le FPR avait de nouveau violé ce second cessez-le-feu. Le 1er juillet 1992, le FPR avait lancé une vaste offensive militaire au Rwanda. Avec l'appui du gouvernement ougandais[165], le FPR était parvenu à renverser les rapports de forces. Du 1 au 10 juillet, le FPR avait accentué ses attaques pour chercher « *un gage territorial maximal* »,[166] afin d'être plus représentatif à Arusha. Comme la première violation du cessez-le-feu, la deuxième violation était aussi stratégique. Cette offensive avait été une réussite pour le FPR. Elle lui avait permis d'être la principale vedette des pourparlers à Arusha.

Le CDR, dans sa volonté de saboter les accords, avait commandité le massacre de 300 personnes. Habyarimana pour sauver le processus de paix avait suspendu le préfet et le sous-préfet de Gisensi, ainsi que six bourgmestres.[167] Mais ces mesures n'étaient pas suffisantes pour empêcher le FPR de réagir militairement et de violer une troisième fois le cessez-le-feu. Le FPR avait profité de ces massacres pour faire une démonstration de force, afin d'accentuer sa pression sur le gouvernement, pour imposer ses conditions sur le partage équitable de l'armée. Cette troisième violation du cessez-le-feu était aussi stratégique. Par ce biais, le FPR avait obtenu gain de cause sur la répartition équitable de l'armée.

Après la reprise des combats en février 1993, l'OUA avait réussi à obtenir un nouveau cessez-le-feu. À la suite de ce nouveau cessez-le-feu, le Général Quesnot soulignait à Mitterrand qu'« *un cessez-le-feu a été accepté officiellement tant par le gouvernement que par le FPR mais sur le terrain, les combats continuent.* »[168] Cette

---

[164] Médecins sans frontières, Op. Cit, 1997, p 147.
[165] Note à l'attention de Monsieur le Président de la République. Objet : situation militaire au Rwanda, 1er juillet 1992
[166] Idem.
[167] Au Rwanda, le bourgmestre est le représentant du chef de l'État dans le quartier. Il était nommé directement par le président de la République, afin d'avoir une réelle mainmise sur les quartiers.
[168] Note du général Quesnot au Président Mitterrand du 23 février 1993.

information émise par le Général Quesnot nous semble être fiable, car il était sur le terrain. Elle nous montre que les deux belligérants n'avaient pas très souvent respecté le principe du cessez-le-feu. Le gouvernement rwandais et le FPR signaient des cessez-le-feu sur du papier, mais, sur le terrain, la réalité était autre chose.

Après avoir vu les violations des cessez-le-feu par le FPR, il est important de tourner le regard sur le comportement du FPR entre 1990 et 1994.

Après l'offensive du FPR de février 1993, le Général Quesnot soutenait que « *dans les zones occupées par les rebelles, de nombreuses exécutions de civils auraient été commises.* »[169] Ici, nous constatons que le Général Quesnot avait utilisé le conditionnel passé pour parler des crimes du FPR. Ce qui signifie que le Général Quesnot, malgré sa présence sur le terrain, ne pouvait pas, avec certitude, confirmer que le FPR commettait des crimes. Donc, à partir de ce document, nous ne pouvons pas affirmer que le FPR avait commis des crimes envers la population Hutu durant la guerre. Mais, en 1993, il y a eu 600 000 Hutu[170] qui avaient fui la zone occupée par le FPR.

Le rapport, publié en 1999 par la Fédération internationale des droits de l'homme en collaboration avec Human Rights Watch, fait état d'une enquête sur les crimes[171] commis par le FPR durant la guerre, c'est-à-dire, de 1990 à 1994. Selon le rapport, le FPR attaquait souvent les camps de déplacés. Pour cacher sa conduite dans les zones qu'il occupait, le FPR « *entravait l'enquête de la Commission internationale en empêchant ses membres de s'entretenir librement et en privé avec des témoins potentiels dans les régions qu'il contrôlait.* »[172] Ce comportement du FPR envers le personnel de la Commission d'enquête internationale laisse supposer qu'il avait des choses à cacher. Le rapport de la Commission souligne que « *les soldats du FPR auraient parfois demandé aux victimes de présenter leur carte d'appartenance à un parti politique et auraient tué les membres du MRND ou de la CDR.* »[173] Il faut rappeler que durant le génocide, les génocidaires

---

[169] Note du général Quesnot au Président Mitterrand du 23 février 1993.
[170] Idem.
[171] Reyntjens. F, La Guerre des Grands Lacs : Alliances mouvements et conflits extraterritoriaux en Afrique centrale, Paris, Harmattan, 1999, p 29.
[172] Fédération internationale des droits de l'homme et Human Rights Watch, 1999, p 817.
[173] Idem.

consultaient les cartes d'identité pour identifier les Tutsi. Ici, la même stratégie aurait été adoptée par le FPR. Mais comme le Général Quesnot, les rédacteurs du rapport ont utilisé le conditionnel pour rapporter ce phénomène. Le comportement du FPR face aux enquêteurs nous permet de comprendre pourquoi le conditionnel passé est souvent utilisé pour évoquer ses crimes.

Le Général Quesnot, malgré sa présence sur le terrain, ne s'était jamais aventuré dans les zones contrôlées par le FPR. Les informations qu'il rapportait à François Mitterrand étaient récoltées sur la base des témoignages des victimes du FPR. Les enquêteurs n'avaient pas une libre circulation dans les territoires dominés par le FPR. La commission recueillait « *la plus grande partie de ses informations auprès de victimes du FPR, qui s'étaient réfugiées dans les camps situés dans la zone contrôlée par le gouvernement.* »[174]

Lors du génocide en avril 1994, les crimes commis par les uns et les autres sont devenus beaucoup plus visibles. Il faut rappeler que les milices *interahamwe* luttaient aux côtés des militaires pour empêcher la progression du FPR et elles étaient la colonne vertébrale de la machine du génocide contre les Tutsi. Ce qui avait poussé le porte-parole du FPR, le commandant Wilson Rutayisire, à déclarer : « *Nous tuons les Interahamwe que nous rencontrons et nous allons continuer à le faire.* »[175] Cette déclaration avait été confirmée par Paul Kagame : « *Les miliciens armés sur la ligne de front (étaient) une cible légitime.* »[176] Certes, il est très légitime de faire la guerre à celui qui nous fait la guerre. Mais, comment le FPR pouvait reconnaître un interahawme dans un groupe de personnes ?

Par cette politique de *bellum justum* contre les interahawmes, le FPR n'avait-il pas massacré des innocents ? En effet, nous avons un témoignage tiré du rapport cité plus haut. Ce témoignage soulignait que les éléments du FPR avaient attaqué un groupe formé de milliers de civils et de quelques interahawmes, sur la colline de Kanazi ;[177] seules trois personnes avaient survécu à cette attaque. Comme le dit

---

[174] Idem.
[175] Cathy Watson, « Bloated bodies attest carnage in Rwanda church », Reuters, 26 avril 1994.
Cette source, nous l'avons tirée dans le rapport de Fédération internationale des droits de l'homme et Human Rights Watch de 1999 à la page 819.
[176] Fédération internationale des droits de l'homme et Human Rights Watch de 1999, p 819.
[177] Idem, p 820.

un proverbe sénégalais : « *ay dou yam ci bopou borom* » ce qui signifie que la violence ne se limite pas à celui qui l'a déclenché. Les miliciens se mélangeaient avec des innocents pour se réfugier dans les collines. Ces groupes de réfugiés, dans leurs périples, étaient massacrés s'ils avaient la malchance de tomber sur les troupes du FPR.

Ces exactions commises par le FPR avaient eu lieu la plupart du temps durant la période du génocide, qui a duré quatre mois. Les Interahamwés étaient à la base du génocide, de ce fait, ils étaient des cibles de choix pour les militaires du FPR. Les crimes commis par le FPR durant la période du génocide peuvent être interprétés comme étant le reflet de la colère que quelques militaires du FPR avaient à ce moment-là.

Comme nous pouvons le constater, pour traiter cette partie, nous avons largement utilisé les travaux de la Fédération internationale des droits de l'homme et de Human Rights Watch. Très peu de rapports et de documents analysent de manière approfondie les crimes du FPR durant le génocide. La littérature sur le génocide rwandais est très abondante. Mais, il reste beaucoup de zones d'ombre et de questions encore non élucidées sur cette tragédie africaine.

Carte-Membre-MRND

Source : Rwanda httpshikamaye.blogspot.fr

L'Assassinat de Habyarimana

Habyarimana, en tant que Président de la République rwandaise, avait été la première personne à manifester son désir de se réunir autour d'une table avec le FPR. La signature[178] des accords le 4 août 1993 par le Président Habyarimana marquait la concrétisation des pourparlers. Il était chargé de mettre en œuvre les accords.[179]

Lors du sommet des chefs d'État de la région des Grands Lacs le 6 avril 1994 à Dar-es-Salaam, devant Jacques Roger Booh-Booh, le chef politique de la MINUAR, Habyarimana avait annoncé qu'il mettrait sur pied les institutions des accords d'Arusha dès son retour à Kigali. C'est précisément lors de son retour de ce voyage, le jour même où il s'était engagé à appliquer les accords, qu'il fut brutalement assassiné dans un attentat contre son avion, lors de son atterrissage à l'aéroport international de Kanombé à Kigali à 20 h 25 minutes.[180]

Son assassinat marquait l'échec total des accords d'Arusha, car il était le pilier des accords. Son assassinat avait eu lieu à un moment

---

[178] Op.cit., les accords d'Arusha, 4 août 1993.
[179] Procès-verbal de la 3358e séance du Conseil de sécurité de l'ONU, 5 avril 1994.
[180] Mandat d'arrêt International délivré par le juge français Jean-Louis Bruguière contre les proches de Kagame pour l'attentat contre l'avion du président Habyarimana.

décisif, c'est-à-dire un moment où les tensions étaient au plus haut niveau au Rwanda. Les éléments du FPR étaient en place à Kigali. La MINUAR était installée. Les partis d'opposition qui devaient constituer le gouvernement de transition étaient divisés sur les choix de leurs représentants. Le CDR intensifiait la propagande contre les accords, les Tutsi et le FPR.[181]

La mort du Président marque le point de départ du génocide. Elle a donné d'une part une excellente occasion à ceux qui ne voulaient pas de l'application des accords et qui avaient des ambitions de commettre le génocide. D'autre part, elle a permis au FPR de poursuivre la guerre pour s'assurer d'une victoire militaire.

La mort du Président Habyarimana avait été bénéfique au CDR et, d'une certaine manière, au FPR. Le juge français Jean-Louis Bruguière avait initialement accusé les éléments du FPR d'être à l'origine de cet attentat. Cette accusation avait été à l'origine de la rupture diplomatique entre la France et le Rwanda. Après cette charge du juge Bruguière, son collègue Marc Trévidic avait soutenu que les missiles qui avaient abattu l'avion du Président Habyarimana provenaient du camp de Kanombé. Le camp Kanombé était sous le contrôle des FAR, ce qui pousse le juge Marc Trévidic à souligner que cet attentat avait été commis par les éléments de l'armée qui étaient contre l'application des accords. Deux thèses s'opposent dans cette question, même si aujourd'hui celle de Marc Trévidic semble prendre le dessus sur celle de Bruguière. La question de l'assassinat de Habyarimana est l'un des thèmes les plus brûlants de la question rwandaise.

L'assassinat du Président Habyarimana constitue le plus grand obstacle dans la recherche de la paix au Rwanda. Cet assassinat constitue l'élément déclencheur du génocide, qui avait causé la mort de plus d'un million[182] de Rwandais en quatre mois.

Analyse du génocide

Une nouvelle approche sur les responsables du génocide

Après l'assassinat de Habyarimana, le 6 avril 1994, le premier réflexe de la garde présidentielle[183] a été de massacrer les Tutsi, mais aussi les Hutu opposants à Habyarimana. C'est dans cette logique que le Premier ministre Agathe Uwilingiyimana et plusieurs

---

[181] Op.cit., les médias du génocide.
[182] Op.cit., la Guerre des Grands Lacs, p.27.
[183] Ordre d'Opération Amaryllis, 8 avril 1994.

membres du gouvernement de coalition formé en 1992 furent tués.[184] Le meurtre de Habyarimana marquait une rupture totale des négociations. En effet, « *le massacre gratuit de civils Tutsi devint le moyen le plus rapide et le plus « rationnel » de détruire toute base de compromis avec le FPR : la réaffirmation des solidarités Hutu transcendait vite les différences régionales et rendrait effectivement impensable que les Hutu et les Tutsi s'entendent sur quoi que ce soit.* » [185] La solidarité des extrémistes Hutu s'est consolidée à la suite de cet assassinat. Les dissensions entre Hutu du Nord et Hutu du Sud avaient disparu.

Le meurtre de Habyarimana, les événements au Burundi et les propagandes anti-tutsi font dire à Jean Pierre Chrétien que : « *La peur n'est pas dans le décor du drame, elle en est devenue l'actrice principale. Qu'est-ce qu'être Hutu ou Tutsi ? Ce n'est ni d'être Bantu ou Hamite, ni d'être serf ou seigneur ! C'est de se rappeler qui a tué un de vos proches, il y a quinze ans ou de se demander qui va tuer votre enfant dans dix ans, chaque fois avec une réponse différente.* »[186] Cette pensée constitue une piste de compréhension du caractère général du génocide.

L'assassinat du Président Habyarimana avait favorisé la reprise de la guerre.[187] En effet, dès le 7 avril, c'est-à-dire juste quelques heures après l'assassinat de Habyarimana, la garde présidentielle avait attaqué le bataillon du FPR[188] à Kigali. La riposte du FPR ne s'est pas fait attendre. Ce qui avait mis dans une situation très inconfortable les Tutsi qui étaient à l'intérieur du territoire rwandais. Dès le 6 avril 1994,[189] les massacres avaient commencé à Kigali pour ensuite s'étendre dans tous les territoires contrôlés par les FAR.

Il est important de noter qu'une bonne partie de l'opinion pense que c'était la population Hutu qui avait commis le génocide sur la population Tutsi. Est-ce légitime de voir le génocide rwandais sous cet angle ? Cette vision du génocide implique tous les Hutu et elle a

---

[184] Op.cit., Sindayigaya. J.P, Grands Lacs : Ethnocratie ou Démocratie ? 1998, p 136.
[185] Jean-Pierre Chrétien, Op.cit., p 340.
[186] Idem, p 344.
[187] Rapport de visite fait auprès de la Mission militaire de coopération à Paris, rédigé par le colonel rwandais Ephrem Rwabalinda, 16 mai 1994.
[188] Ordre d'Opération Amaryllis, 8 avril 1994.
[189] Médecins sans frontières : Rapport de la commission « Régions Afriques en Crise » : conflits en Afrique, Analyse des Crises et des pistes pour une prévention, 1997 p 174.

été à l'origine de la fuite de plus de deux millions de Hutu du Rwanda après la victoire du FPR.

À force de suivre la question rwandaise, nous avons compris le génocide autrement. Et nous voulons apporter notre vision de la situation pour pouvoir bien différencier les acteurs du génocide de la population Hutu.

Au Rwanda, nous comptons généralement trois groupes de personnes : les Hutu, les Tutsi et les Twa. Mais, durant le génocide, le Rwanda comptait en plus des trois groupes un nouveau groupe de personnes. Ce nouveau groupe a été à la base du génocide contre les Tutsi.

Ce nouveau groupe de personnes est constitué de militaires et de membres du gouvernement qui étaient contre les accords d'Arusha. Grâce à la propagande dans la presse, ils avaient réussi à manipuler une large partie de la jeunesse rwandaise qui n'avait aucune formation intellectuelle ni perspective économique. La jeunesse rwandaise n'était pas à négliger. En effet, plus de 57 % des Rwandais avaient moins de 20 ans en 1991, et elle représentait une masse sans terre. Donc, facilement, les autorités qui n'étaient pas en accord avec les pourparlers d'Arusha avaient très tôt exploité ces jeunes en les formant afin de les transformer en milice. Ces autorités n'avaient pas seulement commis le génocide parce qu'ils avaient de la haine envers les Tutsi, mais aussi par intérêts économiques, car ils avaient éliminé de nombreux cadres Hutu qui étaient au Rwanda à l'époque et qui faisaient partie du gouvernement de transition.

La virulence du génocide rwandais

Tous les 6 avril, le génocide est commémoré, ce qui est logique étant donné que tous les grands épisodes dramatiques de l'histoire de l'humanité sont commémorés. Bien que plusieurs pays africains aient connu d'innombrables crises, la crise rwandaise a profondément marqué les esprits des Africains et des non-Africains. Pourtant, la guerre rwandaise ne figure pas parmi les trois guerres les plus meurtrières en Afrique.[190] Elle vient après le Nigeria, l'Angola, l'Éthiopie et l'Algérie. Néanmoins, elle reste unique en

---

[190] Enquête menée dans le cadre du séminaire Conflict dynamiek in Africa, 1945-95, Centrum voor vredesonderzoek, KUL, Leuven, 1996.

son genre, notamment en ce qui concerne le nombre de victimes par jour[191] et sa portée géographique.

Tableau comparatif du nombre de victimes par jour[192]:
Quotient : Nombre de victimes /durée du conflit en jours

Pays	Nombre de victimes	Durée des massacres	Victimes moyenne par jour
Des conflits africains résolus			
Nigéria	2 000 000	De 1955 à 1995	137
Angola	1 000 000	De 1955 à 1995	68
Algérie	1 000 000	De 1955 à 1995	68
Les Génocides du XXème siècle			
Tutsi	800 000	Avril 1994 juillet1994	6 667
Juifs	3 000 000	De 1939 à 1945	1 644
Arméniens	1 500 000	Avril 1915 juillet 1916	3 093

---

[191] On a de nouveau repris les chiffres « officiels » (les chiffres « officieux » sont souvent plus élevés). On remarque fréquemment que les parties concernées sur- ou sous-évaluent les chiffres dans leur propre intérêt. Ce n'est qu'à partir des années 90 que l'exactitude des chiffres devient quelque peu fiable.
Ce document, nous l'avons tiré dans le livre : Conflits en Afrique : analyse des crises et pistes pour une prévention, à la page 20. Cet ouvrage a été écrit par l'organisme Médecins Sans Frontières.
[192] Pour le génocide des juifs : Marc Nouschi, Bilan de la Seconde Guerre mondiale, Paris, Seuil, 1996.
- Pour le génocide Arménien : source Gallica.

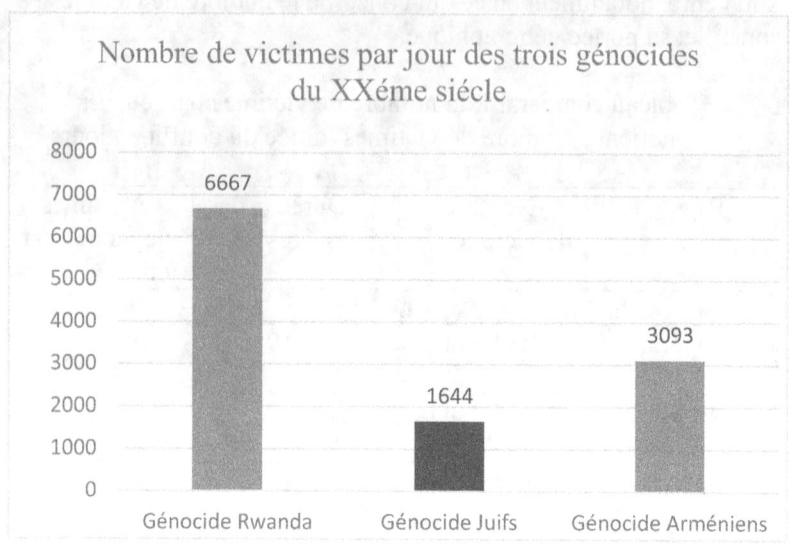

Ces données mettent en évidence la singularité du génocide rwandais, qui a été beaucoup plus bref que d'autres conflits en Afrique déjà résolus et les deux autres génocides du XXe siècle. Pourtant, le nombre de victimes par jour lors du génocide rwandais était largement supérieur, malgré l'utilisation d'armes particulièrement rudimentaires telles que des machettes, des gourdins, des lances, des couteaux, etc.

Dans ce tableau, le nombre de victimes par jour du génocide rwandais quadruple celui des Juifs, et représente le double de celui des Arméniens. Du point de vue de la période, il est nettement plus récent que les deux autres génocides du vingtième siècle, car l'année 2024 marque le 30ᵉ anniversaire du génocide. Mais, parler du génocide est devenu de nos jours un sujet tabou au Rwanda. En effet, selon le Monde diplomatique : « *Deux candidats à la présidentielle d'août 2010 ont été ainsi accusés d'« idéologie génocidaire » et interpellés ; le rédacteur en chef d'un journal a été arrêté.* » [193] Certes, il est important de réguler la parole pour éviter de réveiller les démons du passé, mais il est crucial d'enseigner aux jeunes Africains l'histoire du génocide afin que cette tragédie ne se reproduise jamais sur notre continent. Il faut en faire une idéologie, le commémorer chaque année dans tous les pays africains. Cela

---

[193] Monde diplomatique, décembre 2010, pages 8 et 9.

permettra non seulement de matérialiser l'union africaine tant revendiquée, mais aussi de manifester notre solidarité envers le peuple rwandais.

Le Rwanda d'aujourd'hui

Depuis la fin du génocide, la sécurité intérieure du Rwanda est menacée par les Forces Démocratiques pour la Libération du Rwanda (FDLR). Les FDLR constituent une rébellion composée d'anciens membres des FAR et d'anciennes milices « *interawme* » qui s'étaient réfugiés au Congo.[194] Même si aujourd'hui, cette rébellion est affaiblie, les FDLR restent une menace pour la stabilité du Rwanda.

En réponse à cette menace, le Rwanda a mis en place une armée de métier, contribuant ainsi à sa montée en puissance dans la région des Grands Lacs africains. Le pays est désormais l'un des principaux pourvoyeurs de troupes pour l'ONU dans ses missions de maintien de la paix en Afrique.

Après le génocide, un gouvernement de transition avait été installé par le FPR. Pasteur Bizimungu, un Hutu, avait été choisi pour diriger le pays. En 2000, Kagame arrive au pouvoir après la démission du Président Bizimungu. Depuis lors, il dirige le pays d'une main ferme, ce qui lui vaut une grande popularité auprès de la jeunesse africaine. Cependant, certains médias et opposants rwandais vivant à l'étranger l'accusent souvent d'être un autocrate.

Sur le plan économique, le Rwanda se distingue comme l'un des pays les plus dynamiques en Afrique. Malgré son passé marqué par des tensions entre Hutu et Tutsi, le Rwanda affiche depuis une décennie un taux de croissance annuel de plus de 7%.[195] Cette performance exceptionnelle s'explique en grande partie par une politique administrative rigoureuse, caractérisée par l'absence de détournements, de gaspillages et de corruption.

Grâce à cette approche, 2,5 millions de Rwandais ont pu sortir de la pauvreté en l'espace de 10 ans.[196] Cette réussite a valu au Rwanda d'être classé en 2015 comme le septième pays le mieux géré au monde, devançant tous les autres pays africains ainsi que de nombreux pays européens tels que la France.

---

[194] Le monde.fr, 13 décembre 2007.
[195] Jeunes Afrique N° 2882, du 3 au 9 avril 2016, p 24.
[196] Idem

Sur ces performances du Rwanda, nous allons à présent aborder la deuxième partie de notre ouvrage, qui porte sur l'étude des conséquences de l'échec des accords d'Arusha.

DEUXIEME PARTIE : LES CONSEQUENCES DE L'ECHEC DES ACCORDS D'ARUSHA AU RWANDA ET EN AFRIQUE DES GRANDS LACS

CHAPITRE 1 :
LES NATIONS UNIES ET LA CRISE RWANDAISE

MINUAR I

Le plus grand échec des Nations Unies dans la décennie 1990-2000 est le génocide rwandais. Il est clair que l'ONU, avec son arsenal financier et son influence mondiale, avait la possibilité de suivre et de faciliter la mise en application des accords d'Arusha. La signature des accords en août 1993, après une longue période de négociations, a été perçue comme un soulagement non seulement par les Nations Unies, mais aussi par tous les acteurs internationaux présents lors des négociations. Cependant, la suite des événements avait conduit à l'échec de ces accords qui avaient suscité tant d'espoir. L'échec des accords d'Arusha n'est pas l'œuvre d'une seule partie, mais de l'ensemble des acteurs qui étaient intervenus lors des pourparlers. C'était une responsabilité collective, car chacun avait joué un rôle ayant conduit à cet échec.

En 1993, à la demande des différents antagonistes rwandais, l'ONU avait décidé de mettre en place une mission de maintien de la paix au Rwanda après la signature des accords d'Arusha. Mais, comme nous l'avons montré, bien avant la signature des accords d'Arusha, l'ONU[197] avait été contactée par le gouvernement de Habyarimana pour envoyer des observateurs le long de la frontière entre le Rwanda et l'Ouganda afin de constater par elle-même les violations du cessez-le-feu.

Après la signature des accords, le Conseil de sécurité des Nations Unies avait adopté à sa 3288ᵉ séance, la résolution 872, le 5 octobre 1993.[198] Cette résolution approuvait la mise en place d'une mission de maintien de la paix, intitulée Mission des Nations Unies pour l'Assistance au Rwanda (MINUAR). Dans cette résolution, étaient énoncées les diverses missions de la MINUAR visant à garantir la paix et à mettre en œuvre les accords d'Arusha.

Les missions des Nations Unies coûtent le plus souvent très cher. En effet, l'ONU n'a pas ses propres militaires. Elle emprunte des soldats aux pays membres et elle assure très souvent toutes les actions financières[199] liées à ses missions. Pour la mise en place de la MINUAR, en 1993, le conseil de sécurité invitait : « *le Secrétaire*

---

[197] Note du général Quesnot au Président Mitterrand du 23 février 1993 tirée parmi les documents déclassifiés par le président Hollande
[198] RESOLUTION 872 (1993) Adoptée par le Conseil de sécurité à sa 3288e séance, le 5 octobre 1993.
[199] Paiement des indemnités militaires, le transport, la sécurité des soldats.

général à étudier les moyens de réduire l'effectif maximum total de la MINUAR, sans que ceci affecte la capacité de la MINUAR à exécuter son mandat, et demande au Secrétaire général, lorsqu'il préparera et réalisera le déploiement échelonné de l'opération, de chercher à faire des économies et de faire rapport régulièrement sur les résultats obtenus dans ce domaine. »[200] Il est maintenant reconnu que dans leur tentative de réduire les coûts de la MINUAR, les Nations Unies ont dépassé les délais[201] pour le déploiement des soldats au Rwanda et ont envoyé des effectifs réduits, avec un équipement minimal. Cette situation a contribué à la détérioration de la situation au Rwanda quelques mois après la signature des accords d'Arusha. De plus, cette politique du Conseil de Sécurité explique l'incapacité de la MINUAR à intervenir pour prévenir le génocide entre avril et juillet 1994. Il est également important de noter qu'après le déclenchement du génocide et l'assassinat de dix Casques bleus belges, le Conseil de Sécurité de l'ONU a pris la décision de réduire à nouveau les effectifs de la MINUAR, qui étaient déjà largement insuffisants.

Il est reconnu que la crise congolaise découle du génocide rwandais, qui à son tour est le résultat de l'échec des accords d'Arusha. En réponse à cette crise, l'ONU a déployé une mission de maintien de la paix au Congo, initialement appelée MONUC et aujourd'hui MONUSCO. Depuis sa création en 1999,[202] l'ONU assume les coûts de cette mission. Si l'ONU avait anticipé que l'échec des accords de paix au Rwanda entraînerait de telles dépenses au Congo, elle aurait mobilisé les ressources nécessaires pour répondre à la crise rwandaise.

---

[200] Op.cit., Résolution 872 (1993) Adoptée par le Conseil de sécurité à sa 3288e séance, le 5 octobre 1993

[201] D'après les accords d'Arusha, la mission des Nations Unies devait être présente au Rwanda 37 jours après la signature des accords de paix, c'est-à-dire le 10 septembre, date prévue par les accords pour entrer en vigueur. Mais comme nous l'avons vu, la MINUAR a été créée le 5 octobre. Trois semaines après la date dont les accords devraient être appliqués. Il faut bien préciser que le fait qu'elle soit créée le 5 octobre ne signifie pas qu'elle était présente au Rwanda à cette date. Il faut compter quelques semaines pour choisir les militaires. Mais aussi, ce n'est pas tout l'effectif qui serait au Rwanda d'un coup, mais les soldats vont débarquer par contingents.

[202] Xavier Zeebroek (coordinateur) Marc Memier, Pamphile Sebahara, Rapports du GRIP, la mission des Nations Unies en RD Congo bilan d'une décennie de maintien de la paix et perspectives.

La plupart des importantes décisions à l'ONU sont prises par des personnes qui sont dans leur bureau à New York ou à Genève. Dans certaines situations, lire des rapports ne suffit pas pour appréhender réellement un problème de terrain.

L'échec de la MINUAR a conduit les dirigeants de l'ONU à décider de mettre en place la MINUAR II afin d'intervenir et d'arrêter le génocide.

MINUAR II

La MINUAR I avait une mission de maintien de la paix. Ses soldats n'étaient pas disposés à intervenir militairement sur le terrain. Avec la reprise de la guerre en avril 1994 à la suite de l'assassinat de Habyarimana, la mission onusienne était dépassée par la situation. Ses effectifs réduits au minimum, elle était spectatrice du génocide rwandais. À aucun moment, elle n'a pu intervenir pour faire cesser les massacres. Il faut rappeler que l'ONU a une idéologie d'impartialité. Koffi Annan,[203] ancien Secrétaire Général des Nations Unies, nous souligne qu'à cause de cette idéologie, l'organisation a commis souvent des erreurs de jugement lors de ses interventions. Les exemples de Bosnie et du Rwanda en sont de parfaites illustrations. À plusieurs reprises durant le génocide, l'ONU avait menacé de se retirer, si les deux parties ne cessaient pas le feu. Il est clair que ses menaces n'avaient pas été entendues par aucune des parties. Pour les deux belligérants, la présence de l'ONU n'apportait aucune solution. Pour la population civile également, cette présence n'a rien apporté en termes de sécurité, car plusieurs anciens ministres de Habyarimana avaient été assassinés devant les yeux des Casques bleus de la MINUAR.

Devant cet échec, le secrétaire général des Nations Unies, Boutros Boutros Ghali[204] avait demandé au conseil de sécurité de l'ONU d'approuver la mise en place de la MINUAR II qui aura une mission beaucoup plus interventionniste pour mettre un terme aux massacres. Il faudra attendre jusqu'au 17 mai 1994 pour que la résolution 918 du Conseil de sécurité des Nations Unies[205] soit

---

[203] Rapport OUA sur le génocide rwandais, p 129.
[204] Op.cit., Rapport de l'OUA, 2000, p 130.
[205] NATIONS UNIES S/RES/918 (1994) 17 mai 1994 RESOLUTION 918 (1994) Adoptée par le Conseil de sécurité à sa 3377e séance, le 17 mai 1994.

adoptée. Cette résolution donnait plus de droits d'intervention à la MINUAR au Rwanda.

La MINUAR II est un élargissement de la MINUAR I. Elle exerçait des responsabilités et des missions beaucoup plus engagées. En effet, la MINUAR I intervenait dans une situation de cessez-le-feu. Sa mission principale était de faire appliquer les accords d'Arusha. La MINUAR II[206] avait été adoptée dans une situation de guerre et de génocide. De ce fait, ses deux missions principales étaient de mettre fin à la guerre et d'organiser une vaste opération humanitaire à travers la création d'une « zone humanitaire sûre ». Cette zone sécurisée permettrait de recueillir la population civile rwandaise qui constituait la principale victime de ce conflit.

Les Nations Unies, ne voulant pas commettre les mêmes erreurs que celles de la MINUAR I, n'ont aucunement mentionné une réduction des effectifs de la MINUAR II pour faire des économies. Au contraire, conscientes de la situation, elles n'avaient pas résigné sur les moyens humains et matériels pour la mise en place de la MINUAR II. Vu la portée de la mission, le Conseil de Sécurité des Nations Unies[207] : « *encourage le Secrétaire général à accélérer les efforts qu'il déploie, conjointement avec le Secrétaire général de l'OUA, afin d'obtenir des États membres le personnel nécessaire pour que le déploiement de la MINUAR élargie puisse être effectué d'urgence ;* » Et devant l'urgence, le Conseil de sécurité « *invite les États membres à répondre promptement à la demande du Secrétaire général concernant les ressources nécessaires, y compris une capacité de soutien logistique qui permette de déployer rapidement les effectifs renforcés de la MINUAR et de leur assurer un appui sur le terrain.* » En plus de ces dispositions, le Conseil de Sécurité avait demandé que les effectifs de la MINUAR II soient 5 500 hommes, le double de la MINUAR I.

Le contenu de la résolution 918 montre une ferme volonté des Nations Unies à intervenir au Rwanda de manière efficace. La résolution avait été approuvée le 17 mai 1994. L'ONU soulignait qu'il y aurait le déploiement immédiat des observateurs militaires basés à Nairobi pour venir renforcer les troupes de la MINUAR I. La distance entre Nairobi et Kigali est d'environ 759 km, une heure de vol d'avion. Vu l'urgence de la situation, les troupes à Nairobi pouvaient être à Kigali au plus tard le 20 mai. Mais, comme le

---

[206] Idem.
[207] Ibidem.

montre la suite des événements, ces renforts ne se sont jamais présentés au Rwanda malgré la proximité. Certainement, avec l'échec de la MINUAR I, les Nations Unies pouvaient se rattraper avec la MINUAR II. Il serait difficile de connaître avec exactitude le nombre de victimes entre le 6 avril et le 17 mai 1994, mais il est sûr que si le déploiement et les ordres de la MINUAR II étaient exécutés à temps, une partie importante des 800 mille morts pouvait être sauvée. Les deux millions de Rwandais qui s'étaient réfugiés dans les pays limitrophes en l'espace de quelques jours pouvaient être maîtrisés. Et enfin, le déséquilibre régional qui a causé aujourd'hui des millions de morts en Afrique des Grands Lacs pouvait être également évité.

La MINUAR II n'a pas constitué la force qui a mis fin au génocide. Il a fallu attendre au mois de juillet avec la victoire du FPR pour que le génocide soit « *officiellement terminé* ». De même, la création de la « *zone humanitaire sûre* » a été l'œuvre de la France en juin 1994.

Il est important de se poser la question de savoir pourquoi, malgré les enseignements tirés de la MINUAR I, la MINUAR II a connu un échec ? Au vu de la situation, les résolutions du Conseil de Sécurité des Nations Unies étaient-elles efficaces ?

Les difficultés de l'ONU à mettre en place une mission

Le système de fonctionnement des Nations Unies est différent de celui des pays. Ces derniers ont leur propre armée. Ils n'ont pas de contraintes pour réunir des effectifs militaires. L'ONU, malgré sa dimension internationale, ne peut pas forcer les pays à lui fournir des soldats. Les pays membres choisissent volontairement de fournir des effectifs et du matériel. Or, vu le contexte international et la situation du Rwanda en 1994, à part Nigeria, Oman et Djibouti, aucun pays membre du Conseil de sécurité n'était engagé à une augmentation des effectifs de la MINUAR. Les États-Unis avaient toujours soutenu le retrait de la MINUAR au Rwanda, et cela durant même la période du génocide. La Belgique, ancienne puissance colonisatrice du Rwanda, après l'assassinat de 10 Casques bleus belges, militait pour le retrait de la MINUAR et donc logiquement s'était opposée à la mise en place de la MINUAR II.

Ces positions des puissants pays membres des Nations Unies constituaient un réel problème pour la mise en place de la MINUAR II. Pendant le génocide, le Secrétaire Général des Nations Unies, Boutros Boutros-Ghali, avait montré toute sa détermination et sa volonté pour mettre en place la mission. Dans une lettre datant du 19 juin 1994, c'est-à-dire un mois après la résolution du 17 mai 1994 du Conseil de Sécurité, le Secrétaire Général fait l'état des lieux de la mise en place de la MINUAR II : « *En prévision de l'élargissement du mandat de la MINUAR, j'ai adressé des lettres, le 30 avril, à plusieurs chefs d'État en Afrique, pour les encourager à fournir des contingents, ainsi qu'au Secrétaire général de l'Organisation de l'unité africaine (OUA), pour lui demander d'appuyer mes demandes.* »[208] Le Rwanda est un pays africain et les pourparlers à Arusha étaient dirigés par l'Organisation de l'Unité Africaine. Les États africains devaient montrer l'exemple dans la mobilisation. Dans sa démarche, Boutros Boutros-Ghali a contacté « *50 pays considérés comme des contributeurs potentiels* »[209]. L'ONU sélectionne soigneusement les pays auxquels elle demande de fournir des troupes pour une intervention, en fonction de certains critères. En effet, pour assurer le succès d'une mission, il est essentiel de choisir des soldats qui connaissent la culture, l'histoire et le contexte géographique de la région concernée. Ainsi, il est plus cohérent de faire appel à des militaires africains pour résoudre un problème en Afrique, et à des soldats principalement asiatiques pour une situation en Asie. Cette approche est régulièrement suivie par les Nations Unies. En effet, en 2015, lors de la crise identitaire en Centrafrique qui avait atteint des proportions dramatiques semblables à celles de la situation rwandaise de 1994, une partie importante des troupes de l'ONU était rwandaise.

Outre les pays de la même région, les grandes puissances sont souvent impliquées dans les missions des Nations Unies en raison de leur influence dans les affaires internationales, ainsi que de leurs ressources financières, militaires et logistiques considérables. Par exemple, la France et le Royaume-Uni ont fréquemment participé à la plupart des missions concernant leurs anciennes colonies.

Dans sa lettre, le Secrétaire Général des Nations Unies soulignait au Conseil de sécurité les propositions de soutien militaire et logistique qu'il avait reçues à la date du 19 juin 1994 des pays considérés comme des contributeurs potentiels :[210]

---

[208] Nations Unies : Lettre datée du 19 juin 1994, adressée au président du Conseil de Sécurité par le Secrétaire Général.
[209] Idem.
[210] Ibidem.

- *Éthiopie : un bataillon d'infanterie motorisé (entièrement équipé) ;*
- *Ghana : un bataillon d'infanterie mécanisé (l'offre n'a pas encore été confirmée et elle a été faite sous réserve que le matériel nécessaire soit fourni) ;*
- *Sénégal : un bataillon d'infanterie mécanisé (offre non encore confirmée et faite à la condition que l'équipement nécessaire soit entièrement fourni) ;*
- *Zambie : un bataillon d'infanterie motorisé (à la condition qu'il soit entièrement équipé) ;*
- *Zimbabwe : un bataillon d'infanterie motorisé (à la condition qu'il soit entièrement équipé) ;*
- *Congo : une compagnie d'infanterie (à la condition qu'elle soit entièrement équipée);*
- *Malawi : une compagnie d'infanterie (à la condition que le matériel nécessaire soit fourni);*
- *Mali : une compagnie d'infanterie (à la condition que le matériel nécessaire soit fourni);*
- *Nigéria : une compagnie d'infanterie (à la condition que le matériel nécessaire soit fourni);*
- *Italie : un aéronef (très probablement un C-130, ne devant pas pénétrer dans l'espace aérien rwandais) ;*
- *Pays-Bas : un aéronef Fokker 27 (ne devant pas pénétrer dans l'espace aérien rwandais);*
- *Royaume-Uni de Grande-Bretagne et d'Irlande du Nord : 50 camions de transport de troupes et du matériel ;*
- *États-Unis d'Amérique : 50 véhicules blindés de transport de troupes (VBTT) ;*
- *France : de verser, dans le cadre d'un accord bilatéral, 20 millions de francs français au Sénégal, pour l'équipement de 200 hommes.*

Les pays ci-après ont indiqué qu'ils envisageaient de fournir des hommes ou du matériel, mais ils n'ont pas encore pris formellement d'engagement à cet égard :

- *Australie : une unité médicale ;*
- *Canada : une unité de transmissions ;*
- *Fédération de Russie : huit hélicoptères de transport et plusieurs aéronefs de transport de matériel lourd ;*
- *Italie : 20 camions-citernes (pour le transport d'eau ou de combustible) ;*
- *Roumanie : une équipe chirurgicale.*

Ici, à l'exception de l'Éthiopie, tous les pays africains qui avaient répondu à la demande du Secrétaire Général de l'ONU avaient proposé d'envoyer des troupes à condition que les Nations Unies prennent en charge tous les besoins en équipement. La plupart des pays occidentaux, quant à eux, avaient offert du matériel. Certes, les pays africains ont souvent des ressources limitées, mais étant donné la situation critique au Rwanda, ne pouvaient-ils pas faire des sacrifices pour apporter leur aide sans conditions?

Cette situation permet de comprendre l'incapacité de l'OUA à fournir des troupes pour une intervention militaire. L'OUA était une organisation constituée par les pays africains. Quelquefois, elle avait des problèmes de fonctionnement, car des membres tardaient souvent à fournir leur appui à l'organisation. Du fait de ses problèmes financiers, l'OUA avait souligné dès le début des négociations à Arusha que la force qui permettra la mise en application des accords d'Arusha serait conduite par les Nations Unies. Ceci pousse à comprendre le réel problème de l'OUA. À cause de ses dysfonctionnements, elle avait été dissoute et remplacée par l'Union Africaine (UA) en 2000 qui est une organisation beaucoup plus solide et structurée. Mais il est important de noter que comme l'OUA, l'UA a souvent des problèmes de financement. De ce fait, elle est souvent financée par l'Union Européenne ou la Chine. Ce qui nous semble être illégitime, car cette organisation est africaine. Si chaque pays africain apportait convenablement son soutien financier à l'Union Africaine, cette dernière serait indépendante des bailleurs non-africains. Le fait que cette institution soit financée par des étrangers pose toute la question de son indépendance.

Il est important de souligner qu'en Afrique, en plus de l'Union Africaine, il existe plusieurs organisations régionales. Pour la résolution des conflits, les organisations régionales posent des actions beaucoup plus concrètes que la grande organisation africaine. En effet, la Communauté économique des États de l'Afrique de l'Ouest (CEDEAO) a eu à intervenir dans plusieurs crises politico-militaires qui ont touché les pays membres de l'organisation, et cela, depuis le début des années 90.[211] Pour arrêter la guerre au Liberia, la CEDEAO avait mis en place une force militaire. Elle était aussi intervenue en Guinée Bissau et en Sierra

---

[211] Brice Poreau, L'action de la CEDEAO Régionalisme et prévention des conflits en Afrique, Paris, Harmattan, 2017.

Leone. Plus récemment, en 2017, en Gambie, à la suite du refus du Président Yahya Jammeh[212] de quitter le pouvoir après sa défaite aux élections présidentielles, la CEDEAO avait envoyé des militaires pour faire respecter la volonté du peuple gambien. Ces réussites montrent que la CEDEAO est beaucoup plus dynamique que la grande organisation africaine dans ses interventions.

Ceci nous pousse à nous interroger sur le rôle des autres organisations régionales africaines. La Communauté des États de l'Afrique Centrale (CEAC) regroupe une bonne partie des pays de l'Afrique centrale. Le Rwanda, le Burundi et le Congo sont membres de cette organisation. Contrairement à la CEDEAO, la CEAC n'a pas été une actrice influente lors des crises des pays de l'Afrique des Grands Lacs. Dans aucun des livres ou documents consultés, nous n'avons trouvé des actions concrètes menées par la CEAC sur la crise rwandaise.

Dans chaque grande région du continent africain, il existe une organisation. Ces organisations régionales sont beaucoup plus simples à gérer que l'organisation qui réunit tous les pays du continent africain. L'Afrique est un large continent. De ce fait, l'UA regroupe des pays qui sont géographiquement éloignés. Les organisations régionales ne regroupent que des pays qui sont dans un même cadre géographique. Du fait de leur proximité, les pays membres d'une organisation régionale partagent une histoire commune, et presque les mêmes situations politiques.

Dans la lettre de Boutros Boutros-Ghali, il y avait les réponses d'une bonne partie des pays occidentaux. La Fédération de Russie, qui n'avait pas l'habitude d'intervenir dans des questions africaines, avait même promis de fournir « *huit hélicoptères de transport et plusieurs aéronefs de transport de matériel lourd.* » Il est toujours nécessaire, dans un conflit armé, d'avoir une équipe médicale constituée généralement de chirurgiens. La Roumanie avait estimé qu'il était important de fournir aux Nations Unies une équipe de chirurgiens. Ceci permet de comprendre qu'à cette période, l'opinion internationale avait été alertée de la situation au Rwanda, grâce au travail des journalistes et des organisations non gouvernementales qui étaient présentes sur le terrain.

---

[212] Ancien président Gambien. Il est arrivé au pouvoir à la suite d'un coup d'état en 1994, Yaya Djameh a été contraint de quitter le pouvoir en 2017 par la CEDEAO après avoir perdu les élections. Il vit aujourd'hui en exil en Guinée Equatoriale.

Il est important de soulever un fait. Dans la lettre de Boutros Boutros-Ghali, nous constatons que la plupart des aides proposées par les pays non-africains étaient assorties de conditions. Cette situation était mentionnée en ces termes par le Secrétaire Général : « *Il convient également de noter que, bien que les gouvernements soient censés mettre à la disposition des opérations des Nations Unies des unités entièrement formées et totalement équipées, pratiquement toutes les offres reçues des gouvernements sont assorties, d'une façon ou d'une autre, de conditions.* »[213] Pour illustrer ce problème des Nations Unies, nous allons prendre le cas des États-Unis. En effet, la première puissance économique du monde et premier pays donateur des Nations Unies avait promis : « *50 véhicules blindés de transport de troupes (VBTT)* ». Cette offre n'était pas gratuite. Toutes les dépenses et les charges seraient facturées aux Nations Unies. Selon le rapport de l'Organisation de l'Unité Africaine sur le génocide au Rwanda, face au besoin urgent des Nations Unies, : « *Washington décida de négocier avec l'ONU les conditions de location des véhicules et de les négocier à partir d'une position de force. Avant d'autoriser l'envoi des véhicules blindés au Rwanda, la nation la plus riche du monde augmenta l'estimation de coût initiale de moitié et exigea ensuite que les Nations Unies (envers qui les États-Unis avaient déjà une dette énorme) assument le coût du retour des véhicules à leur base en Allemagne. Le coût global de l'exercice était évalué à 15 millions de dollars américains.* »[214] Il est important de souligner que ces voitures qui pouvaient avoir une grande utilité pour arrêter les massacres et libérer les civils, selon le chef de la MINUAR le Général Dallaire, n'avaient jamais foulé le sol du Rwanda durant le génocide. Le rapport de l'Organisation de l'Unité Africaine nous apporte la perception de James Wood suite à une entrevue sur la lenteur de la mise à disposition de l'aide américaine : « *Au lieu d'assurer le leadership de l'opération à travers la bureaucratie du Pentagone afin de rendre les véhicules à destination le plus rapidement possible, l'affaire se déroula de la manière la plus lente et la plus tortueuse, de sorte que lorsque les véhicules furent enfin prêts à être envoyés au Rwanda, tout était fini. Il aurait été trop tard de toute façon [...] ils [les bureaucrates] s'enfermèrent dans des questions sans fin sur la terminologie de contrat, le type de lettrage*

---

[213] Op.cit., lettre de Boutros Boutros Ghali.
[214] Op.cit., Rapport de l'OUA sur le génocide rwandais.

à appliquer sur les véhicules [...] la couleur [...] et toutes sortes d'autres détails. » Il est important de souligner que tous les pays du monde agissent en fonction de leurs intérêts. Le comportement des Américains nous pousse à comprendre qu'ils n'étaient pas très enthousiastes à l'idée d'intervenir au Rwanda.

Le processus de mise en place et de déploiement d'une mission d'intervention des Nations Unies prend du temps, et cela malgré l'urgence de la mission. Devant cette situation, la France, le pays occidental le plus impliqué dans la crise rwandaise, avait proposé une solution au Secrétaire Général des Nations Unies. Elle soulignait avoir la volonté de conduire une vaste opération humanitaire pour créer la ZHS « *zone humanitaire sûre* ». Cela permettrait une bonne organisation des aides humanitaires de la part des ONG. Elle permettrait également de remplacer la MINUAR II dans sa mission humanitaire en attendant sa mise en place. Cette opération est connue sous le nom d'opération Turquoise.

Les organisations régionales en Afrique et leurs pays membres

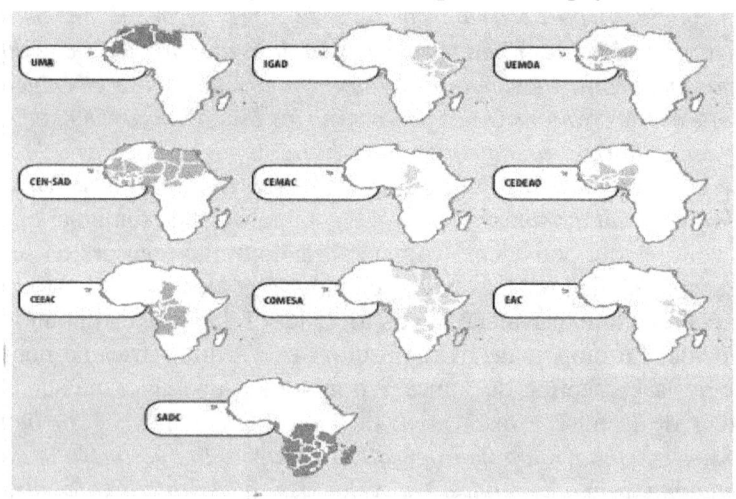

Source : UA, BAfD, Uneca 2016.

Les organisations régionales en Afrique et leurs chevauchements

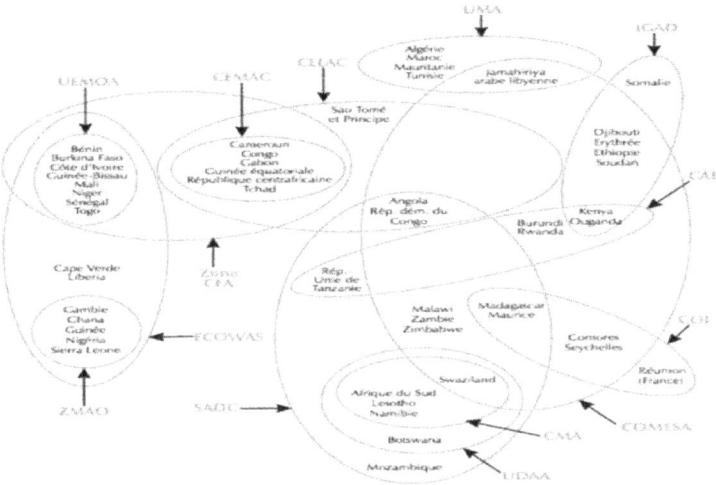

Source : CNUCED, 2009

CHAPITRE 2 :
OPERATION TURQUOISE

Demande, déploiement et opposants de l'opération Turquoise

Les causes de la mise en place de l'opération Turquoise se situent dans l'incapacité des Nations Unies à mettre en urgence la MINUAR II. La France, qui intervenait dans la guerre depuis l'attaque du 1er octobre 1990, avait souligné aux Nations Unies sa volonté d'intervenir pour assurer la mise en place des opérations humanitaires. Cette demande avait été très bien accueillie par une partie des acteurs[215] et très mal vue par d'autres. Aujourd'hui, cette opération suscite beaucoup de questions. Les dossiers concernant cette opération n'ont pas été totalement déclassifiés. La France se félicite d'avoir été la seule nation à intervenir au Rwanda pour mettre fin au génocide. Aujourd'hui, il est important de se poser les questions suivantes sur l'opération Turquoise :

Qu'est-ce qui a poussé la France à proposer d'organiser l'opération Turquoise ? Pourquoi des personnes comme le Général Dallaire chef de la MINUAR s'y étaient opposées ? Quel a été le bilan de cette opération ? Comment est-elle perçue 29 ans après ?

Demande de la mise en place de l'opération Turquoise

L'ONU a toujours rencontré des difficultés pour répondre à une situation d'urgence. Les interventions militaires les plus urgentes de l'ONU ont été le plus souvent portées par un pays qui fournit la majorité des troupes.[216] Après l'élargissement du mandat de la MINUAR, Jean-Bernard Merinée, le représentant permanent de la France à l'ONU, avait adressé une lettre datée du 20 juin 1994 au Secrétaire Général des Nations Unies. Dans sa lettre, Jean-Bernard Merinée souligne :[217] « *Les résolutions 918 (1994) et 925 (1994) du Conseil de sécurité donnent à la Mission des Nations Unies pour l'assistance au Rwanda (MINUAR) le mandat d'intervenir pour faire cesser cette catastrophe humanitaire. La France et le Sénégal souscrivent pleinement aux objectifs et aux méthodes que préconisent ces deux résolutions.* » Toujours selon Jean-Bernard

---

[215] Op.cit., Lettre datée du 19 juin 1994, adressée au président du conseil de sécurité par le secrétaire général.
[216] Vu que la Belgique était l'ancien colonisateur du Rwanda, la plus grande partie des effectifs de la MINUAR I était constituée de soldats belges.
[217] Lettre de Jean-Bernard Merinée au Secrétaire Général des Nations Unies du 19 juin 1994.

Merinée :[218] « *Il faudra sans doute encore quelque temps pour que la MINUAR renforcée conformément à ces résolutions puisse être opérationnelle ; les contingents que fourniront les États, ainsi que leur équipement, ne pourront être acheminés et à pied d'œuvre avant plusieurs semaines. Ce délai risque de coûter encore des milliers de vies au Rwanda et de permettre une expansion géographique de la zone touchée par le drame.* » Ici, Jean-Bernard Merinée souligne la plus grande difficulté des Nations Unies lors d'une mission d'intervention. Ce passage est un argument assez solide pour convaincre le Secrétaire Général des Nations Unies d'appuyer la demande de la France. Il est important de souligner que cette proposition avait été bien appréciée par Boutros Boutros Ghali, car il avait écrit une lettre[219] au Conseil de Sécurité pour leur demander d'examiner l'offre.

La demande d'intervention de la France aux Nations Unies avait été formulée de la façon suivante :[220] « *Les Gouvernements français et sénégalais sont disposés à envoyer sur place sans délai une force destinée à assurer la jonction avec l'arrivée de la MINUAR renforcée. Ils sont en contact avec d'autres États membres susceptibles de se joindre à l'opération. Les objectifs assignés à cette force seraient les mêmes que ceux que le Conseil de sécurité a fixés à la MINUAR, c'est-à-dire de contribuer à la sécurité et à la protection des personnes déplacées, des réfugiés et des civils en danger au Rwanda, y compris par la création et le maintien, là où il sera possible, de zones humanitaires sûres. Cet objectif est naturellement exclusif de toute intervention dans l'évolution du rapport des forces militaires entre les parties prenantes au conflit.* » La demande était portée par la France et cette dernière était accompagnée par le Sénégal. Jean-Bernard Mérinée souligne qu'ils sont en contact avec d'autres pays. Ceci constitue un moyen pour légitimer l'opération. Il était important d'impliquer d'autres pays pour plus de crédibilité, surtout des pays qui n'ont pas été colonisés par la France, pour montrer aux Nations Unies la bonne volonté de l'État français. Les autres pays cités pour accompagner l'opération sont tous africains et parmi eux, nous avons la Guinée-Bissau, le Tchad, la Mauritanie, l'Égypte, le Niger et le Congo-Brazzaville.

---

[218] Idem.
[219] Op.cit., Lettre datée du 19 juin 1994, adressée au Conseil de Sécurité par le secrétaire général
[220] Op.cit., Lettre de Jean-Bernard Merinée au Secrétaire Général des Nations Unies du 19 juin 1994.

Pour approuver cette opération, l'ONU avait été très réactive. En effet, deux jours après la demande, cette dernière avait été approuvée par le Conseil de Sécurité. Cette réactivité peut être comprise par l'urgence de l'intervention et aussi par les difficultés des Nations Unies à mettre en place la MINUAR II. Cette proposition était vue par le Secrétaire Général des Nations Unies comme une opportunité. Boutros Boutros Ghali avait appuyé cette demande de la France sans tenir en compte les contestations du Général Dallaire, du FPR et de l'OUA. Le Conseil de Sécurité l'avait approuvée avec 10 voix favorables et 5 abstentions. Les pays qui s'étaient abstenus étaient la Chine, le Nigeria, la Nouvelle Zélande, le Pakistan et le Brésil.

Les opposants à l'opération Turquoise

L'opération Turquoise constitue une des missions les plus controversées en Afrique des Grands Lacs. Elle a été fortement critiquée par plusieurs acteurs de la gestion de la crise rwandaise. Le premier qui s'y était opposé fut le Général canadien, chef de la MINUAR. Dans un document rédigé par Étienne Rusamira[221], le Général Dallaire souligne la rencontre qu'il a eue le 17 juin 1994 avec Bernard Kouchner, l'envoyé spécial de Paris, concernant la mise en place de l'opération Turquoise. « *Kouchner, accompagné d'un autre Français qu'il me présente comme étant un représentant du Comité de crise sur le Rwanda mis sur pied par le Président Mitterrand, me demandait cette fois poliment de lui accorder une heure. Il m'expliqua qu'il agissait en tant qu'interlocuteur pour son gouvernement sur le terrain et qu'on l'avait envoyé spécifiquement pour me voir. Au moins, son rôle était clair. Kouchner débuta la conversation en faisant une récapitulation de l'horrible situation qui régnait et en déplorant le manque d'action de la communauté internationale. Je n'avais pas de difficulté à être d'accord avec lui. Mais ensuite, il me cloua sur place. Le gouvernement français, disait-il, avait décidé, dans l'intérêt de l'humanité, de se préparer à diriger des forces de coalition françaises et franco-africaines au Rwanda pour faire cesser le génocide et fournir de l'aide humanitaire. Ces forces viendraient en vertu d'un mandat prévu au chapitre VII des Nations Unies et établiraient une zone de sécurité*

---

[221] Étienne Rusamira Observatoire de l'Afrique centrale (Obsac) Montréal, GÉOPOLITIQUE DES GRANDS LACS AFRICAINS ET SYNDROME DE FACHODA Le rôle de l'État français dans le génocide rwandais et la déstabilisation politique de la région

dans l'ouest du pays, où les personnes fuyant le conflit pourraient trouver refuge. Je lui répondis immédiatement non sans lui laisser la moindre chance de poursuivre et me mis à proférer tous les jurons canadiens-français que peut contenir mon vocabulaire. Il tenta de me calmer en invoquant des raisons que, semble-t-il, il considérait nobles, mais qui, selon moi, étaient profondément hypocrites étant donné les antécédents de la France au Rwanda : les Français étaient certainement au courant que leurs alliés étaient les responsables des massacres. » Dallaire poursuit, dans le même document : « *Je dis à Kouchner que je n'arrivais pas à croire à l'effronterie des Français. D'après moi, ils se servent du prétexte humanitaire pour intervenir au Rwanda, permettant à l'AGR de maintenir une bande de territoire du pays et un peu de légitimité face à une défaite certaine. Si la France et ses alliés avaient vraiment voulu faire cesser le génocide, éviter que mes observateurs militaires ne se fassent tuer et appuyer les objectifs de la mission des Nations Unies - comme la France l'avait voté à deux reprises au Conseil de sécurité - ils auraient plutôt renforcé la MINUAR. Mais Kouchner et son compatriote voulaient clairement que je cesse d'argumenter. Ils ne me demandaient pas de subordonner ma mission aux objectifs des Français, mais j'avais bien l'impression que c'est ce qu'ils souhaitaient. Selon eux, je devais m'efforcer de rendre la MINUAR 2 opérationnelle dans les zones sous contrôle du FPR au cours des quatre prochains mois, pendant qu'ils s'arrangeaient avec les territoires de l'AGR et leurs prétendues zones de sécurité. Je conclus facilement le but de leur visite : me faire accepter de subordonner les objectifs de la MINUAR à ceux de l'armée française. Ils n'avaient aucune chance d'y parvenir.* » Quelqu'un qui lit ce récit du Général Dallaire et qui n'a pas connaissance de la situation au Rwanda pourrait être étonné par le comportement du Général Dallaire. Certainement, il se poserait la question de savoir pourquoi le chef de la MINUAR, qui était impuissant face à la situation, rejetait une solution pour mettre fin à la tragédie ?

Après le Général Dallaire, l'Organisation de l'Unité Africaine avait manifesté son désaccord pour la mise en place de l'opération Turquoise. En effet, dans le rapport de l'OUA publié en 2000 sur le génocide rwandais, on note : « *L'Organisation de l'Unité Africaine qui (...) avait préalablement informé la France qu'elle désapprouvait fermement toute intervention de cette nature, rendit*

133

sa position publique. »[222] Ici également, il est intéressant de se poser la question de savoir pourquoi l'OUA s'était opposée à l'opération Turquoise, alors qu'elle était impuissante face à la situation ?

Nous avons également le FPR qui avait dénoncé avec fermeté cette intervention : « *Le FPR condamna avec colère cette initiative.* »[223] Comme pour les autres opposants de l'opération Turquoise, nous pouvons nous interroger sur cette attitude du FPR. Il est logique de se demander pourquoi le FPR, qui lutte pour les Tutsi, condamne une « *opération humanitaire* » qui avait pour objectif de mettre fin aux massacres des Tutsi au Rwanda ?

Pour comprendre ces oppositions à l'opération Turquoise, il faut comprendre l'histoire des relations entre la France et le Rwanda depuis les années 1970. Il faut rappeler que la France avait signé en 1975 un accord militaire[224] avec le Rwanda. En octobre 1990, lorsque le FPR avait attaqué le Rwanda, la France avait été le premier pays à intervenir pour empêcher la chute de Kigali. Depuis cette date, la France n'avait jamais quitté le Rwanda. Le Président Mitterrand était toujours informé par ses généraux qui étaient sur le terrain de l'évolution de la situation militaire depuis le début de la guerre. La France formait et fournissait des équipements militaires aux Forces Armées Rwandaises (FAR).[225] Après l'assassinat de Habyarimana, elle a été le premier pays à reconnaître le gouvernement intérimaire, qui est aujourd'hui connu comme le gouvernement responsable du génocide. Le FPR avait de bonnes raisons de condamner cette intervention française. Après l'approbation de l'opération Turquoise, pour manifester son désaccord : « *le FPR avait demandé à tous les ressortissants français de quitter les zones qu'il contrôle.* »[226] Il faut souligner que pendant cette période, le Front Patriotique Rwandais contrôlait plus de la moitié du territoire rwandais.

Le Général Canadien était informé mieux que quiconque des agissements des différents acteurs de la crise rwandaise. Il savait que les services secrets de la France étaient sur le terrain et avaient livré

---

[222] Op.cit., Rapport l'OUA sur le génocide rwandais, p 137.
[223] Idem.
[224] Accord Particulier d'Assistance Militaire, 1975.
[225] Golias Magazine n° 132 -133, Le Journal Enquête, Rwanda : révélations sur la participation directe de l'armée française au génocide, Juillet 2010, p 25.
[226] Leymarie. P, Tardif « réveil humanitaire » : Litigieuse intervention française au Rwanda, Le monde diplomatique, Juillet 1994, p 3.

des armes[227] aux FAR. Ce qui lui avait poussé à dire : « *S'ils envoient leurs avions ici pour livrer leurs maudites armes au gouvernement, je les ferai abattre.* »[228] Cette farouche opposition du Général Dallaire est également due au fait que la France n'avait jamais soutenu la MINUAR. Elle avait même approuvé la réduction des effectifs de la MINUAR au minimum au début du génocide alors qu'elle était informée de la situation.

L'Organisation de l'Unité Africaine était l'un des acteurs qui avait pour mission de trouver une issue positive à la guerre rwandaise. Elle connaissait les positionnements de tous les acteurs de la crise. Très naturellement, elle s'était opposée à l'intervention de la France. Le Monde Diplomatique, dans un article intitulé « Tardif réveil humanitaire », publié en juillet 1994, nous apporte la position de l'OUA par rapport à l'opération Turquoise. Dans cet article, nous pouvons lire : « *L'Organisation de l'unité africaine (OUA), bousculée par l'initiative, émettait même un avis négatif, préoccupée par l'hostilité déclarée du principal belligérant, le Front patriotique du Rwanda (FPR).* »[229] La principale préoccupation de l'OUA était la question de la neutralité de la France. L'Organisation de l'Unité Africaine ne considérait pas les membres du FPR comme des étrangers qui étaient venus envahir le Rwanda, mais comme des réfugiés rwandais qui étaient venus réclamer leur droit de retourner dans leur pays. Pour l'OUA, les deux camps antagonistes devraient être considérés et traités d'égal à égal. La France qui luttait indirectement contre le Front Patriotique Rwandais ne pourrait pas organiser une intervention militaire dans un conflit où tout le monde sait qu'elle était impliquée.

Il est clair qu'aux yeux des acteurs de la crise rwandaise, la France n'avait jamais été une puissance neutre dans ce conflit. L'idée d'organiser une vaste opération humanitaire arrive au moment où les Forces Armées Rwandaises (FAR) perdaient la guerre contre le Front Patriotique Rwandais (FPR). Devant cette situation, il était tout à fait légitime pour le Général Dallaire, pour l'OUA et pour le FPR de penser que cette intervention française

---

[227] DUPAQUIER.JP, L'AGENDA DU GENOCIDE : le témoignage de RICHARD MUGENZI ex-espion rwandais, Paris, KARTHALA, p 306.
[228] Op.cit., Rapport l'OUA sur le génocide rwandais, p 137.

[229] Leymarie. P, Tardif « réveil humanitaire » : Litigieuse intervention française au Rwanda, Le monde diplomatique, Juillet 1994, p 3.

n'avait pas un but humanitaire. Ils l'ont considéré comme une stratégie mise en place par la France pour appuyer les FAR de manière beaucoup plus dynamique, pour renverser les rapports de force afin d'éviter la victoire certaine du FPR. En plus de ces trois opposants, le journaliste du Monde Diplomatique Philippe LEYMARIE soulignait que : « *De nombreux pays et divers observateurs faisaient remarquer qu'étant donné son passé de collaboration active avec l'ancien régime rwandais, entre 1990 et 1993, la France n'était pas la mieux placée pour prendre la tête d'une nouvelle croisade de l'ingérence, au nom de la protection des innocents.* »[230] Ce passage montre que les opposants de l'opération Turquoise étaient nombreux.

Malgré les oppositions, l'opération Turquoise avait été approuvée par le Conseil de Sécurité de l'ONU par la résolution 929 du 22 juin 1994.

Déploiement de l'opération Turquoise

L'opération Turquoise avait commencé[231] le 23 juin et s'était terminée le 22 août 1994 après la mise en place des forces de l'ONU. Les effectifs[232] de l'opération étaient estimés à 3 000 soldats dont 2 500 Français et 500 soldats qui provenaient des autres pays africains. Il est important de noter que pendant cette période : « *Les éléments des forces françaises prépositionnés en Afrique ne s'avèrent pas suffisants pour supporter l'opération, au moins au début. Il est fait appel à des troupes supplémentaires qui n'ont pas d'expérience de l'Afrique.* »[233] Vu l'ampleur de la situation au Rwanda, il fallait des troupes assez nombreuses pour espérer avoir des résultats significatifs. Aujourd'hui, à cause des différentes interventions de la France en Afrique, notamment au Sahel, ses effectifs militaires dépassent largement 2500 soldats sur le continent.

L'organisation de cette vaste opération, qui sans aucun doute a changé le cours de l'histoire de l'Afrique des Grands Lacs, était assurée par le Général Philippe Mercier. Philippe Mercier[234] était le chef de cabinet du ministre de la Défense. Le général Jean-Claude

---

[230] Idem.
[231] https://www.la-croix.com/Monde/Afrique/version-officielle-Turquoise-remise-cause-2018-06-24-1200949859
[232] https://www.monde-diplomatique.fr/mav/120/A/46983.
[233] MOREL. J, *La France au cœur du génocide des Tutsi*, Paris, Izuba Editions, p1320.
[234] Idem.

Lafourcade[235] avait été choisi comme commandant de l'opération Turquoise. Il faut souligner que le Zaïre de Mobutu était un allié du régime de Habyarimana.[236] De ce fait, la France avait eu l'autorisation du Zaïre d'atterrir sur son territoire pour mener à bien cette opération. C'est dans cette logique que l'aéroport de Goma[237] a vu l'arrivée de toute la logistique de l'opération :[238]« *En accord avec les autorités zaïroises, un officier supérieur français, le colonel Zurlinden, exemplaire et remarquable dans son exercice, commande la base aérienne.* » Mais il faut souligner que l'aéroport de Goma n'était pas préparé pour accueillir toute la logistique militaire de Turquoise. Ce qui fait que le colonel Zurlinden avait « *pris en main les destinées de l'aéroport… Il a réalisé une bénéfique restauration de la piste de cette aérogare de province qui ne voyait habituellement que 4 à 6 avions quotidiens.* » Tout le commandement de l'opération Turquoise était basé à Goma.[239] Établir le commandement au Rwanda serait risqué, car il y avait une guerre totale dans le pays et les affrontements pouvaient atteindre facilement les campements.

Il faudra attendre jusqu'au 5 juillet, c'est-à-dire une dizaine de jours après le début de l'opération Turquoise, pour que les Nations Unies reçoivent le premier rapport de l'opération. Ce rapport, explique dans les détails le dispositif de Turquoise :[240]

    a- Un sous -groupement de forces Nord de trois unités de combat à Kibuye

    b- Un sous -groupement de forces Sud de deux unités de combat à Cyangugu

---

[235] Nicolas Jacquard, Génocide au Rwanda : le chef de l'opération Turquoise livre sa vérité Le Parisien, 9 mai 2010,

[236] Après l'assassinat de Habyarimana, vu que la situation au Rwanda n'était pas favorable pour faire son enterrement comme il le fallait, le président Mobutu avait envoyé un avion pour chercher le corps du président et de procéder à son enterrement au Zaïre. Il faut noter que dans la conception africaine, tirée certainement de l'Égypte antique, le corps du défunt est très important. Ce dernier doit être enterré avec tout le respect qui se doit pour permettre son repos éternel.

[237] Ville située à l'extrême Est du Congo et Capitale de la région du Kivu qui est frontalière au Rwanda et au Burundi.

[238] Op.cit., *La France au cœur du génocide des Tutsi*, p 1322.

[239] Lettre datée du 05 juillet 1994, adressée au Secrétaire Général par le représentant permanent de la France auprès de l'organisation des Nations Unies.

[240] Idem.

c- Un sous-groupement spécialisé constitué de quatre éléments à Bukavu
d- Un déploiement d'avions de combat à Kisangani
e- Trois bases de transit à Bangui, Libreville et Douala.

Le dispositif dispose actuellement d'un effectif de 2300 militaires français et 32 Sénégalais.

Les éléments de l'opération Turquoise étaient présents dans les villes du sud et de l'ouest du Rwanda. Cette présence au sud et à l'ouest peut être comprise par le fait que les pays frontaliers avec le Rwanda au Sud et à l'Ouest sont des pays francophones, contrairement aux pays qui se situent au Nord et à l'Est du Rwanda qui sont anglophones. Comme nous l'avions noté, la France dans sa demande avait souligné qu'elle serait accompagnée par plusieurs autres pays africains. Il est important de noter qu'au début de l'opération, il n'y avait que 32 soldats sénégalais qui accompagnaient la France. Ceci nous pousse à penser que le fait que la France ait cité plusieurs pays africains dans la mise en place de son opération constituait juste un argument pour convaincre le Conseil de Sécurité.

Au vu des éléments[241] que nous disposons, le déploiement de l'opération Turquoise s'était déroulé sans grandes difficultés. Ce qui nous pousse à nous demander comment s'était déroulée sur le terrain l'opération Turquoise après sa mise en place ? Avait-elle atteint ses objectifs ?

---

[241] Témoignages, rapports et comptes rendus.

Carte de positionnement du FPR, des FAR et des forces Turquoise juin 1994

Source : Map N°3717 United Nation décembre 1997

Le bilan de l'opération Turquoise

La protection des déplacés dans la ZHS

Le Rwanda, un petit pays d'environ 26 000 km² partage ses frontières avec l'Ouganda, la Tanzanie, le Burundi et l'ex-Zaïre. Comme nous l'avons expliqué, le FPR était composé d'anciens soldats de l'armée ougandaise. L'Ouganda, situé au Nord du Rwanda, constituait la base arrière du FPR. Très naturellement, lorsque la guerre avait repris en avril 1994, avec la progression du FPR, la partie nord du Rwanda constituait le premier territoire à avoir échappé aux mains des Forces Armées Rwandaises. De ce fait, les populations Hutu de cette région constituaient les premières à fuir l'avancée du FPR. La solution pour ces populations du Nord était de rejoindre l'Est du Rwanda et de fuir vers la Tanzanie avant la chute de cette partie. Devant cette situation, le 30 avril, il y a eu la fermeture des frontières[242] entre le Rwanda et la Tanzanie par le FPR

---

[242] http://rwanda94.pagesperso-orange.fr/sitepers/dosrwand/goma.html

qui avait conquis ce territoire. Mais avant cette fermeture, en 24 jours, environ 250.000 Hutu avaient fui vers la Tanzanie. Ce mouvement de masse de la population Hutu face à l'avancée du FRP est dû à la peur que la population avait envers le FPR. Cette peur était alimentée par les médias[243] rwandais qui caractérisaient les soldats du FPR comme des assassins qui tuaient la population Hutu dans toutes les zones qu'ils occupaient.

La France a le plus souvent eu de bonnes relations avec le Zaïre de Mobutu. En juin 1994, lors de la mise en place de l'opération Turquoise, seules les parties Ouest et Sud-ouest du Rwanda étaient sous le contrôle des FAR. Autrement dit, la partie frontalière avec le Zaïre. De ce fait, les commandants de l'opération Turquoise avaient installé leur base à Goma[244] (*ville zaïroise frontalière avec le Rwanda*). À partir de cette zone, les éléments de l'opération Turquoise progressaient dans le territoire rwandais (*contrôlé par les forces gouvernementales*) pour créer la Zone Humanitaire Sûre (ZHS) qui constituait officiellement la principale mission de l'opération Turquoise.

Dans une lettre adressée au Secrétaire Général des Nations Unies le 01 juillet 1994, le représentant de la France aux Nations Unies Jean-Bernard Mérinée expliquait la nécessité de créer la ZHS au plus vite pour sauver les déplacés. Pour Jean-Bernard Mérinée, le territoire de la Zone Humanitaire Sûre : « *devrait comprendre les districts de Cyangugu, Gikongoro et la moitié sud de celui de Kibuye, incluant l'axe Kibuye-Gitarama jusqu'au col de N'Daba compris.* »[245] Comme nous le constatons, la ZHS se situait à l'Ouest du pays. Dans le territoire contrôlé par les FAR. Pour être plus précis, la Zone Humanitaire Sûre se situait « *à l'intérieur du triangle Cyangugu-kibuye-Gikongoro.* »[246] Une bonne partie de la population Hutu avait fui dans cette zone. Richard Mugenzi, un ancien espion rwandais, nous livre les causes de ces fuites de masse. : « *Les gens ne faisaient pas ce qu'ils voulaient. La fuite de la population était le résultat des ordres des autorités. Les consignes données au haut niveau étaient toujours relayées jusqu'à la base par les bourgmestres, les conseillers de secteurs et les chefs de cellules.*

---

[243] Voire mémoire Master 1.
[244] Le Général Dallaire et FPR avaient menacé d'abattre les avions français si ces derniers traversaient la zone qu'ils occupaient.
245 Lettre datée du 2 juillet 1994, adressée au président du conseil de sécurité par le Secrétaire Général
[246] Op.cit., Jean-Bernard Merinée 05 juillet 1994.

(...) Les gens ne connaissaient rien, ils se contentaient de répéter la propagande : que ces rebelles avaient des queues comme des animaux et leurs pieds se finissaient par des sabots, que c'étaient des assassins. Ça entretenait un climat de panique. Aussi, lorsqu'on ordonnait aux gens de fuir leurs maisons et leurs champs, tout le monde obéissait. Je suis sûr que 90 % des gens étaient convaincus qu'effectivement, ils seraient tués s'ils attendaient l'arrivée du Front patriotique. »[247] Le gouvernement intérimaire était conscient de l'avancée du FPR. L'objectif des FAR était de laisser le FPR un pays vide. Les chefs des FAR étaient conscients que s'il y avait des mouvements de masse, ils pouvaient se mélanger avec ces déplacés civils pour se réfugier au Zaïre.

Les éléments des FAR qui s'étaient repliés dans la zone Turquoise n'avaient pas été désarmés. Dans une note rédigée par les cabinets de François Léotard ministre de la Défense et de M. Alain Juppé ministre des Affaires Etrangères adressée au Président Mitterrand, on note : « *instructions données à nos forces de s'opposer à cette zone à la pénétration de groupes armés et à toute activité militaire. Il n'est pas envisagé dans l'immédiat de désarmer les FAR et les milices qui s'y trouvent.* »[248] Déjà, il y a un paradoxe entre la première et la deuxième phrase. Comme nous l'avons vu, une bonne partie des éléments des FAR s'était repliée dans cette zone avec leurs armes. Sans être désarmés, ils se sont mêlés aux flots des réfugiés pour se réfugier au Zaïre sous l'escorte des militaires français. Ce qui avait empêché la victoire totale du FPR et donc, à l'origine de la guerre du Zaïre qui a déséquilibré cette région de l'Afrique.

Jean-Bernard Mérinée explique la situation des déplacés au Secrétaire Général. Selon lui, les éléments de l'armée française « *ont constaté l'afflux de dizaines de milliers d'habitants fuyant les combats, qui s'ajoutent à plusieurs centaines de milliers de personnes déplacées dans cette partie du pays.* »[249] Il est clair que les éléments de l'opération Turquoise étaient débordés face au nombre de déplacés. Ce qui pousse M. Merinée à faire un appel au nom de la France à la communauté internationale : « *La France considère qu'il est de sa responsabilité d'alerter la communauté*

---

[247] Op.cit., DUPAQUIER. J P.
[248] Note à l'attention du président de la République, Rwanda comité restreint du 04 juillet 1994.
[249] Lettre datée du 2 juillet 1994, adressée au président du conseil de sécurité par le Secrétaire Général.

internationale à travers vous-même, afin de l'informer de la situation, qui exige, comme cela avait été demandé par les Nations Unies et l'Organisation de l'Unité Africaine (OUA), un cessez-le-feu immédiat. »[250] Obtenir un cessez-le-feu devenait une urgence pour avoir une meilleure maîtrise de la ZHS et faciliter le travail des ONG. Le déplacement en masse des Hutu avait surpris toutes les organisations internationales. En effet, le HCR[251] avait estimé le nombre de réfugiés à 50.000. De ce fait, l'Organisation avait demandé aux autorités locales zaïroises de prévoir des sites d'accueil. Le HCR s'était largement trompé sur ses estimations. Plus d'un million de Rwandais avaient fui vers le Zaïre entre juin et août 1994. Ce qui explique la difficulté du travail des organisations internationales qui n'avaient jamais été en face d'une telle situation durant leur histoire.

Pour parler du bilan de l'opération Turquoise, dans un article du journal « Le Monde » publié le 21 août 1994, l'ONG Médecins Sans Frontières souligne que la France laisse au Rwanda « *un chaos (...) Si elle a permis un mois et demi de répit, l'opération française arrive au terme de son mandat sans qu'aucun progrès n'ait été accompli dans la zone humanitaire, véritable sanctuaire dans lequel se poursuivent les violences des miliciens et la propagande des Forces armées rwandaises.* »[252] Pour les ONG, l'opération Turquoise n'a pas facilité leur travail. Au contraire, elle a rendu leurs tâches beaucoup plus difficiles. En effet, le mélange de militaires armés et de civils avait accentué l'insécurité. Les FAR avec leurs armes avaient très vite pris le contrôle des camps.

En juillet 1994, la France avait trouvé un accord avec le FPR. L'accord consistait à ce que le territoire où était établie la ZHS échappe provisoirement au contrôle du FPR qui avait conquis tout le pays.

---

[250] Idem.
[251] Nouvel Observateur 11 juillet 1994.
[252] Le monde, les organisations humanitaires se montrent réservées, le 21 août, 1994, p 4.

Nombre des réfugiés Rwandais dans les pays limitrophes au 22 juillet 1994

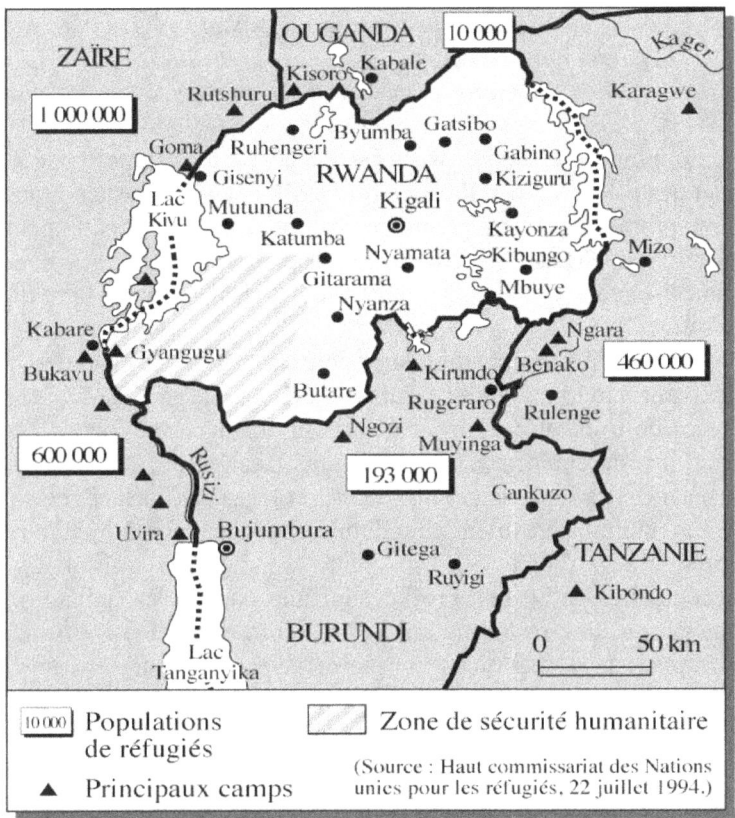

Les vies sauvées et les actions humanitaires menées par l'opération Turquoise

Pour parler du bilan des vies humaines sauvées par l'opération Turquoise, nous allons nous référer au rapport de M. Merinée du 5 juillet 1994. Ce rapport était adressé à Boutros Boutros Ghali et aux membres du Conseil de sécurité de l'ONU. Son objectif était d'informer à l'ONU des actions concrètes de l'opération Turquoise. Dans ce rapport, nous notons que l'armée Turquoise avait constaté la présence de 50 camps de réfugiés qui regroupaient 850.000 réfugiés. Pour sécuriser ces 50 camps de réfugiés essentiellement Hutu, les forces de l'opération Turquoise s'étaient déployées pour protéger les déplacés dans ces camps.

Pour informer sur le nombre de Tutsi sauvés par l'opération Turquoise depuis son déploiement jusqu'à la date du 5 juillet, M. Mérinée[253] soutient.

- *Nyarushishi camp déjà existant regroupant 8 000 personnes (Tutsi) ;*
- *Bisesero camp créé et protégé par les forces françaises 1000 personnes (Tutsi).*

La France assurait la sécurité de ces deux camps qui étaient occupés par des Tutsi. Il est clair que s'il n'y avait pas les Français pour protéger ces Tutsi dans ces camps, ils seraient certainement exterminés. Mais, ce qui est reproché aujourd'hui à l'armée française, c'est qu'elle a laissé des centaines de Tutsi se faire tuer à Bisesero.

Bisesero est un territoire surmonté de collines. Dès le début du génocide, environ 60.000[254] Tutsi s'y étaient réfugiés. Le 27 juin, les forces de l'opération Turquoise arrivent dans ces collines. À cette date, il restait environ 2000 survivants. Malgré les demandes avec insistance des survivants Tutsi d'être protégés par l'armée française, ces dernières les avaient abandonnés pour ne revenir que 3 jours après, c'est-à-dire le 30 juin. Donc, pendant ces trois jours, les génocidaires en avaient profité pour tuer encore des centaines. Ce qui fait qu'il ne restait qu'environ 1000 rescapés Tutsi lorsque les éléments de l'opération Turquoise avaient établi le camp de Bisesero. Le chef de l'opération Turquoise, le général Lafourcade[255] explique cette situation par le fait que l'armée française rencontrait des difficultés logistiques lors des premiers jours de la mission. Les responsables militaires français n'avaient pas assez d'informations sur les positions du FPR. Intervenir à Bisesero mettrait en danger la sécurité des troupes sur le terrain.

Quoi qu'il en soit, l'armée Turquoise aurait pu trouver un dispositif et un moyen en urgence pour venir en aide à ces Tutsi à Bisesero.

Sur le plan humanitaire, les responsables de l'opération Turquoise avaient mis en place plusieurs opérations pour venir en aide aux déplacés dans la Zone Humanitaire Sûre. Parmi ces actions, nous pouvons noter :[256]

---

[253] Op.cit., rapport Mérinée 05 juillet 1994.
[254] https://www.dailymotion.com/video/xmxlpz
[255] Idem.
[256] Op.cit., rapport Mérinée 05 juillet 1994.

- *Installation d'un élément médical militaire d'intervention rapide (EMMIR) à Cyangugu (depuis le 05 juillet).*
- *Livraison de 37 tonnes de fret d'aide humanitaire gouvernementale française et distribution dans les régions de Kibuye et Gikongoro. 400 tonnes sont prévues dans les jours à venir.*
- *Évacuation de 1325 personnes.*

Les moyens suivants sont demandés à l'Union européenne occidentale :
a- Un stock de 35 tonnes de médicaments (renouvelable tous les trois semaines) ;
b- 400 tonnes de vivres non périssables ;
c- Vêtements et couvertures pour 200 000 personnes.

Il est important de souligner que pendant cette période, seule la France était présente au Rwanda. Ce rapport de M. Merinée nous montre que la France avait dégagé des moyens considérables pour venir en aide aux personnes en situation d'urgence. Dans son effort humanitaire, elle avait invité l'Union Européenne occidentale à participer à l'effort humanitaire. Il est certain que si toutes les grandes puissances du monde avaient dégagé des moyens comme la France, le bilan de la crise rwandaise et le déséquilibre de l'Afrique des Grands Lacs ne seraient pas si catastrophiques.

Contrairement aux conclusions de MSF et de Jacques Morel sur le bilan de l'opération Turquoise, Daniel Colard souligne : *« Sur le plan humanitaire, l'opération « Turquoise » est largement positive : arrêt des massacres, protection de la population, respect du calendrier, assistance aux réfugiés sans distinction. (...) Non seulement de nombreuses vies ont été sauvées, mais « Turquoise » a donné à l'ONU le temps nécessaire pour organiser la MINUAR II. »*[257] Il est important de noter que dans le domaine de la recherche, chacun est libre d'analyser les événements à sa manière. Comme nous l'avons montré, certains disent que l'opération Turquoise a été un désastre et d'autres, comme Daniel Colard, soutiennent le contraire. Mais il est primordial de souligner qu'il n'y a aucun élément sur cette terre qui n'ait que des points négatifs ou que des points positifs. L'essentiel est d'analyser les choses tout en étant le plus objectif possible.

Au vu du rapport de M. Merinée, l'opération Turquoise avait permis de sauver des milliers de vies, mais elle avait apporté une

---

[257] COLARD D. *La société internationale après la guerre froide*, Paris, Armand Colin, 1996, p 89.

solution de repli au gouvernement génocidaire. Pour aller plus loin, il n'est pas exclu de penser que l'opération était au service du gouvernement intérimaire rwandais. En effet, la France était en opposition avec le FPR, majoritairement Tutsi. Lors de l'opération Amaryllis,[258] aucun Tutsi n'avait été sauvé. Même ceux qui travaillaient dans les institutions françaises. Toutes les personnes qui avaient été évacuées par la France étaient des étrangers et des Hutu membres de la famille du Président Habyarimana.

Les intentions de la mise en place de l'opération Turquoise

Aujourd'hui, les questionnements sur les vraies raisons de la mise en place de l'opération Turquoise ont refait surface lorsqu'un officier de l'armée française a écrit et témoigné que l'opération Turquoise n'avait rien d'humanitaire. Son principal objectif était de repousser le FPR et de redonner le pouvoir au gouvernement génocidaire. En effet, Guillaume Ancel, ex-officier de l'armée française ayant participé à l'opération Turquoise, a confié au journal France Culture : « *Moi, je suis parti avec l'ordre d'opération de préparer un raid sur Kigali, un raid terrestre. C'est d'ailleurs pour ça que j'étais là, pour les frappes aériennes. Pour s'assurer qu'un raid puisse aller vite, on dégage avec des frappes aériennes tout ce qui pourrait s'opposer à notre progression. Dans les huit jours qui ont suivi, j'ai reçu un autre ordre - on est déjà entre le 29 juin et le 1er juillet - qui était d'arrêter par la force l'avancée des soldats du FPR.* »[259] Ce témoignage de l'ex-officier confirme les craintes de ceux qui s'étaient opposés à la mise en place de l'opération Turquoise par la France. Ce témoignage prend le contrepied de la version officielle donnée par la France sur l'opération Turquoise.

Le 24 juin 2018, Laurent Larcher nous apporte un autre témoignage d'un ancien militaire de l'opération Turquoise. Le témoignage va dans le même sens que celui de Guillaume Ancel. Mais cette fois-ci, le militaire a voulu rester dans l'anonymat. Selon le militaire : « *Le 30 juin, les équipages sont convoqués à la nuit tombée. « Vous allez intervenir au petit matin pour "bloquer" les rebelles, car la tension monte sur le terrain [...] Ils s'étaient envolés*

---

[258] Note du Colonel Henri PONCET commandant l'Opération Amaryllis à Mr l'Amiral Chef d'Etat-Major des armées, 27 avril 1994.
[259] RFI Afrique, un ex-officier témoigne : l'opération Turquoise était d'abord offensive (http://www.rfi.fr/afrique/20140408-ex-officier-temoigne-operation-turquoise-etait-abord-offensive)

pour faire leur métier : appuyer nos troupes au sol en frappant les rebelles. [...] En 1994, engager la chasse dans une action de combat ne pouvait se faire que sous l'autorité du Président de la République. »[260] Comme nous le voyons, ce témoignage est relativement récent, ce qui souligne l'intérêt persistant de la question des véritables motivations derrière l'opération Turquoise. Ce témoignage accuse directement le président de la France de l'époque. Des ordres aussi importants au moment où tous les yeux du monde étaient braqués sur le Rwanda ne pouvaient qu'émaner du président François Mitterrand.

En plus de ces deux témoignages, nous avons le Colonel Martin-Berne, « *chef du bureau instruction, formation et droit de la guerre* » qui nous apporte son appréciation de l'opération Turquoise. Selon lui, « *Turquoise est un échec, (...) parce qu'on n'a pas sauvé les Tutsi. L'attitude de Mitterrand est très ambiguë, car il envoie une troupe en sachant qu'il ne pourra pas sauver les Hutu, ni les Tutsi. Nous sommes arrivés trop tard. À quoi sert d'avoir l'ONU et le droit international humanitaire ? Je me suis dit : qu'il y a quelque chose en dessous et je ne sais pas quoi. Voulait-on faire massacrer tous les Tutsi ? Voulait-on que les Hutu restent en place ? Même après l'opération Turquoise, on ne pouvait pas en parler, on me disait : « Tu poses trop de problèmes. » Je pense que nous avons été manipulés par le pouvoir politique. Tout le monde savait, fin avril, que c'était un génocide. Mais le nom n'est pas prononcé. En 48 heures, la FAR*[261] *peut se déployer. Pourquoi a-t-on attendu la fin du mois de juin ? Le pouvoir a caché quelque chose et n'a pas voulu le dire. »*[262] Dans ce passage, le Colonel Martin-Berne se pose des questions importantes qui ont pour but de comprendre les vraies raisons de l'opération Turquoise. Le Colonel a tout à fait raison de se dire que le Président Mitterrand avait une attitude ambiguë, car il connaissait dans les moindres détails la situation au Rwanda, et cela, depuis le début de la guerre en 1990.

Dans son témoignage, Guillaume Ancel va plus loin pour parler du réarmement des FAR par la France dans les camps. : « *Avec une certaine bienveillance. Lorsque nous avons été amenés à créer une zone humanitaire sûre [ZHS], son effet consistait clairement à*

---

[260] MEDIAPART, Un nouveau témoignage sur l'opération Turquoise, 27 juin 2018.
[261] Ce ne sont pas les Forces Armées Rwandaises mais plutôt Force d'Action Rapide de l'armée Française.
[262] Op.cit., Jacques MOREL, p 1205.

protéger leur fuite devant l'avancée du FPR. Au passage, on les a laissées organiser l'exode de la population vers l'ex-Zaïre, ce qui s'est traduit par une crise humanitaire dont le bilan s'est chiffré à près de 100 000 morts. Durant la seconde quinzaine de juillet, dans un camp de réfugiés au Zaïre, j'ai par ailleurs assisté à une livraison d'armes par la France à ces mêmes forces gouvernementales, alors qu'on savait pertinemment qu'elles avaient commis le génocide. »[263]
Ceci constitue une accusation très grave envers la France. La question du réarmement des FAR par la France avait été dénoncée par les organisations non gouvernementales comme Médecins sans frontières dans plusieurs de leurs rapports. Mais c'était la première fois que cette situation de réarmement des FAR par l'armée française était évoquée par un militaire de Turquoise.

Pour Guillaume Lancel, quand il questionnait sa hiérarchie sur le pourquoi du non-désarmement des FAR : « *Nos supérieurs nous expliquaient alors que cela serait mal pris par les militaires Rwandais - qui étaient beaucoup plus nombreux que nous - comme une forme de défiance. Donc, il ne fallait pas prendre le risque de les contrarier.* »[264] Le fait de ne pas avoir désarmé les FAR n'avait rien à voir avec la peur. La décision de ne pas les désarmer émanait des hautes autorités de l'Etat.[265]

Après ces témoignages, il est important de prendre en compte le point de vue de ceux qui avaient dirigé l'opération Turquoise pour être le plus équitable possible dans notre démarche.

Très naturellement, le premier à intervenir contre les accusations de Guillaume Lancel est le Général Lafourcade, le chef de l'opération Turquoise. Dans un entretien accordé à Laurent Larcher, le Général Jean-Claude Lafourcade rejette avec fermeté les accusations de Guillaume Lancel. Parlant du caractère offensif de l'opération Turquoise évoqué par Lancel, le Général souligne : « *Cette lecture de Turquoise est fausse. Nous ne sommes pas engagés en juin dans l'optique de stopper le FPR* (Front patriotique rwandais) *et de rétablir le gouvernement provisoire à Kigali comme l'affirme Guillaume Ancel et comme le valide l'historien Stéphane Audoin-Rouzeau. Ce dernier ne m'a jamais appelé et il ne s'est pas donné la peine de consulter les ordres de*

---

[263] Lelibrepenseur.org, France-Rwanda : Un ancien officier brise l'ormerta et se fait menacer par l'Etat.
[264] Idem.
[265] Note à l'attention de Monsieur le Président de la République, Rwanda, comité restreint du juillet 1994.

*cette opération : ce qui m'étonne de la part d'un historien respectable. Aucun ordre n'a été donné pour conduire une mission offensive en profondeur en vue de renverser le rapport de force en faveur du gouvernement provisoire. La bascule entre la mission offensive et la mission humanitaire qui aurait eu lieu, sur ordre de l'Élysée, le 1ᵉʳ juillet, n'existe que dans l'imagination de l'ex-capitaine Ancel. »*²⁶⁶ Dans cette affirmation du Général, il est clair que l'opération n'avait pas l'objectif de stopper l'avancement du FPR. Le chef de Turquoise attaque également l'historien Stéphane Audoin-Rouzeau qui a fait la préface du livre de Guillaume Ancel « *Rwanda, la fin du silence : témoignage d'un officier* ». Le Général Lafourcade souligne que les accusations de Lancel ne reposent sur aucun document, aucun ordre ni sur aucune preuve matérielle. Dans son argumentaire, le Général souligne : « *À la différence de Guillaume Ancel, j'apporte les preuves de ce que j'avance. Tous les ordres que j'ai reçus, tous les ordres que j'ai donnés, tout le volet opérationnel de Turquoise, du 25 juin au 22 août 1994, ont été déclassifiés par le ministre de la Défense.* »²⁶⁷ Il est important de souligner que cette déclassification des documents de l'opération Turquoise a été d'une importance capitale pour notre travail, car il nous a permis de travailler directement avec des sources de première main. Mais, malgré la bonne foi de l'État français dans la déclassification des documents, il reste beaucoup de zones d'ombre sur les vraies causes de la mise en place de l'opération Turquoise.

Après le chef de l'opération Turquoise, nous avons le Colonel Hogard qui était le chef direct de l'officier Guillaume Ancel. Interrogé par le journaliste Boulevard Voltaire sur le livre de M. Lancel, le Colonel souligne : « *Je pense que ce livre est complètement à côté de la plaque. Je le qualifierais brutalement de mythomane et de mégalomane. J'ai pris la peine de le lire page par page. Guillaume Ancel était un de mes subordonnés lors de l'opération Turquoise, mais de rang tout à fait modeste. Il n'avait pas accès à beaucoup de choses, en tout cas pas à une vue d'ensemble de l'opération. Je trouve que son livre donne une vision de l'opération déconnectée de la réalité.* »²⁶⁸ Comme nous le

---

²⁶⁶Laurent Larcher, « Le Livre de Guillaume Ancel est une ineptie » LA CROIX, 24 juin 2018.
²⁶⁷Idem
²⁶⁸http://www.bvoltaire.fr/colonel-jacques-hogard-guillaume-ancel-a-reel-probleme-de-mythomanieil-manipule-milieux-bobos-gauchistes-mondialistes-veulent-faire-de-laffaire-rwandaise-cas-decole/

voyons, la réponse du Colonel Hogard est aussi virulente que celle du Général. Le Colonel va même plus loin et souligne que : « *Guillaume Ancel est récupéré par des réseaux que nous connaissons bien. Il est manipulé. Il constitue une sorte d'idiot utile qui se pare d'un titre de témoin. Mais c'est un témoin d'un niveau tel qu'il ne lui permet pas d'avoir la vision globale des choses (...) Je les qualifierais de milieux bobos, de bobos de gauche, mondialistes, un peu antimilitaristes.* »[269] Pour le Colonel Hogard, M. Lancel est manipulé par une partie de la gauche française qui n'approuve pas les interventions militaires françaises. Pour lui, toutes les informations apportées par Lancel sont fausses. Lancel, du fait de son grade, ne pouvait avoir toutes les informations. Ce qui est vrai, mais malgré ce manque d'informations, Lancel était un officier qui devait intervenir sur le terrain. Ce qui fait qu'il reçoit des missions bien précises à réaliser. Ces missions regorgent d'informations qui peuvent lui permettre de souligner que l'objectif de l'opération Turquoise était de redonner le pouvoir au gouvernement intérimaire, responsable du génocide.

Ici, nous constatons que ceux qui ont répondu à Lancel sont des hauts gradés de l'armée et responsables de l'opération Turquoise. D'une part, c'est une logique qu'ils défendent cette position. Ils n'iront jamais à l'encontre de la version officielle de l'opération Turquoise vu que leur responsabilité est engagée. Mais Guillaume Lancel n'est plus dans l'armée et n'a plus aucune contrainte pour dire réellement ce qu'il pense de l'opération Turquoise.

Dans une note intitulée : *Compte rendu de l'opération Amaryllis*, rédigée par le Colonel Henri Poncet et adressée au Chef d'État-Major, on note : « *Les médias ont été très présents dès le deuxième jour de l'opération. Le COMOPS a facilité leur travail en leur faisant deux points de presse quotidiens et en les aidant dans leurs déplacements, mais avec un souci permanent de ne pas leur montrer des soldats français limitant l'accès aux centres de regroupement aux seuls étrangers sur le terrain du Rwanda (Directive n°008/DEF/EMA du 10 avril) ou n'intervenant pas pour faire cesser des massacres dont ils étaient témoins proches. Il est toutefois permis de noter le désintérêt du correspondant du Figaro pour l'action des éléments français, au profit du seul détachement*

---

[269] Idem

belge. »[270] Ici, on voit clairement que les militaires français étaient bel et bien au courant de la situation sur le terrain au Rwanda dès le début du mois d'avril. Mieux, les soldats étaient sur le terrain, donc les massacres se passaient sous leurs yeux. Mais il n'a jamais été question de s'y opposer. Il est clair que dans cette note, l'ordre venait de la plus haute hiérarchie. Pendant le début du génocide, les préoccupations de l'armée française étaient de montrer aux journalistes ce qu'elle faisait sur le terrain pour les étrangers.

Ce compte rendu démontre que l'armée française n'avait pas l'intention de mettre fin aux massacres ni de mettre en place une mission humanitaire. L'opération Turquoise avait été lancée au moment où les éléments de l'armée rwandaise perdaient du terrain et où le FPR commençait à contrôler le pays. Ceci donne du sens au témoignage de Lancel sur les ordres de l'opération Turquoise. En tant qu'historiens, notre devoir est de présenter et d'analyser les différentes versions de chaque acteur. Cela permet à nos lecteurs de se faire leur propre opinion et d'appréhender l'histoire à leur manière.

Il est important de noter que l'opération Turquoise a contribué au déplacement de la guerre rwandaise au Zaïre. Et cela a eu un impact régional majeur, contribuant à la crise au Kivu. Cette crise, qui a causé d'innombrables pertes humaines, reste souvent négligée malgré son étendue et sa gravité.

---

[270] Colonel Henri PONCET à Monsieur l'Amiral Chef d'Etat- Major des Armées, Compte rendu de l'Opération AMARILLYS, 27 avril 1994.

Un soldat français de l'opération Turquoise recevant des fleurs de la part d'un enfant, au Rwanda en juin 1994.

Source : NICOLAS JOSE/SIPA

Des réfugiés hutu saluent les officiers de marines français arrivant dans un camp, le 3 juillet 1994

Source : Le Monde HOCINE ZAOURAR

Commentaire des deux photos :

Dans la première photo, nous voyons une représentation de l'humanisme alors que l'enfant souhaite la bienvenue aux soldats de l'Armée Turquoise. Dans la deuxième image, nous voyons une représentation de l'Armée française en tant que protectrice des civils. Cette deuxième image montre également que l'armée Turquoise était acclamée par la population.

Au vu de ces images, nous pouvons souligner que beaucoup de Rwandais étaient très contents de l'arrivée des soldats de l'opération Turquoise. Ces photos peuvent constituer des arguments solides contre les opposants de l'opération Turquoise. Cependant, en analysant ces deux images en profondeur, nous pouvons souligner que ces photos peuvent constituer des éléments de propagande de l'Armée française. Bien que les deux photos soient des œuvres de reporters civils, il est à noter que les deux reporters travaillent pour des agences françaises. Nicolas Jose travaillait pour l'agence Sipa Press et son père était militaire dans l'armée française. Hocine Zaourar, quant à lui, a vu sa photo utilisée par le journal Le Monde. Ainsi, il est possible de supposer que ces deux photographes reporters étaient au service de l'armée française pour légitimer l'opération Turquoise.

CHAPITRE 3 :
LE TRAVAIL DES ORGANISATIONS NON GOUVERNEMENTALES EN AFRIQUE DES GRANDS LACS ENTRE 1994 ET 1996 : LE CAS DE MEDECINS SANS FRONTIERES

Pourquoi Médecins Sans Frontières ?

Le choix de MSF

Ce livre est essentiellement centré sur l'histoire contemporaine de l'Afrique des Grands Lacs. Par conséquent, il serait limité de traiter les crises de cette région sans évoquer le rôle des organisations non gouvernementales (ONG) dans cette région d'Afrique.

L'histoire de l'Afrique des Grands Lacs intéresse de nombreux chercheurs. Malgré cet intérêt et le nombre de travaux publiés sur cette région, peu d'études se concentrent sur le travail des ONG. Pourtant, ces organisations n'étaient pas invisibles. Entre juillet 1994 et décembre 1995, cette région était l'une des zones où le plus grand nombre d'ONG était en activité dans le monde. Des centaines[271] d'ONG travaillaient dans la région pour venir en aide aux réfugiés dispersés entre le Zaïre, la Tanzanie et le Burundi après le génocide rwandais.

Dans cette partie de notre livre, la plupart de nos références sont fournies par Médecins Sans Frontières. Il est important de noter que, sans aucun doute, MSF est l'une des organisations non gouvernementales ayant le plus documenté la crise en Afrique des Grands Lacs entre 1994 et 1995.[272] En raison de son expertise dans le domaine de la santé, MSF constitue l'une des organisations les plus impliquées dans la gestion de la crise en Afrique des Grands Lacs. De ce fait, pour étudier le travail des ONG en Afrique des Grands Lacs, nous avons décidé d'analyser le cas de Médecins Sans Frontières pour mieux cadrer cette partie de notre étude.

Le professeur Anne-Marie Granet nous avait conseillé d'aller à Paris au siège de MSF pour recueillir des documents afin de pouvoir réaliser une analyse correcte du rôle de MSF dans la crise en Afrique des Grands Lacs. Suivant les conseils du professeur, nous nous sommes rendus au siège de MSF et par chance, nous avons reçu un lien de la part de Caroline Blondel, la responsable Approvisionnement de MSF-OCP.[273] Ce lien nous a donné accès à un fichier regroupant de nombreux documents produits par MSF en Afrique des Grands Lacs entre 1994 et 1995. Les documents étaient constitués de comptes-rendus de réunions, de lettres, de rapports, de

---

[271] http://www.irenees.net/bdf_fiche-dph-2211_fr.html
[272] http://speakingout.msf.org/en/node/435
[273] OPC signifie centre opérationnel de Paris.

plans d'action entre autres. Ces documents constituaient une mine d'or pour notre travail.

Après lecture d'une partie des documents à disposition, nous avons observé deux problématiques principales qui s'étaient posées à MSF durant leurs interventions en Afrique des Grands Lacs. Les deux thématiques constituent :
- *La question de la coordination de l'aide humanitaire dans les camps de réfugiés.*
- *La situation d'urgence face à l'épidémie de choléra dans les camps de réfugiés au Zaïre.*

Sans doute, ces deux problématiques n'avaient pas seulement été les préoccupations de MSF, mais de la plupart des ONG qui intervenaient en Afrique des Grands Lacs. Ainsi, le travail dans cette partie porte sur ces deux problématiques. Avant d'aborder ces questions, une brève présentation de MSF et de son évolution historique s'avère nécessaire.

Présentation de Médecins Sans Frontières

Médecins Sans Frontières est une organisation non gouvernementale française. L'organisation se présente en ces termes : « *Médecins sans frontières est une association médicale humanitaire internationale, créée en 1971 à Paris par des médecins et des journalistes.* »[274] Comme nous le voyons, MSF a aujourd'hui plus de 50 ans d'existence. Comme il est dit, MSF a été fondé par des médecins et des journalistes. Avant de nous intéresser à MSF, nous pensions que c'était une organisation créée exclusivement par des médecins, d'où son nom Médecins Sans Frontières. Mais, après des recherches pour mieux connaître cette organisation, nous avons découvert qu'il y avait des journalistes parmi les fondateurs. Il est important de noter que nous n'étions pas étonnés par cette découverte. En effet, MSF intervient partout dans le monde où il y a des conflits, des épidémies, des catastrophes naturelles entre autres. Pour pouvoir intervenir, il faut absolument avoir l'accès à l'information et cette dernière est fournie par les journalistes. S'il n'y avait pas de journalistes, beaucoup de choses ne seraient pas connues.

---

[274] https://www.msf.fr/decouvrir-msf/qui-sommes-nous.

Aujourd'hui, cette organisation est présente un peu partout dans le monde.[275] Médecins Sans Frontières organise ses activités et ses bureaux en fonction des pays. Ainsi, il existe plusieurs sections telles que MSF France, MSF Belgique, MSF Pays-Bas, etc. Toutes ces sections peuvent intervenir dans le même territoire et sur les mêmes questions. En effet, durant et après le génocide rwandais, plusieurs sections de MSF étaient actives dans la région des Grands Lacs africains.

Médecins Sans Frontières met les moyens nécessaires dans ses interventions, et cela depuis sa création. L'abondance de la documentation constitue une preuve des ressources déployées dans les interventions et du niveau d'implication de MSF dans ses missions. Cette implication explique sans aucun doute le nombre élevé de son personnel tué lors de la crise en Afrique des Grands Lacs. MSF a perdu 200 personnes[276] parmi son personnel lors du génocide rwandais, la plupart des victimes étant des Tutsi. En effet, MSF recrute du personnel local lors de ses interventions pour mener à bien ses missions. Ce n'est pas uniquement en Afrique des Grands Lacs que MSF a perdu des membres de son personnel, mais dans la plupart de ses interventions dans le monde lors de conflits, car MSF travaille sur le terrain. Cela pose la question de la sécurité et du risque pour les travailleurs de l'organisation.

Comme toutes les organisations, MSF est régie par une charte. Toutes les équipes de Médecins sans frontières sont « *réunies autour d'une même charte, dont les principes fondamentaux sont l'impartialité, la neutralité et l'indépendance.* »[277] MSF est totalement indépendant. Il n'est ni géré ni conditionné par aucune autre organisation publique ou privée. L'organisme est neutre dans toutes ses interventions. Il ne se lance pas dans des prises de position. Mais, toutefois, il peut être amené à dénoncer les agissements[278] d'un camp dans un conflit. Ce qui a sans doute été à l'origine de l'expulsion des sections française et suisse de MSF du territoire rwandais par le gouvernement rwandais en décembre 1995.

---

[275] https://www.msf-crash.org/index.php/fr/publications/secourir-sans-perir-la-securite-humanitaire-lere-de-la-gestion-des-risques/1-histoire

[276] Le Monde, Le génocide au Rwanda raconté par un humanitaire français, Sallon Hélène, 7 avril 2014.

[277] https://www.msf.fr/decouvrir-msf/la-charte-de-medecins-sans-frontieres

[278] Voir les rapports sur la situation des camps de réfugiés lors de la guerre du Zaïre.

MSF est impartial dans ses aides. Le personnel n'a pas le droit de trier les victimes lors de ses interventions. Il apporte son aide à tout le monde, qu'il soit rebelle ou militaire. C'est pourquoi, malgré les violences que subit souvent le personnel, MSF est généralement accepté par tous les belligérants dans les conflits.

Après cette brève présentation de Médecins Sans Frontières, nous allons maintenant examiner, comme annoncé au début, le travail réalisé par MSF durant la crise en Afrique des Grands Lacs entre 1994 et 1996.

La question de l'aide humanitaire

Médecins Sans Frontières est une organisation qui évolue dans le champ humanitaire. Le mot « *Humanitaire* » est défini par Larousse comme étant un adjectif « *qui s'intéresse au bien de l'humanité, qui cherche à améliorer la condition de l'homme.* »[279] Partant de cette définition, nous pouvons dire que l'être humain est naturellement humanitaire. En effet, la majeure partie des activités et des professions de l'Homme visent à apporter un bien-être à l'humanité. En guise d'exemple, nous pouvons dire que les médecins sont des humanitaires, car ils améliorent la santé des personnes. Les enseignants sont des humanitaires, car ils transmettent le savoir. Les menuisiers sont des humanitaires, car ils améliorent le confort des personnes.

Nous pourrions continuer dans cette logique, mais ce qui nous intéresse ici est d'analyser le travail des organisations non gouvernementales, plus particulièrement le travail de Médecins Sans Frontières lors de la crise en Afrique des Grands Lacs.

---

[279] https://www.larousse.fr/dictionnaires/francais/humanitaire/40620

Présence de MSF en Afrique des Grands Lacs 1994- 1995

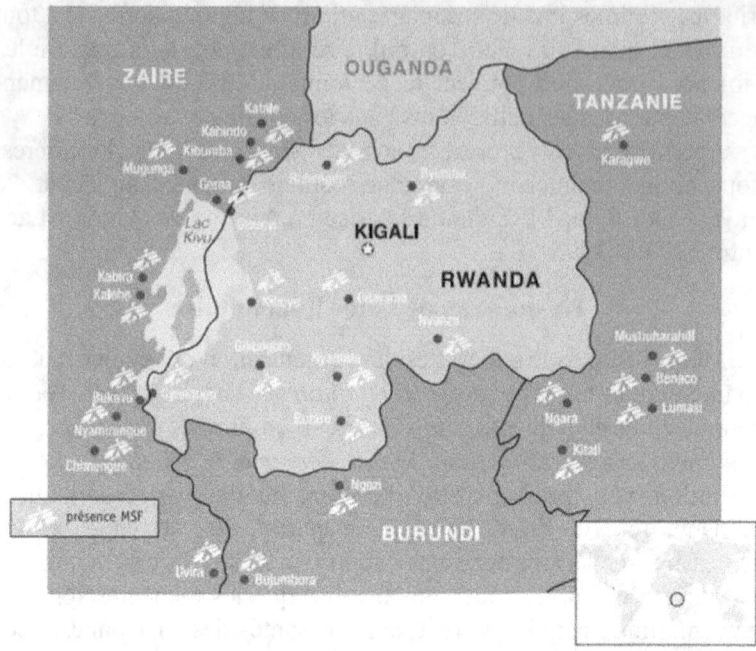

Source : MSF, Compte rendu de la réunion internationale des directeurs d'opérations et des responsables de programmes au Rwanda, 22 juin 1995.

MSF dans les camps en Tanzanie

Les interventions dans le domaine de la santé

Il est important de noter que vers la fin du mois de juillet 1994, le nombre de réfugiés rwandais en Tanzanie avait été estimé à environ 460 000 par le HCR. Ils étaient regroupés dans des camps situés dans des villes frontalières avec le Rwanda. Les principaux camps de réfugiés rwandais en Tanzanie étaient les camps de Bénaco, de Lumasi et de Kayonza.

Dans un compte rendu de Médecins Sans Frontières daté du 13 juin 1994, les autorités tanzaniennes ont rapporté que la population de Bénaco avait atteint 340 000 personnes, faisant de cette ville tanzanienne le site du plus grand camp de réfugiés dans le pays. À cette date, les migrations vers le camp de Bénaco étaient considérées comme le mouvement de réfugiés le plus rapide jamais enregistré par le HCR. Cependant, il a fallu seulement deux semaines, avec la chute totale des FAR, pour que les mouvements rwandais vers le Zaïre surpassent ceux de Bénaco en rapidité et en nombre.

Le nombre de réfugiés avancé par les autorités tanzaniennes à Bénaco nous semble excessif. En effet, selon le compte rendu de MSF qui date du mois de juin, les enfants représentaient 45 % des réfugiés dans le camp. Au début du mois, une campagne de vaccination contre la rougeole avait été initiée dans le camp par MSF. Cette campagne avait été clôturée le 11 juin. Durant cette campagne, MSF avait réussi à vacciner 75 009[280] enfants dans le camp de Bénaco. Cette campagne de vaccination, après une étude, avait touché 90,2 % des enfants de 6 mois à 15 ans dans le camp. Selon MSF, environ 10 % des enfants n'avaient pas été vaccinés car ils avaient déjà leur carnet de vaccination rwandais.

Vu ces chiffres avancés par MSF, il est plus logique de considérer que si la proportion des enfants dans le camp représentait 45 % des réfugiés, le nombre de réfugiés rwandais dans le camp de Bénaco ne dépassait pas 250 000 personnes en juin 1994. Il est important de noter que les pays qui accueillent les réfugiés majorent très souvent les chiffres. Cette situation est due au fait que les pays d'accueil veulent montrer le plus souvent la gravité de la situation à la communauté internationale pour accentuer son soutien. Quoi qu'il en soit, il est important de noter que les femmes, les enfants et les personnes âgées représentaient plus de 90 % des réfugiés. Les images prises par les organisations non gouvernementales témoignent du nombre important des personnes vulnérables dans les camps.

Dans les camps de réfugiés, il y a très souvent la présence de plusieurs maladies et épidémies. Selon les équipes de MSF, il y avait plusieurs consultations médicales par jour. La première cause de consultation était la malaria. Il faut noter que la Tanzanie se situe au cœur du milieu tropical et l'une des premières maladies en milieu tropical est le paludisme. Les réfugiés n'étaient pas bien protégés pour éviter les piqûres des moustiques. Il est également important de noter que la malaria se manifeste le plus souvent lorsque la personne est en état de fatigue et d'épuisement. Les réfugiés qui étaient dans ce camp avaient marché des heures, voire des jours pour rejoindre la Tanzanie. Du fait de son expérience, Médecins Sans Frontières n'avait pas été surpris par l'importance des consultations dues au paludisme. Cette organisation, constituée de médecins, connaissait

---

[280] MSF/F Tanzanie 13 juin 1994 SITREP BENACO

bien la région et était bien préparée malgré l'urgence des interventions pour faire face au paludisme.

Ce qui inquiétait Médecins Sans Frontières dans le camp était la présence de fièvre qui n'était pas du paludisme. Vu que les camps de réfugiés sont des lieux où des maladies se propagent très vite, il était important pour MSF de connaître les causes de cette fièvre. Devant cette logique, l'organisme souligne le 13 juin que : « *Dès la semaine prochaine, une étude va être débutée par la toute nouvelle laborantine MSF/H pour tenter d'affiner le « case definition » de ces fièvres. Elle prévoit de faire 600 lames de malaria provenant de tous les OPD.* »[281] Ce passage nous montre qu'il était important pour MSF de trouver des explications à ces fièvres. Les OPD sont les lieux où les personnes qui avaient des problèmes pulmonaires étaient soignées. Dans le camp de Bénaco, sept OPD avaient été installés.

Cette situation nous permet de comprendre l'importance du travail des ONG dans les situations d'urgence. Ce travail angélique n'est pas toujours détaillé par les journalistes. À notre avis, informer les donateurs de cette œuvre permettrait de leur faire comprendre toute son importance, afin de soutenir davantage ces organisations dans leurs démarches et interventions.

Après lecture du compte rendu de MSF sur la situation sanitaire dans le camp de Bénaco, nous avons compris que les équipes de MSF avaient répondu présentes pour sauver le maximum de personnes. Les médecins avaient considérablement réduit les cas de méningites, car durant la semaine du 13 juin 1994, « *seulement 4 nouveaux cas de méningites ont été diagnostiqués.* »[282] Pour mieux assurer leur travail en Tanzanie, les équipes dans les camps recevaient régulièrement des lots de médicaments comme des ampoules de chloramphénicol huileux. Il est important de noter que des moyens considérables avaient été mis en avant par MSF pour aider les réfugiés. Ce qui nous pousse à nous demander quelle serait la situation dans les camps en Tanzanie si MSF n'était pas intervenu ?

L'intervention de MSF en Tanzanie a été très avantageuse pour les réfugiés sur le plan médical. Mais il est important de noter que malgré le travail et les efforts fournis par MSF, plusieurs réfugiés n'ont pas réussi à survivre dans les camps. Le taux de mortalité par

---

[281] Ibid.
[282] Ibidem.

semaine était très élevé. En effet, juste pour la semaine où le compte rendu avait été rédigé, c'est-à-dire la semaine du 13 juin, il y avait eu 196 morts dans le camp de Bénaco. Le nombre de morts avant la semaine du 13 juin 1994 n'était pas connu, car plusieurs décès n'avaient pas été enregistrés. Il a fallu attendre que MSF mène diverses campagnes d'informations pour que les décès commencent à être enregistrés.

Parmi les 196 décès de la semaine du 13 juin, 60 étaient des enfants de moins de 5 ans. Ce qui représente 30 % des morts. Les enfants constituent la population la plus vulnérable. Selon MSF : *« Il est intéressant de noter que les 69.3 % des décès sont des réfugiés originaires de Rusumo et appartenant aux groupes des derniers arrivants... Il est important de noter que 50 % des enfants admis au centre nutritionnel sont de Rusumo »* Cette affirmation revêt une importance capitale. En effet, nous avions souligné que MSF semblait maîtriser la situation, mais c'était un peu paradoxal au vu des 196 décès en une semaine. Si 30 % des morts étaient des enfants de moins de 5 ans, que 69,3 % des morts étaient des réfugiés qui venaient d'arriver dans le camp et que 50 % des enfants admis au centre nutritionnel étaient issus des dernières vagues de réfugiés, nous pouvons dire que le taux de mortalité des premières vagues de réfugiés dans les camps était relativement faible. Autrement dit, Médecins Sans Frontières avait réussi à stabiliser la situation des premiers réfugiés arrivés en Tanzanie. Mais, vu le nombre de morts en une semaine parmi les nouveaux arrivants, un autre défi venait de se poser aux équipes.

Au vu de ces événements, il est important de se poser la question suivante : Pourquoi y avait-il autant de morts parmi les derniers réfugiés venus de Rusumo ?

La réponse à cette question se trouve dans le compte rendu. En effet, cette question a été une des préoccupations des équipes de MSF. Face au nombre de morts parmi les nouveaux arrivants, les équipes de Médecins Sans Frontières avaient compris qu'elles étaient face à une population de réfugiés bien différente de la première vague.

En effet, la première vague de réfugiés était mieux organisée. Ces réfugiés avaient pris leurs affaires dès le début de la guerre pour fuir. Ils n'avaient pas attendu la victoire du FPR pour partir. Donc, ils sont partis avec leurs bagages, certainement avec de la nourriture, et ils ont eu le temps nécessaire pour aller en Tanzanie. Pour la dernière vague, les réfugiés sont partis sans rien. Ils n'ont pas eu le temps de s'organiser ni de préparer leur fuite. Ils avaient marché pour aller en Tanzanie. Ce qui fait qu'ils étaient arrivés dans le camp de Bénaco dans une situation sanitaire très déplorable.

Il est important de noter que plusieurs ONG étaient présentes dans le camp de Bénaco. Après la question sanitaire, il est important pour nous de voir le travail qui a été fait par les ONG pour faciliter l'accès à l'eau dans les camps en Tanzanie.

La question de l'accès à l'eau

Dans le camp de Lumasi, du 8 au 12 juin, 2668 personnes avaient été enregistrées au centre de réception MSF/F. Le camp de Bénaco était 100 fois plus peuplé que le camp de Lumasi. Le camp de Kayonza était prévu pour accueillir entre 60 et 75 000 réfugiés. Mais ce camp avait été abandonné, car il était trop proche du camp de Bénaco et il y avait également l'apparition de quelques rares mouches Tsé Tsé. Les mouches Tsé Tsé évoluent dans le milieu tropical. Leurs piqûres transmettent des maladies qui sont très dangereuses pour l'homme. Le mot Tsé Tsé vient de la langue botswanaise. Mouches Tsé Tsé signifie « *les mouches qui tuent le bétail* ».

Malgré l'existence de trois camps de réfugiés, deux seulement étaient occupés à la date du 13 juin 1994. Et comme nous le savons, l'eau constitue un élément essentiel dans les camps de réfugiés. MSF avait compris qu'avec un manque d'eau, il serait impossible de maîtriser le taux de mortalité dans les camps. Malgré tous les efforts, si les réfugiés n'avaient pas accès à de l'eau potable, il allait y avoir une rapide prolifération des maladies. Même si l'on est dans le territoire de l'Afrique des Grands Lacs, il était clair que fournir de l'eau à 250 000[283] personnes constitue une tâche difficile. D'autant plus que les pays qui accueillaient les réfugiés n'étaient pas bien préparés et que la situation avait pris au dépourvu les organisations non gouvernementales. Il est également important de souligner que les ONG[284] avaient demandé aux réfugiés de ne pas boire l'eau provenant des lacs, car il y avait des risques d'infections. Face à cette situation, il devenait urgent pour les ONG de fournir l'eau aux réfugiés.

---

[283] Draft of MSF Holland letter to UNHCR Geneva, 21 June 1994.
[284] Minutes of the international meeting of the directors of Operations on Rwanda, Paris 15 June 1994.

Malgré la difficulté, les ONG avaient travaillé ensemble, pour répondre de manière urgente à cette problématique. Selon les calculs de MSF et d'Oxfam, il fallait fournir à chaque réfugié 5 litres d'eau par jour. Ce qui représente une distribution journalière d'environ 1 250 000 litres d'eau pour les 250 000 réfugiés.

Pour atteindre les objectifs, dans le camp de Bénaco, un projet de création de 5 forages avait été mis en place par MSF en collaboration avec Oxfam. À la date du 13 juin, 4 sur les 5 forages étaient opérationnels et ils fournissaient 12 m^3 d'eau par heure. Avec la combinaison des systèmes MSF et Oxfam, chaque réfugié dans le camp de Bénaco[285] recevait 5.6 litres d'eau par jour. Donc, le fait que les ONG avaient combiné leurs actions avait permis d'atteindre les objectifs. C'est pourquoi, dans les archives, le camp de Bénaco est présenté comme un camp modèle.[286] Il faut signaler que les camps étaient gérés par le HCR. C'est avec leurs appuis et leurs moyens que les objectifs[287] avaient été atteints dans le camp.

Dans le camp de Lumasi, l'objectif était plus facile à atteindre, vu que la population était très petite comparée à celle de Bénaco. Sur une population de 2668 personnes, atteindre 5 litres d'eau par personne semblait être plus aisé.

Des forages également avaient été créés dans le camp de Lumasi. Ici, l'objectif pour les ONG était de mettre en place 6 forages. C'est mieux d'avoir plus d'installations pour prévenir l'avenir qui était incertain. À la date du 13 juin, 5 sur les 6 forages étaient prêts, mais ils n'étaient pas équipés. Vu que la population était réduite, des solutions alternatives avaient été mises en place par les ONG. MSF avait mis à disposition 5 camions équipés de K15M et la COGEFAR quant à elle avait fourni un camion de 25 m^3. Ce dispositif permettait à chaque réfugié dans le camp de bénéficier de 13 litres d'eau par jour. En plus de cela, Oxfam était en train d'installer un deuxième tank de 95 000 litres. Ces mécanismes, mis en place par les ONG nous permettent de voir que la vie était nettement meilleure pour les réfugiés dans le camp de Lumasi. Ceci juste pour dire, plus la population est nombreuse dans un camp de réfugiés, plus le travail des organisations non gouvernementales s'avère difficile. Mais comme nous l'avons vu, les ONG étaient animées par une bonne

---

[285] Minutes of the MSF France Board meeting, 29 July 1994.
[286] INA.fr, MSF, Benaco, un camp modèle – 1994.
[287] Nicolas de TORRENTE, MSF Activity in the Rwanda Crisis: A Critical History, July 1995, p 71.

volonté. Elles travaillaient pour venir en aide aux personnes en situation de détresse. De ce fait, quelle que soit la grandeur du défi qui se dressait devant ces institutions, elles réussissaient[288] toujours à faire face à la situation.

Ici, il serait important de se demander pourquoi autant de forages dans le camp de Lumasi pour une population si réduite ?

La réponse que nous apportons à cette interrogation consiste à souligner que les ONG ne voulaient plus être prises au dépourvu. Elles commençaient à mettre en place une stratégie qui leur permette d'anticiper sur les problématiques. En effet, depuis le début du génocide, que ce soit l'ONU ou les ONG qui intervenaient en Afrique des Grands Lacs, personne n'avait prévu autant de réfugiés dans un temps record. Les ONG à chaque fois étaient surprises par le nombre de réfugiés. Elles se retrouvaient contraintes de travailler dans des conditions d'urgence extrême et de détresse.

Comme nous l'avons souligné, vers la fin du mois de juin et le début du mois de juillet 1994, les organisations non gouvernementales étaient témoins du plus grand mouvement de réfugiés de l'histoire contemporaine. Plus d'un million de Rwandais, essentiellement des Hutu, avaient fui leur pays pour se réfugier au Zaïre. Médecins Sans Frontières,[289] dans un compte rendu d'une réunion qui avait eu lieu le 15 juin 1994 entre les chefs des opérations, avait souligné que toutes les sections de MSF étaient d'accord que la situation était une crise majeure. C'était la première fois depuis sa création que l'organisation rencontrait une crise de cette ampleur.

Coordination et gestion de l'information de MSF vers la fin du Génocide

Le souhait de toutes les organisations non gouvernementales qui œuvraient au Rwanda était de véhiculer l'information pour que la communauté internationale intervienne pour faire cesser le génocide. Mais, face à des restrictions, les ONG ne pouvaient pas relayer la situation du terrain. En effet : « *Après une phase de communication déficiente concernant les premiers événements de Kigali (8 au 13 avril), où MSF ne communique pas sur « ce qu'on voit » mais sur « ce qu'on fait » (envoi d'équipe chirurgicale etc.),*

---

[288] Ibid, p 65.
[289] Minutes of the international meeting of the directors of Operations on Rwanda, Paris 15 June 1994.

MSF est tout de suite contraint à un silence forcé en raison de l'accord CICR-MSF concernant l'hôpital chirurgical. Cet accord prévoit que toute la communication directe du terrain sera effectuée par le CICR (Philippe Gaillard) pour des raisons de sécurité. »[290]
Cet accord permettait aux équipes de MSF d'intervenir en toute sécurité pour apporter leurs aides. À cause de cet accord, parmi tous les documents que MSF a mis à disposition, aucun document datant du mois d'avril n'évoque l'intention de MSF de dénoncer les massacres. Mais avec l'intensification des événements, MSF avait commencé à dénoncer la situation en faisant un appel au gouvernement français pour une intervention. MSF avait pour slogan : *« On n'arrête pas un génocide avec des médecins. »*[291] MSF, dans sa charte, agit en toute impartialité. Donc, faire un appel pour une intervention militaire ne faisait pas partie des principes de l'organisme. Mais au vu de la situation, MSF avait-il le choix de fermer les yeux sur les événements ?

Lors de la réunion entre les directeurs des opérations du 15 juin 1994 à Paris, chaque section de MSF avait pris l'initiative d'appeler à une intervention au Rwanda.

La section française de MSF[292] avait pris la décision d'écrire une lettre ouverte au Président Mitterrand pour pousser l'État français à intervenir au Rwanda. Le contenu de cette lettre tournait autour de quatre points :
- *Souligner que le génocide continue ;*
- *Appeler à une intervention militaire pour sauver les Tutsi qui restent ;*
- *Faire reconnaître à la communauté internationale que l'on est en face d'un génocide ;*
- *Les auteurs du génocide doivent être punis.*

Toujours dans l'optique de faire réagir le gouvernement français, en plus de la lettre ouverte, une pétition avait été lancée par MSF/F.

Ici, nous constatons que MSF, après avoir fourni autant d'efforts pour pousser la France à intervenir militairement au Rwanda, fut la première organisation à critiquer les agissements de l'Armée Française lors de son intervention. Cette situation peut être comprise par le fait que MSF en appelant à une intervention de l'armée

---

[290] Op.cit.; Nicolas de TORRENTE, p 39.
[291] Le Monde.fr, On n'arrête pas un génocide avec des médecins, 07/ 04/14.
[292] Ina.fr, Interview Philippe Biberson, MSF France President on French army intervention – France 2 – 5 July 1994

française, souhaitait que les massacres soient arrêtés et que l'ONG puisse effectuer son travail dans un environnement calme. Mais comme nous l'avons souligné, selon MSF, l'armée française réarmait les génocidaires pour préparer une nouvelle attaque du Rwanda à partir du Zaïre. Ce qui est important de souligner ici est que les experts de Médecins Sans Frontières connaissaient pertinemment la position de la France dans cette guerre. Appeler à une intervention militaire de la France revenait à renforcer les éléments des Forces Armées Rwandaises (FAR). Au vu de la situation, l'intervention militaire de la France était pour MSF un mal nécessaire. Quoi qu'il en soit, personne ne peut tenir MSF pour responsable des agissements de l'armée française au Rwanda et au Zaïre. De toute façon, la France, pour ses intérêts stratégiques, cherchait par tous les moyens d'intervenir au Rwanda.

Tout comme la section française, la section belge de MSF avait une volonté de pousser le gouvernement belge à intervenir pour faire cesser le génocide. MSF/B avait également lancé une vaste campagne pour sensibiliser le Parlement européen et le Conseil des droits de l'homme. Devant cette logique, elle avait remis un rapport de la situation dès le mois de mai à la Commission européenne des droits de l'homme.[293]

La section espagnole avait aussi rejoint les autres sections dans la logique de dénonciation des événements au Rwanda. Selon MSF Espagne, la population espagnole était au courant de l'existence d'une guerre au Rwanda. Leur stratégie était de convaincre la presse espagnole de communiquer davantage sur la situation au Rwanda afin de permettre aux Espagnoles de comprendre que la situation s'était nettement dégradée et que l'on était maintenant face à un génocide. Il est important de noter que les événements se déroulaient en 1994. Faire circuler une information était beaucoup plus difficile comparé à aujourd'hui. À cette époque, il fallait absolument passer par les journalistes pour faire circuler une information. Aujourd'hui, avec le développement des réseaux sociaux, il est beaucoup plus simple et plus facile de faire passer une information.

Pour atteindre son objectif en Espagne, MSF/EP avait centré sa campagne de communication sur trois points :
- *Dénoncer le génocide ;*
- *Dénoncer la passivité de la communauté internationale ;*

---

[293]Op.cit., Minutes of the international meeting of the directors of Operations on Rwanda, Paris 15 June 1994.

- *Faire un appel pour que les auteurs du génocide soient punis.*

La démarche de MSF/EP consistait à faire un appel à tous les gouvernements locaux en Espagne en envoyant des courriels à tous les membres de ces gouvernements locaux.

Pour MSF Hollande, la situation semble être plus simple. Le génocide avait été reconnu dès le début par les autorités hollandaises. Selon le compte rendu de la réunion des chefs d'opérations, cette facilité de MSF/H[294] à parler du génocide était due à l'histoire des relations entre les Pays-Bas et le Rwanda. Contrairement à la France et à la Belgique qui sont nettement liées avec les gouvernements rwandais depuis l'indépendance du pays, la Hollande ne s'était jamais impliquée dans les affaires internes du Rwanda et n'avait aucune image et aucun intérêt à défendre. Donc, il était facile pour les autorités hollandaises d'admettre qu'il y avait un génocide au Rwanda dès les premières semaines. Vu que l'information avait circulé efficacement aux Pays-Bas, la section MSF/H n'avait pas prévu de lancer une campagne de communication dans le pays.

Ces campagnes, lancées par les différentes sections de MSF, avaient entraîné des répercussions sur les équipes de MSF sur le terrain. D'après le compte rendu du 15 juin 1994 de MSF, les FAR avaient menacé d'expulser la section française hors du territoire qu'ils contrôlaient si cette dernière partait encore voir les journalistes pour leur parler de la situation rwandaise. La section hollandaise[295] était inquiète de ces campagnes de dénonciations. À cause d'elles, MSF/H avait beaucoup hésité à ouvrir une mission d'intervention à Butaré, car la situation devenait dangereuse. Butaré était toujours entre les mains des FAR.

Après avoir vu la question de la gestion de l'information, il est temps de voir le travail de MSF dans les camps de réfugiés rwandais au Zaïre.

MSF au Zaïre

Déclaration de l'épidémie de choléra

Comme dans les camps de réfugiés en Tanzanie, notre objectif ici est d'analyser le travail de MSF dans les camps au Zaïre. Mais ici, nous allons nous centrer sur la question des épidémies de choléra

---

[294] Ibid.
[295] Ibidem.

et de dysenterie qui se sont déclarées dans les camps au Zaïre et qui ont fait 50 000 morts parmi les réfugiés.[296]

Les camps de réfugiés sont des lieux où des épidémies se développent très rapidement. En effet, lorsque les camps sont surpeuplés, les règles d'hygiène élémentaires ne sont pas respectées. Ce qui rend toujours très difficile le travail des ONG pour assurer toutes les questions sanitaires. Au vu de la situation et du contexte dans les camps de réfugiés rwandais au Zaïre, ce serait un miracle si aucune épidémie ne s'était déclarée. Comme nous l'avons souligné, en trois semaines, plus d'un million de Rwandais s'étaient réfugiés à Goma. Le 13 juin 1994, Ruhengeri, dernier bastion des FAR, tomba entre les mains du FPR. À partir de cette date, les migrations des Rwandais vers le Zaïre se sont fortement accentuées. Selon les estimations de MSF,[297] toutes les heures, il y avait 15 000 réfugiés rwandais qui entraient dans la ville de Goma au Zaïre.

La ville de Goma n'était pas préparée pour accueillir autant de personnes. De ce fait, le premier problème qui s'est posé était la question de l'eau. Sans eau potable, aucune norme d'hygiène ne peut être respectée. Boire l'eau du lac Kivu n'était pas recommandé. Comme nous l'avons vu dans les camps de réfugiés en Tanzanie, l'objectif des ONG était de fournir au minimum 5 litres d'eau par personne et par jour. Mais nous ne sommes plus dans le camp de Bénaco en Tanzanie où il n'y avait pas plus de 250 000 personnes. Au Zaïre, les organisations non gouvernementales étaient face à plus d'un million de réfugiés, ce qui impliquait la production journalière d'au moins 5 millions de litres d'eau potable.

Ce qui inquiétait MSF était le risque d'apparition du choléra, car toutes les conditions étaient réunies pour qu'une épidémie se déclare. Comme nous le savons, le choléra est une maladie mortelle et très contagieuse. Dans un communiqué de presse[298] datant du 16 juillet, MSF Belgique souligne qu'au vu de la situation, il était très probable qu'une épidémie de choléra se déclare. Et effectivement, trois jours après ce communiqué de presse de MSF, le premier cas de choléra s'était déclaré.[299]

---

[296] BRADO.J-H, VIDAL. C, Les attitudes humanitaires dans la région des Grands Lacs, Médecins Sans Frontières et CNRS, décembre 1997, Politique Africaine N°68, p 74.
[297] DR BURRION.J-B, Evaluation de la coordination et de la coopération des sections MSF à Goma (13/07/14) au 15/09/14
[298] 'MSF Speeds to Goma,' MSF Belgium Press release, 16 July 1994.
[299] MSF Belgium Situation Report, 18 – 24 July 1994.

Selon le compte rendu du rapport de MSF relatant la situation sanitaire dans les camps de réfugiés du 18 au 24 juillet 1994, le premier cas de choléra s'était confirmé le mardi 19 juillet. Deux jours après, MSF avait recensé 1000 cas.[300] L'épidémie s'était développée de manière exponentielle, ce qui avait changé le mode de fonctionnement des ONG. Elles se concentraient sur la maîtrise de l'épidémie qui était primordiale au détriment du processus classique d'organisation des camps. Jusqu'au mois d'août, toute l'énergie de MSF était centrée sur la gestion de l'épidémie du choléra.

Pour lutter contre le choléra, MSF avait lancé un appel à la communauté internationale pour leur souligner qu'il fallait 30 millions de litres d'eau potable[301] par jour dans les camps de réfugiés pour pouvoir maîtriser au plus vite l'épidémie de choléra. Ce qui semblait être impossible dans l'immédiat, car il n'y avait aucune installation dans la région malgré la présence des plus grands lacs en Afrique. La fourniture de cette quantité non négligeable d'eau dépassait les capacités des ONG. Il fallait absolument une intervention internationale et gouvernementale pour faire face à cette situation.

Pour combattre l'épidémie, MSF avait mis en place trois CTC (Centres de traitement du choléra). Dans chaque centre, il y avait environ 1000 admissions par jour. Selon un rapport de MSF, l'épidémie touchait 6 % des réfugiés et 3 % de la population zaïroise de la ville de Goma. Ce qui ferait entre 80 000 et 100 000 cas de choléra. Selon MSF, la durée prévisionnelle pour maîtriser l'épidémie était de 3 à 4 semaines. Juste entre le 21, 22 et le 23 juillet 1994, l'armée française qui était toujours présente en Afrique des Grands Lacs avait enterré 5 000 personnes mortes dans les camps de réfugiés. Selon le rapport de MSF/B du 18 juillet 1994, en plus des cas de choléra à traiter, il y avait 200 réfugiés qui devaient subir des opérations chirurgicales lourdes.[302] Vu la charge de travail, ces 200 blessés étaient tous pris en charge par l'armée française et le CICR.

Il faut attendre le 28 juillet, c'est-à-dire 15 jours après le début de l'épidémie, pour voir le nombre d'admissions décroître. Le

---

[300]Ibid.
[301] Rwanda-Zaire - Médecins Sans Frontières launches an emergency appeal for water trucks and tankers to carry water to the refugees in Goma - Only clean water will prevent spread of cholera.' Press release, MSF International, 28 July 1994.
[302]Op.cit., MSF Belgium Situation Report, 18 – 24 July 1994.

vendredi 05 août 1994, la section belge de MSF[303] avait déclaré la fin de l'épidémie du choléra. Elle avait duré 24 jours, et cela, grâce au remarquable travail des ONG. S'il n'y avait pas les ONG et l'appui international, nous ne saurions pas combien de victimes parmi les réfugiés et les habitants de Goma que l'épidémie de choléra allait faire. Mais il est important de noter que, malgré la rapidité du travail des ONG, l'épidémie de choléra avait fait environ 50 000 morts parmi les réfugiés et les habitants de Goma en 24 jours. Ce qui représente environ 2083 morts par jour.

Pour obtenir ces résultats, les ONG avaient mis en place des dispositifs d'urgence. Chaque section de MSF avait déployé ses méthodes et fournissait des rapports sur la situation et le travail réalisé. Dans un rapport de situation à Goma datant du 24 juillet, MSF souligne que durant la première semaine de l'épidémie, elle était la seule agence médicale opérationnelle sur le choléra. Selon MSF/B, les ONG *« Care, ICR, FRC et d'autres ONG sont aussi arrivées à Goma cette semaine. Oxfam prend en charge le volet « eau » dans le camp de Katale. »*[304] Ceci nous permet de comprendre que la plupart des grandes ONG intervenaient à Goma et avaient travaillé main dans la main pour vaincre cette épidémie dans les camps de réfugiés en 24 jours.

MSF/Belgique et Hollande face à l'épidémie de choléra

Les actions entreprises par MSF Belgique dès le 16 juillet ont été rapides et décisives. La section avait débloqué en urgence la somme de 10 millions de francs belges pour financer ses opérations. De plus, à cette même date, elle avait expédié 65 tonnes de matériel d'urgence par avion-cargo[305] en direction de Goma. Ce matériel était accompagné de logisticiens et de médecins. Selon MSF/B, ce matériel pourrait aider 100 000 réfugiés sur les 900 000 présents à Goma.

Plusieurs plans d'action avaient été mis en place par les sections MSF belge et hollandaise pour répondre à la crise à Goma :
- *Lutte contre le choléra* :
  - *Installation de 5 unités de traitement des cholériques (1 unité ayant la capacité de prise en charge de 500 malades) ;*

---

[303] Ibidem.
[304] MSF Belgium Situation Report, 18 – 24 July 1994
[305] MSF Speeds to Goma,' MSF Belgium Press release, 16 July 1994

- *2 à Katale*
- *2 à Kirumba*
- *1 à Munigi*
  - *Installation d'unités de réhydratation orales (ORS et réservoirs 2.000 litres dans les dispensaires le long de l'axe Goma-Katale.)*
  - *Suivi épidémiologique (nombre de nouveaux cas, lethalité.)*
  - *Suivi des consommations en Ringer Lactate et ORS pour les approvisionnements.*
- **Vaccination anti-rougeole :**

MSF a déjà 100 000 doses (Unicef a promis d'acheminer 200 000 doses).
  - *MSF dispose de 50 000 seringues et aiguilles.*
- **Structures de Santé :**
  - *Installation de 5 dispensaires sur Katale et Kibumba.*
  - *Renfort de matériels des 9 structures de santé de Goma.*
- **Assistance nutritionnelle :**
  - *Faire une enquête nutritionnelle la dernière semaine du mois de juillet.*
  - *Une distribution de rations sèches pour les enfants de moins de 5 ans.*
  - *Ne pas installer des centres nutritionnels thérapeutiques principalement pour des raisons d'échelle.*

Le défi de MSF dans les camps de réfugiés tournait autour de quatre points :
- *Lutter contre le choléra qui était une urgence absolue.*
- *Comme dans les camps en Tanzanie, il était important de vacciner les réfugiés contre la rougeole pour éviter une épidémie.*
- *Mettre en place des structures de santé pour y soigner les réfugiés malades.*
- *Mettre en place un plan nutritionnel pour éviter des maladies de malnutrition aux enfants de moins de 5 ans.*

Il est important de noter que toutes ces actions ont été accomplies avec succès. Déjà, le 18 juillet, 40 des 80 membres de Médecins Sans Frontières Hollande étaient présents à Goma. Ces efforts considérables ont porté leurs fruits, car ils ont permis de contrôler la situation sanitaire dans les camps de réfugiés rwandais au Zaïre.

MSF France et l'épidémie de choléra

Comme MSF/B et MSF/H, la section française (MSF/F) s'était lancée dans une campagne d'urgence lorsque l'épidémie de choléra s'était déclarée dans les camps de réfugiés au Zaïre. MSF/F avait entamé en France une vaste campagne d'appel aux dons et aux volontariats. Dans leurs bureaux à Paris et à Bordeaux, un standard téléphonique avait été mis en place pour répondre aux appels de bonnes volontés. Pour nous expliquer le dispositif de MSF/F, Bernard Pécoul soulignait dans une interview sur France 2 : « *Il nous a fallu mettre en place une quarantaine de lignes téléphoniques, nous avons un standard qui le permet. Donc, on fait les premiers contacts avec les personnes, afin d'un premier tri, un premier questionnaire. Donc, en fonction du désir des personnes, on répond soit par un acte de recrutement, soit par une diffusion de l'information.* »[306] En moins de 24 heures, MSF/F avait reçu plus de 3 000 appels de la part de médecins, infirmières, donateurs et de particuliers qui voulaient apporter leur aide aux réfugiés rwandais. Cette réponse massive des Français permet de comprendre que l'information commençait à bien circuler en France.

Grâce aux dons reçus, dès le soir du 22 juillet 1994, 35 tonnes de matériel médical avaient été expédiées à partir de l'aéroport de Bordeaux vers le Zaïre. Ce matériel médical, essentiellement constitué de vaccins, avait été expédié à Bukavu, car Bernard Chomilier, directeur logistique de MSF/F, souligne : « *D'après nos informations, des dizaines de milliers de personnes quittent Goma pour se rendre à Bukavu. Donc, ce que nous voudrions faire est de mettre en place toute une technique pour que les gens aient du matériel afin d'éviter que l'épidémie de choléra ne se propage à Bukavu, car il est quasiment certain que les réfugiés vont partir et amener le choléra.* »[307] Cette stratégie permettait à MSF de mieux cadrer la zone géographique du choléra. Lorsque l'épidémie de choléra s'est déclarée, une situation de panique s'est installée dans les camps. Pour échapper au choléra, qui touchait 6 % des réfugiés avec un taux de mortalité de 30 %,[308] une bonne partie des réfugiés

---

[306] Ina.fr : Report on MSF staff in Paris & Bordeaux mobilization for Zaïre intervention - Interview Bernard Pecoul (Général director) and Bernard Chomillier (Director of logistics) – France 2 – 22 July 1994.
[307] Ibidem.
[308] Rwanda-Zaire - Médecins Sans Frontières launches an emergency appeal for water trucks and tankers to carry water to the refugees in Goma

fuyaient les camps de Goma pour se rendre à Bukavu. Cette réaction des réfugiés était normale, car l'homme est animé par un instinct de survie qui le pousse toujours à se protéger. Mais cette réaction naturelle des réfugiés allait favoriser la propagation de la maladie dans toute la région du Kivu voire dans tout le Zaïre, si elle n'était pas maîtrisée.

Grâce à la stratégie de MSF/F, la propagation de l'épidémie avait été évitée. Elle a également permis aux hôpitaux de Bukavu d'avoir le matériel nécessaire pour ne pas être pris au dépourvu par le choléra.

Comme nous l'avons dit, après le déclenchement de l'épidémie du choléra, les journalistes s'étaient penchés sur la question. Pour France 2, tous les soirs, la situation dans les camps de réfugiés constituait la Une de l'actualité. Le 22 juillet, France 2 avait réalisé un reportage intitulé « *Une journée à Goma* ». Dans ce reportage, le journaliste Étienne Leenhardt présente la situation en ces termes : « *Mesdames, Messieurs, bonsoir, la véritable catastrophe humaine qui se déroule en ce moment au Rwanda est sans doute la plus grave de ce siècle. C'est pour cela que la rédaction de France 2 a décidé d'essayer ce soir et avec vous de comprendre quelle est la gravité réelle de la situation sur le terrain ? Les pays occidentaux se mobilisent-ils ? Dans quelle proportion ? Mais aussi comment vous, si vous le souhaitez, pouvez-vous participer à la course contre la montre qui est engagée pour sauver les réfugiés. L'urgence en fait est double. Il s'agit d'abord de tenter de limiter l'épidémie de choléra qui a déjà fait des centaines de morts depuis trois jours et puis c'est le message qu'ont fait passer aujourd'hui les responsables des Nations Unies :* « *Les Rwandais doivent rentrer chez eux* » *le plus vite possible. Le problème est de savoir dans quelles conditions. Une fois de plus à Goma, la ville frontière entre le Rwanda et le Zaïre, les réfugiés et ceux qui tentent de les sauver ont vécu une nouvelle journée d'enfer.* »[309] À travers ce discours, nous voyons de manière claire l'attitude du journaliste de France 2. L'objectif est d'exposer et de montrer réellement la situation du terrain pour que les Français soutiennent le travail des ONG comme Médecins Sans Frontières. Il est clair que France 2 travaillait avec MSF/F. En effet,

---

- Only clean water will prevent spread of cholera.' Press release, MSF International, 28 July 1994.
[309] Ina.fr: Report in Goma camp interview Sister Sabina Iragui and Catherine Lefèvre (MSF) on cholera and on refugees being manipulated by "génocidaires" - France 2 - 22 July 1994

le 22 juillet, France 2 avait diffusé des informations du terrain. Ce même jour, elle avait réalisé un reportage sur le travail de MSF et avait également invité[310] Rony Brauman, ex-président de MSF, pour parler de leur travail en direct.

Nous estimons que cette campagne avait réussi, car comme nous l'avons montré plus haut, en 24 heures MSF/F avait reçu plus de 3 000 appels de la part des Français pour apporter leur aide. Grâce à cette campagne, MSF/F s'était fixé comme objectif de collecter 50 millions de francs,[311] de quoi financer son intervention en Afrique des Grands Lacs pour trois mois.

Il est également important de noter que grâce aux journalistes, les pays occidentaux et la communauté internationale avaient commencé à s'impliquer de manière soutenue dans la question des réfugiés. En effet, Rony Brauman, l'ex-président de MSF, confirme dans une interview que : « *Le gouvernement français veut accentuer son aide médicale Philippe Douste Blazy va se rendre immédiatement à Goma et les États-Unis ont annoncé qu'ils apporteront une aide totale de 76 millions de dollars.* »[312] Ceci montre que tout le monde avait compris l'urgence. La communauté internationale avait réellement pris la décision d'intervenir. C'est grâce à la mobilisation et aux travaux de tous, notamment des ONG spécialisées dans le milieu médical, que l'épidémie de choléra avait été maîtrisée en moins de quatre semaines malgré une situation qui n'était pas favorable.

---

[310] Ina.fr : Interview Rony Brauman (former president MSF France) on emergency to bring aid to refugee and prepare their return to Rwanda and on camps under the grip of "génocidaires" – France 2 – 22 July 1994

[311] Op.cit ; Ina.fr : Report on MSF staff in Paris & Bordeaux mobilisation for Zaïre intervention - Interview Bernard Pecoul (General director) and Bernard Chomillier (Director of logistics) – France 2 – 22 July 1994.

[312] Op.cit., Ina.fr : Interview Rony Brauman (former president MSF France) on emergency to bring aid to refugee and prepare their return to Rwanda and on camps under the grip of "genocidaires" – France 2 – 22 July 1994

Arrivée du personnel de MSF avec des dons pour les réfugiés

Source : Photo prise par Xavier Lassalle (infirmier à MSF)

Xavier Lassalle (infirmier anesthésiste), Madeleine Boyer (infirmière anesthésiste), Isabelle (infirmière)

Source : Photo prise par Xavier Lassalle (infirmier à MSF) au Rwanda en 1994

Campagne de vaccination dirigée par MSF dans les camps

Source : Photo prise par Xavier Lassalle (infirmier à MSF) au Rwanda en 1994.

Réfugiés rwandais à Goma, au Zaïre. Juillet 1994

Source : Roger Job.

TROISIEME PARTIE : REFUGIES ET ENFANTS-SOLDATS

Avant d'entamer notre analyse dans cette troisième et dernière partie de notre ouvrage, il convient de souligner que la question des enfants soldats ainsi que celle des réfugiés rwandais pourraient chacune constituer des sujets de thèses et d'ouvrages de plusieurs chapitres. Cependant, dans notre cas, nous avons choisi d'introduire ces deux questions afin de les relier à la problématique principale de ce livre, qui consiste à analyser les causes et les conséquences de l'échec des accords d'Arusha.

CHAPITRE 1 :
HISTORIQUE DE LA QUESTION DES REFUGIES EN AFRIQUE DES GRANDS LACS

Existait-il des réfugiés en Afrique des Grands Lacs avant les indépendances ?

En parcourant depuis des années les publications en histoire médiévale et moderne de l'Afrique, nous n'avons jamais rencontré une problématique qui s'intéressait à la question des réfugiés. Quand nous observons l'histoire des sociétés africaines, notamment celles de l'Afrique de l'Ouest, nous constatons que les Africains vivaient en communautés ethniques distinctes. Chaque ethnie occupait une zone géographique bien déterminée. Par exemple, au Sénégal, les Peuls se localisaient au Nord-est, les Sérères au Centre, les Wolofs à l'Ouest et au Centre, et les Djolas au Sud-ouest. Chaque groupe ethnique était administré par un royaume. Après la colonisation, tous ces groupes ethniques ont été réunis pour former le même pays, conduisant les habitants à partager aujourd'hui une identité commune, qui est l'identité sénégalaise. L'intégration n'a pas été difficile pour les Sénégalais, car il a toujours existé des relations entre les différents groupes ethniques.

S'agissant de l'Afrique des Grands Lacs, la situation du Rwanda et du Burundi présente des différences par rapport à celle du Sénégal où nous avons plusieurs groupes ethniques. Dans ces pays, nous avons trois groupes de personnes essentiellement constitués d'éleveurs, d'agriculteurs et de potiers. Ils vivaient dans un espace administré par des rois. La conférence de Berlin sur le partage de l'Afrique a créé une profonde crise identitaire partout en Afrique. En effet, après le partage du continent, nous avons assisté à une déchirure entre des familles. Deux frères peuvent se retrouver avec des nationalités différentes. Nous pouvons prendre l'exemple de la région de la Casamance au Sénégal où l'on peut trouver deux cousins de nationalités différentes : l'un Sénégalais (colonisé par la France), l'autre Bissau-guinéen (colonisé par le Portugal). Cette déchirure identitaire était aussi présente en Afrique des Grands Lacs où l'on peut trouver dans une même famille une partie congolaise (colonisée par la Belgique) et une autre partie rwandaise (colonisée par l'Allemagne avant de passer aux mains des Belges après la Première Guerre mondiale). Pour ces Rwandais qui se sont retrouvés du jour au lendemain congolais, la problématique de la question des réfugiés ne s'était jamais posée à eux, car ils habitaient dans ces territoires depuis très longtemps. De ce fait, les Congolais ne les voyaient pas comme des étrangers dans ce territoire.

Un réfugié est défini comme étant une « *personne ayant quitté son pays d'origine pour des raisons politiques, religieuses ou raciales, et ne bénéficiant pas, dans le pays où elle réside, du même statut que les populations autochtones, dont elle n'a pas acquis la nationalité.* »[313] Partant de cette définition, pour qu'il y ait un réfugié, il faut des pays et des nationalités. Dans les sociétés africaines avant la colonisation, la notion de nationalité telle que nous la concevons aujourd'hui n'existait pas. D'après cette définition également, pour qu'il y ait des réfugiés, il faut qu'il y ait une migration d'un pays vers un autre. Pour ces Rwandais ou Burundais, il n'y a pas eu de migration. Ce sont les frontières tracées par les colonisateurs qui les ont conduits dans cette situation.

Il faut attendre l'année 1959, avec les migrations des Tutsi rwandais dans les autres pays de l'Afrique des Grands Lacs à la suite de la révolution sociale Hutu, pour voir pour la première fois se poser la problématique des réfugiés en Afrique des Grands Lacs. La révolution sociale rwandaise de 1959 marque le début de la question des réfugiés.

Les migrations de la révolution de 1959 et le début de la question des réfugiés en Afrique des Grands Lacs

Dans chaque pays, il y a un événement dans son histoire qui a fortement influencé son orientation politique, économique et sociale. Pour la France, nous pouvons citer la Révolution française, pour le Japon, les bombardements d'Hiroshima et de Nagasaki, pour l'Allemagne, la défaite de la Seconde Guerre mondiale, pour la Guinée Conakry, la victoire du OUI à l'indépendance immédiate lors du référendum de Charles de Gaulle en 1958, etc. Pour le Rwanda, il s'agit de la révolution sociale Hutu de 1959. Non seulement elle a fortement influencé l'histoire du pays, mais aussi celle de l'Afrique des Grands Lacs. En effet, cette révolution a posé pour la première fois la question des réfugiés en Afrique des Grands Lacs. Elle a vu de nombreux Rwandais s'exiler en Ouganda, au Congo, au Burundi… Ces réfugiés de 1959 se sont regroupés 30 ans plus tard autour d'une rébellion. Ce qui a constitué la source de la guerre rwandaise de 1990. Une guerre qui s'est soldée par le génocide de

---

[313]http://www.larousse.fr/dictionnaires/francais/r%C3%A9fugi%C3%A9_r%C3%A9fugi%C3%A9e/67560#PWkR3MY4YJOLLcAf.99.

1994, la victoire du FPR et par le déséquilibre de la région des Grands Lacs.

Rappel du contexte rwandais

Le Rwanda, comme la plupart des territoires africains, était un royaume. Comme dans toutes les autres sociétés africaines, les Rwandais étaient regroupés par classe sociale en fonction du métier de chaque groupe. Vu que les Rwandais étaient des éleveurs, des agriculteurs et des potiers, les éleveurs (Tutsi) étaient vus comme les élites, car ils possédaient la vache qui symbolise la richesse. Celui qui possède la richesse possède forcément le pouvoir. Ensuite, venaient les agriculteurs (Hutu) et enfin les potiers (Twa). Chaque groupe acceptait cet ordre qui était établi. Les trois groupes étaient interdépendants. En effet, les Tutsi à travers l'élevage produisaient la viande et le lait. Les Hutu à travers l'agriculture fournissaient des produits agricoles. Pour pratiquer leur agriculture, certains Hutu utilisaient souvent les vaches de certains Tutsi. Ce qui avait créé au fil du temps une forte dépendance de certains Hutu envers certains Tutsi. Cela conduisit plus tard à la naissance d'un système appelé *ubuhaké*. Certains Hutu, à force d'utiliser la vache de certains Tutsi, travaillaient désormais pour les Tutsi. L'*Ubuhake* du Rwanda peut être comparé au système de seigneur et de vassal en Europe entre le IXe et le Xe siècles. Mais la différence entre l'Europe médiévale et le Rwanda moderne est qu'en Europe, les personnes se mettaient sous la tutelle d'un seigneur et travaillaient pour lui afin qu'il assure leur sécurité, alors que pour le Rwanda, certains Hutu travaillaient pour certains Tutsi, car ils avaient besoin de leurs vaches. Donc, pour les Hutu, c'était pour des raisons économiques.

Devant cette logique, le Rwanda était dirigé par un roi qui venait du groupe des Tutsi. Après la conférence de Berlin, le Rwanda avait été placé sous la domination allemande. Pour gouverner le territoire, les Allemands optèrent pour une administration indirecte. C'est-à-dire, ils laissaient la société rwandaise telle qu'elle était configurée. Ils administrèrent le pays en laissant les Tutsi dominer les autres. Après la Première Guerre mondiale, à la suite de la défaite allemande, la Société des Nations, qui peut être considérée comme l'équivalent des Nations Unies d'aujourd'hui, avait placé le Rwanda sous tutelle belge. Les Belges optèrent pour le même système que les Allemands, c'est-à-dire en pratiquant, eux aussi, une administration indirecte. Suivant cette logique, il serait important de se demander si les Belges ou les Allemands avaient désorganisé la configuration de la société rwandaise, vu qu'ils avaient juste suivi le système qui était déjà établi par les Rwandais eux-mêmes ?

Les Allemands puis les Belges, en colonisant le Rwanda, ont favorisé une situation physique puis idéologique qui a conduit à une rupture sociale entre Hutu et Tutsi. En effet, dès le début, les colonisateurs ont développé l'idée selon laquelle les Tutsi étaient supérieurs aux Hutu. Les Tutsi, du fait de leur intelligence et de leurs caractéristiques physiques, étaient considérés comme étant d'origine non-africaine, plutôt asiatique[314]. Ils sont arrivés en conquérants et ont soumis les Hutu sur leur propre territoire. Partant de cette idéologie, les Allemands puis les Belges ont favorisé l'émergence des Tutsi au détriment des Hutu. Ce système colonial a créé une division sans précédent entre les Rwandais et, par conséquent, a semé les germes du génocide de 1994.

Il faut comprendre que l'idéologie a un fort impact sur l'être humain. Pour dominer totalement une personne, il ne faut pas lui imposer la force, mais plutôt une politique idéologique très soutenue. En effet, lorsque les Européens sont arrivés en Afrique, ils ont certes d'abord fait la guerre pour dominer physiquement les Africains. Mais après cette domination, ils ont mis en place un mécanisme idéologique qui les plaçait comme des êtres surnaturels aux yeux des peuples colonisés. L'école, implantée par les Européens, constituait le fondement de cette idéologie de domination. Il a fallu la Seconde Guerre mondiale, avec la défaite française contre les Allemands et l'affaiblissement de la Grande-Bretagne, pour que les peuples colonisés réalisent que les colonisateurs étaient en réalité de simples êtres humains comme eux. Ainsi, la Seconde Guerre mondiale a mis fin à l'idéologie d'invincibilité des colonisateurs. En conséquence, 15 ans après la guerre, la plupart des pays colonisés en Asie et en Afrique avaient réussi à accéder à l'indépendance.

Au Rwanda, l'idéologie de la supériorité des Tutsi sur les Hutu avait été entretenue par les colonisateurs[315] et érigée en système. Ce système avait été développé puis enseigné dans les écoles et dans la vie quotidienne des Rwandais pendant des décennies. Ainsi, ce travail psychologique avait fini par porter ses fruits, car avec le

---

[314]SHYAKA. A, Le conflit rwandais Origines, Développement et Stratégies de sortie, Etude commandée par La Commission Nationale pour l'Unité et la Réconciliation, La Commission Nationale pour l'Unité et la Réconciliation,
[315]Jean Pierre Chrétien Op cit 2010, p 94.

temps, les Rwandais avaient adopté cette conception. Certains Tutsi se considéraient comme supérieurs aux Hutu, tandis que certains Hutu considéraient les Tutsi comme des envahisseurs venus de l'étranger pour leur voler leurs terres et les réduire en situation d'esclavage. Cette situation psychologique était tellement ancrée dans l'esprit des Rwandais qu'après le départ des colonisateurs, ils continuaient de percevoir les choses de cette manière. Aucun travail intellectuel ou psychologique n'avait été entrepris après l'indépendance par les intellectuels rwandais pour remédier à cette idéologie. Cette situation convenait aux dirigeants rwandais, car elle leur permettait de se maintenir au pouvoir.

C'est à partir de cette idéologie que la masse Hutu dirigée par quelques intellectuels comme le futur Président Grégoire Kayibanda[316] s'était soulevée contre les Tutsi en 1959 afin de les chasser du pays, pour prendre le pouvoir qui leur revenait de droit selon la conception de cette idéologie divisionniste, considérant les Tutsi comme des envahisseurs étrangers. Pour échapper aux massacres de la révolution, plusieurs milliers de Tutsi se réfugièrent dans les pays voisins comme le Congo, l'Ouganda, le Burundi, etc. Suivant cette logique, ne serait-il pas juste de se demander si tous les problèmes auxquels les Rwandais ont fait face durant leur histoire contemporaine n'émanent pas de cette idéologie divisionniste ?

Le retour des réfugiés rwandais de la Révolution de 1959

Les Rwandais avaient accédé à l'indépendance dans la division. Environ 120 000[317] Rwandais avaient fui le pays pour se réfugier dans les autres pays de l'Afrique des Grands Lacs. Entre 1962 et 1970, ces réfugiés avaient tenté à plusieurs reprises de retourner au Rwanda par les armes. Mais les tentatives se soldaient toujours par des échecs. Et à chaque fois, il y avait des représailles envers la population tutsie qui était restée au Rwanda et qui représentait moins de 15 % de la population totale du Rwanda pendant cette période. Au début des années 70 jusqu'aux années 90, c'est-à-dire la majeure partie de la gouvernance de Juvénal Habyarimana, il n'y avait pas eu d'attaques de réfugiés au Rwanda. Cela ne signifiait pas que le problème des réfugiés avait disparu. Au contraire, cette question

---

[316] Manifeste du Bahutu de 1957.
[317] Programme de communication sur le génocide au Rwanda et les Nations Unies, 23 décembre 2005.

était devenue beaucoup plus importante et beaucoup plus pesante, car le nombre de réfugiés avait triplé en Afrique des Grands Lacs. Et les réfugiés rwandais commençaient à gêner les populations locales des pays d'accueil. Cette hausse des réfugiés était la conséquence des politiques discriminatoires et répressives du gouvernement rwandais envers les Tutsi qui étaient restés au Rwanda. Il est également important de noter que les réfugiés rwandais de 1959 avaient eu des enfants dans les pays de refuge. Ces enfants étaient appelés les réfugiés rwandais de la deuxième génération. Ce sont ces réfugiés de deuxième génération qui avaient attaqué le Rwanda en octobre 1990.

Avant l'attaque du FPR en 1990, plusieurs associations de réfugiés rwandais avaient été créées par les réfugiés Tutsi. Toutes ces associations travaillaient pour le retour des réfugiés rwandais chez eux. Il est important de rappeler que le contexte dans lequel se trouvaient les réfugiés rwandais ne leur était pas favorable. En effet, comme nous l'avions expliqué dans la première partie de ce livre, les années 80 étaient marquées par le développement du nationalisme dans plusieurs pays d'Afrique. Ce phénomène avait été déclenché par l'explosion du taux de chômage. Ce qui avait rendu la vie très difficile dans beaucoup de pays. Comme le plus souvent, quand certains citoyens d'un pays ne trouvent pas du travail, ils considèrent que les étrangers sont responsables de leur situation. De ce fait, une partie de la population mettait la pression sur l'État pour que ce dernier chasse les réfugiés. Dans cette logique, il y a eu plusieurs lois contre les réfugiés, d'abord au Zaïre puis en Ouganda. Dans ces deux pays, se trouvait un important pourcentage des réfugiés rwandais.

Malgré cette situation, et malgré les tentatives pacifistes des associations de réfugiés rwandais pour retourner chez eux, le pouvoir rwandais sous Habyarimana n'avait pas répondu de manière favorable au retour. Le nombre des réfugiés à cette période n'était pas négligeable, il tournait autour de 600 000. Le pays vivait une situation économique très critique à cette période due à la chute du prix du café qui constituait le principal revenu du pays. À côté de ce problème se posait aussi une question démographique. Le pays comptait plus de 7 millions d'habitants, ce qui en faisait l'un des pays les plus densément peuplés d'Afrique. Ainsi, il n'était pas question pour le gouvernement rwandais de rapatrier les réfugiés. Cependant, lorsque la guerre a éclaté et que le gouvernement rwandais a commencé à subir le poids des déplacés de guerre (réfugiés internes), le Président Habyarimana a accepté le retour des réfugiés. Cela soulève la question suivante : Pourquoi attendre que la guerre éclate pour accepter le retour des réfugiés ? Le Président Habyarimana savait très bien qu'il y avait une menace de guerre si cette question des réfugiés n'était pas résolue. Le pouvoir rwandais était conscient que la guerre était imminente, car depuis 1986, année de l'accession au pouvoir du Président Museveni, les réfugiés étaient désormais fortement représentés dans la nouvelle armée ougandaise.

La guerre avait commencé en 1990 et s'était terminée en 1994, se soldant par la victoire du FPR. En conséquence, les réfugiés rwandais de 1959 étaient rentrés au Rwanda. Cependant, la fin tragique de cette guerre avait entraîné la fuite de plus d'un million de Rwandais vers les pays voisins, notamment au Zaïre, au Burundi et en Tanzanie. Grâce à la victoire du FPR, la question des réfugiés tutsi avait été résolue. Cependant, de nouveaux réfugiés, principalement des Hutu et en beaucoup plus grand nombre, étaient apparus.

Les migrations des réfugiés rwandais de 1994

En juillet 1994, s'était déroulé le plus grand mouvement de migration humaine de l'histoire contemporaine de l'Afrique. Plus d'un million de personnes avaient quitté le Rwanda pour se réfugier dans les pays voisins, dont la grande majorité au Zaïre. Parmi les migrants, il y avait des civils et des militaires. Ce mouvement migratoire était causé par la victoire du FPR sur l'armée rwandaise. Donc, par peur des représailles de la part du FPR, ces centaines de milliers de Rwandais, essentiellement Hutu, avaient fui le pays.

Parmi les déplacés, 250 000[318] s'étaient réfugiés en Tanzanie. La Tanzanie est un grand pays qui borde le Rwanda sur toute sa partie Est. La majeure partie des Rwandais habitant à l'Est du Rwanda et fuyant le pays lors de la guerre s'étaient réfugiés dans ce pays. C'était beaucoup plus facile pour eux d'accéder en Tanzanie. Dans ce pays, les Rwandais étaient beaucoup plus en sécurité du fait de sa neutralité dans la crise.

Plus d'un million de Rwandais se sont réfugiés au Zaïre. Le cas du Zaïre est beaucoup plus complexe. Il faut rappeler que Mobutu, le Président du Zaïre, était un allié du régime de Habyarimana, donc opposé au FPR. Il avait soutenu l'État rwandais à la suite de l'attaque

---

[318] Médecins sans Frontières, L'exportation des massacres du Rwanda au Congo-Zaïre, Marc le Pape, Publié dans Esprit en août 2000, p 3.

du pays par le FPR. Il faut également rappeler que la France était alliée à la fois du Zaïre et du Rwanda.[319] Elle avait soutenu à plusieurs reprises le régime de Mobutu, mais également celui de Habyarimana contre les rebelles. Comme nous l'avons vu, la France était la seule puissance occidentale qui s'était impliquée directement dans la crise rwandaise[320] du début à la fin. En raison de cette implication, elle avait mis en place l'opération Turquoise. Cette opération avait permis le déplacement de centaines de milliers de civils rwandais vers le Zaïre. Elle avait également facilité la fuite du gouvernement génocidaire du Rwanda avec tous les biens du pays (argent liquide de la Banque centrale rwandaise, voitures, etc.). Elle avait également permis aux militaires Hutu des FAR de se replier et de fuir vers le Zaïre avec leurs armes.[321] Ceci est à l'origine de la plus grande question sécuritaire en Afrique des Grands Lacs. Tous ces éléments font qu'aujourd'hui, l'opération Turquoise est très critiquée par plusieurs spécialistes de la question rwandaise, mais aussi par le FPR. En raison de cette opération, la victoire du FPR sur les FAR n'avait pas été totale. Cela a conduit l'ancien sous-officier de l'armée française Guillaume Ancel à déclarer :[322]« *On a clairement été à l'origine d'une continuation des combats qui a duré pendant des années, qui a fait de nouveau des centaines de milliers de morts.* »

La vie des réfugiés au Zaïre

La sécurité dans les camps

La vie d'un réfugié n'a rien d'agréable. Chaque témoignage d'une personne vivant dans un camp de réfugiés exprime souvent une profonde tristesse. Cela est compréhensible, car la plupart des réfugiés ont souvent été victimes de violences physiques et morales avant de se retrouver dans un camp. En 1994, le HCR faisait face à sa plus grande problématique jamais connue jusqu'alors. À la suite de l'exode des Hutu, le HCR avait l'obligation de prendre en charge un million de personnes réparties dans les pays des Grands Lacs. Le Kivu, une province du Zaïre, était le lieu où le HCR avait concentré

---

[319] Accord particulier d'assistance militaire du 18 juillet 1975.
[320] Opération Noroit.
[321] Groupe de Recherche et d'Information sur la Paix et la Sécurité, LA GUERRE DU CONGO-KINSHASA : Analyse d'un Conflit et Transferts d'Armes vers l'Afrique centrale, Bruxelles, p 10.
[322] Source AFP 07-04-2014, le Point.fr

toute son attention, car les deux tiers des réfugiés se trouvaient dans cette région.

La région du Kivu est un territoire volcanique, peuplé principalement par des agriculteurs et des éleveurs en raison de la fertilité de son sol. En raison de sa situation géographique à l'extrême-est du Congo, le pouvoir à Kinshasa n'avait pas accordé la priorité au développement de cette région. Cette négligence constituait un obstacle au bon déroulement des opérations humanitaires de grande envergure.

Comme nous l'avons souligné plus haut, les membres du gouvernement génocidaire s'étaient mêlés aux réfugiés.[323] Ils étaient accompagnés par plus de vingt mille militaires (FAR) lors de leur fuite vers le Zaïre.[324] Tous les criminels ayant participé au génocide s'étaient retrouvés dans les camps de réfugiés. Ce qui posait la question de la sécurité dans les camps. À Goma,[325] Linda Melvern[326] souligne plus de quarante mille meurtres dans les camps de réfugiés à peine un mois après l'exode. Donc, cette vague migratoire avait posé une situation d'insécurité totale dans cette région du Zaïre.

La question de la sécurité ne se posait pas seulement au Congo, mais aussi en Tanzanie. Plus de 250 000 Rwandais s'étaient réfugiés dans le pays. Ce qui avait poussé le ministre tanzanien des Affaires étrangères à évoquer les effets de cette migration en ces termes. *« L'afflux [...] créa des tensions dans les districts frontaliers qui accueillaient les réfugiés, entraîna une destruction écologique et environnementale, un épuisement des réserves, eut un effet dévastateur sur les services sociaux et sur l'infrastructure et créa une situation d'insécurité et d'instabilité dans les régions frontalières. »*[327] Cette forte migration de masse avait créé une instabilité dans toute la sous-région. Comme nous l'avons dit dans notre introduction, nous avions voulu travailler sur le Kivu, mais durant nos recherches, nous avons compris que la crise dans cette région était une des conséquences directes de la guerre rwandaise.

S'il y avait autant de Rwandais qui n'avaient guère participé au conflit contre le FPR et qui avaient quand même fui le pays, c'est

---

[323] Breaking the Cycle: MSF calls for action in the Rwandese refugee camps in Tanzania and Zaire', MSF Holland report, 10 November 1994.
[324] Idem, p 366.
[325] Goma est une ville de la République démocratique du Congo. C'est le chef-lieu du Nord Kivu.
[326] Op.cit., Melvern. L.
[327] Rapport OUA, Op.cit., 2000, p 192.

parce que le gouvernement rwandais avait décrit les rebelles du FPR comme des personnes qui avaient pour objectif de tuer tous les Hutu qu'ils rencontreraient sur leur route. Donc, parmi les réfugiés, il y avait des criminels et des innocents (victimes de la guerre). Le gouvernement génocidaire utilisait les réfugiés comme bouclier.[328] Les responsables du génocide n'étaient pas favorables au retour des réfugiés. Selon le HCR,[329] une trentaine de réfugiés étaient tués chaque jour à Goma parce qu'ils avaient exprimé le désir ou l'intention de retourner au Rwanda. Cette information, rapportée par le HCR, nous montre que dans les camps se posait un réel problème sécuritaire malgré la présence de plusieurs organisations non gouvernementales. Le nombre de victimes par jour était attribué à la présence d'armes non récupérées des militaires des FAR, qui menaçaient la sécurité du personnel des ONG dans les camps de réfugiés.

L'insécurité ne se limitait pas uniquement aux camps de réfugiés, mais s'étendait à toute la région du Kivu. Il est crucial de noter que cette région est peuplée par une communauté diversifiée de Tutsi et de Hutu, représentant ensemble environ 50 %[330] de la population du Kivu. De nombreux Tutsi et Hutu résidaient dans cette région bien avant que les frontières ne soient établies lors de la conférence de Berlin. Certains Tutsi présents dans le Kivu étaient des personnes ayant fui le Rwanda en 1959. Par conséquent, l'afflux de réfugiés Hutu dans cette région a exporté la question identitaire vers ce territoire.

Les Hutu sont généralement considérés comme des Bantu, tout comme les Zaïrois. En revanche, les Tutsi sont perçus comme des Hamites. Sur le plan de l'identité ethnique, les Zaïrois du Kivu se sentent plus proches des Hutu que des Tutsi. Cette situation représentait une menace importante pour les Tutsi du Kivu. La présence des génocidaires dans la région exposait davantage les Tutsi Zaïrois, car pour ces génocidaires, le mal était associé à l'identité ethnique, et le Tutsi était perçu comme la représentation même du mal. Cette présence a aggravé les tensions entre les Tutsi

---

[328] Interview Rony Brauman (former president MSF France) on emergency to bring aid to refugee and prepare their return to Rwanda and on camps under the grip of "genocidaires" – France 2 – 22 July 1994

[329] Médecins Sans Frontières, l'Exportation des massacres, du Rwanda au Congo-Zaïre, Esprit, août 2000, p 3.

[330] Jeune Afrique N° 1863- Du 18 AU 24 Septembre 1996, p 32.

et les Zaïrois du Kivu, entraînant le départ de quelque 200 000[331] Tutsi qui résidaient dans la région vers le Rwanda.

Lorsque les réfugiés rwandais s'étaient installés dans les camps du Kivu, le HCR et plusieurs organisations non gouvernementales étaient intervenus pour leur apporter leur aide. Cependant, une grande partie de cette aide avait été détournée[332] par les membres du gouvernement génocidaire et les ex-FAR. En effet, un gouvernement de facto s'était formé dans les camps, dirigé par d'anciens responsables rwandais qui exerçaient leur autorité par la violence armée dont ils disposaient. Cette situation rendait le travail des ONG difficile, voire vain, car les secours et le soutien n'allaient pas aux réfugiés, mais bénéficiaient aux génocidaires. Face à cette réalité, certaines ONG avaient demandé à l'ONU d'envoyer une force de police internationale[333] pour séparer les réfugiés des responsables du génocide. Cependant, cette demande est restée sans réponse. Dans ce contexte, des organisations telles que Médecins Sans Frontières (MSF) s'étaient retrouvées confrontées à un dilemme. Ce dilemme portait sur trois questions majeures :[334]

- Est-il acceptable que MSF apporte son soutien à des personnes qui ont commis un génocide ?

- Est-ce que MSF peut accepter que ses secours soient détournés par des leaders qui utilisent la violence contre les réfugiés et revendiquent leur intention de reprendre la guerre pour finir le génocide ?

- Pour autant, est-ce que MSF peut renoncer à aider une population en détresse et sur quels arguments fonder cette décision ?

Devant cette situation, les différentes sections de MSF étaient divisées. La section française s'était retirée des camps de réfugiés juste après la maîtrise de l'épidémie du choléra. Elle refusait de contribuer à légitimer les auteurs du génocide et à renforcer leur pouvoir par son assistance dans les camps. Contrairement à elle, les sections MSF de la Belgique, de la Hollande et de l'Italie avaient décidé de rester, car pour elles, il ne serait pas légitime d'abandonner

---

[331] MSF Demands that Refugees Return Home,' MSF Belgium Press release, 19 July 1994.
[332] Hanna Nolan, 'Presence of alleged perpetrators of genocide in the camp: explanation of MSF Holland position.
[333] Médecins sans Frontières, Camps de réfugiés rwandais, Zaïre-Tanzanie - 1994-1995, Prises de parole publiques, Septembre 2013, p 7.
[334] Idem, p 8.

les réfugiés victimes des génocidaires et qui sont dans une situation déplorable. Parmi les réfugiés, il y avait des femmes et des enfants qui avaient un grand besoin de soutien. Malgré la présence des responsables du génocide, elles n'allaient pas abandonner cette population à leur sort. Dans ce contexte, la section hollandaise, tout en continuant son soutien aux réfugiés, travaillait sur un programme de documentation afin de convaincre les Nations Unies et les puissances occidentales d'intervenir dans les camps pour remédier à cette situation. À la fin de 1995, avec l'amélioration des conditions dans les camps, les autres sections de MSF se sont retirées définitivement.

La vie économique dans les camps

L'être humain a toujours besoin de mener des activités économiques pour assurer sa prospérité et sa survie. La prospérité d'un territoire dépend fortement des activités économiques qui s'y développent. À chaque fois qu'un groupe d'individus s'installe dans un territoire, plusieurs activités économiques se développent dans cet espace. Les camps de réfugiés qui sont des lieux de regroupement de personnes n'échappent pas à cette logique. Dans tous les camps de réfugiés, se développent plusieurs activités économiques. Mais les camps des réfugiés rwandais au Zaïre avaient une spécificité économique particulière qui les différencie de tous les autres camps de réfugiés du monde. Une enquête du HCR, « *dans les quatre principaux camps, a recensé pas moins de 82 000 micro-entreprises, dont 2324 cafés, 450 restaurants, 589 boutiques, 62 coiffeurs, 51 pharmacies, 30 tailleurs, 25 bouchers, 5 serruriers, 4 studios de photos, 3 cinémas, 2 hôtels et un abattoir.* »[335] Ces camps de réfugiés avec toutes les activités économiques qui s'y opéraient, pourraient être comparés à de grandes villes. La présence de plusieurs microentreprises spécialisées dans le café ne nous étonne pas des Rwandais. En effet, les réfugiés étaient essentiellement Hutu, donc principalement agriculteurs. L'économie rwandaise est fondamentalement agricole. Le café et le thé étaient et sont toujours les premiers produits agricoles du pays. Les Rwandais ont toujours eu une longue tradition dans la culture et la production de café, ce qui explique la présence de nombreuses microentreprises spécialisées dans ce secteur dans les camps de réfugiés. Les autres

---

[335] Jeune Afrique N° 1835 du 06 au 12 mars 1996, p 35.

microentreprises étaient spécialisées dans des secteurs indispensables comme la santé et l'alimentaire.

Selon Jeune Afrique : « *Les marchés des camps étaient si bien approvisionnés en légumes cultivés par les réfugiés sur de petites parcelles de terrain et en articles européens que les Zaïrois venaient faire leurs courses.* »[336] Les articles européens sont essentiellement issus des dons des ONG. Comme nous l'avons souligné, les dons des ONG étaient souvent détournés par les ex FAR lors des périodes de grands dons « *pendant l'épidémie de choléra* », ces personnes stockaient les biens reçus. Ce sont ces articles qui étaient revendus aux réfugiés et aux Zaïrois dans les camps.

Dans les camps au Kivu, les réfugiés assuraient eux-mêmes leur propre transport.[337] Comme nous l'avons signalé, les membres du gouvernement rwandais avaient traversé la frontière zaïroise avec les véhicules de l'État grâce à l'opération Turquoise. Tous les biens de l'État qui pouvaient être transportés par les membres du gouvernement génocidaire avaient été acheminés au Kivu lors de leur fuite. Donc, c'étaient ces voitures qui assuraient le transport entre les différents camps de réfugiés. Il faut aussi souligner que toutes les réserves de la Banque centrale rwandaise avaient été transportées par les membres du gouvernement génocidaire. Ce qui assurait une bonne circulation de l'argent liquide dans les camps. Tout ceci nous montre la spécificité des camps de réfugiés rwandais dans l'ex-Zaïre. Le FPR lors de la prise de Kigali avait trouvé une capitale déserte et pillée. Ce qui présentait un énorme défi de reconstruction.

À ce stade d'analyse, il conviendrait de se demander si la question du retour des réfugiés rwandais au pays avait été abordée ?

La question du retour des réfugiés

Quand nous analysons l'histoire de la question des réfugiés dans le monde, nous constatons qu'à chaque fois qu'il y a eu un problème de réfugiés, les pays de refuge, les institutions internationales et les pays d'origine des réfugiés travaillent ensemble pour trouver une solution. À la suite de la crise syrienne, l'Union Européenne avait préconisé une répartition entre ses pays membres des réfugiés syriens qui avaient réussi à atteindre le territoire européen. Aucun pays n'avait suggéré le retour des réfugiés syriens dans leur pays,

---

[336] Idem.
[337] Idem.

étant donné que la Syrie est toujours en crise et que les Syriens continuent de fuir le pays. Contrairement à la Syrie, la guerre au Rwanda était « *terminée* »[338] en 1994. Elle avait causé plus de deux millions de réfugiés. La question des réfugiés, devenait une urgence pour le Rwanda, les pays de l'Afrique des Grands Lacs et les institutions internationales. Il était impératif de résoudre la situation des nouveaux réfugiés rwandais. Vu que le Rwanda avait retrouvé la paix, le retour des réfugiés était la solution. Cette solution était appuyée par tous les différents acteurs. Les institutions internationales étaient pour cette solution, car l'aide humanitaire commençait à être coûteuse. Chaque jour, 1 million de dollars était dépensé pour les réfugiés.[339] Le Zaïre ne pouvait plus supporter le poids des réfugiés sur son territoire qui menaçait sa sécurité intérieure. La Tanzanie voulait être libérée du poids des 250 000 réfugiés de son territoire. Le Rwanda dirigé par le FPR se sentait en insécurité avec le nombre de réfugiés armés et installés près de ses frontières.

La plupart des réfugiés avaient fui le Rwanda par crainte des représailles de la part du FPR, qui contrôle désormais le pays. Ainsi, afin de garantir le retour de ces réfugiés, il était impératif de leur assurer une sécurité adéquate. Il était essentiel que les Hutu restés au pays soient épargnés, ce qui aurait contribué à rassurer les réfugiés quant à leur sécurité en cas de retour.

Cependant, selon des rapports de MSF et de Human Rights Watch, des éléments du FPR ont été impliqués dans plusieurs massacres après le génocide. Selon Seth Sendashonga « *J'ai découvert le vrai visage du FPR en avril 1995. J'ai entendu alors des soldats dire que des familles entières étaient décimées. J'ai appris encore que de nombreux assassinats ont été perpétrés par les troupes du FPR au stade Amahoro. Nous étions tous au courant de ces crimes, mais nous pensions que c'étaient des actes isolés de vengeance commis par des soldats qui avaient perdu des proches au cours du génocide. Nous avons appris plus tard que des assassinats collectifs étaient perpétrés par des troupes encadrées. À la longue, le fait que Kagame n'ait pas mis un terme à ces exactions a fini de*

---

[338] Nous avons mis « terminée » parce que la guerre n'était pas totalement terminée, elle avait juste changé de forme. Les anciens rebelles avaient le pouvoir légal au pays et les anciens dirigeants du Rwanda sont devenus les rebelles.
[339] Op.cit., Rwanda : Racisme et Génocide, p 256.

nous convaincre qu'il les approuvait. »[340] Seth Sendashonga, un Hutu, travaillait pour les Nations Unies lorsque le FPR l'avait contacté pour contribuer à la reconstruction du Rwanda. Il avait été nommé ministre de l'Intérieur et avait occupé ce poste de juillet 1994 à août 1995. Seth affirme avoir été limogé lorsqu'il avait commencé à interroger Paul Kagame sur les assassinats de certains Hutu après le génocide. En tant que ministre de l'Intérieur, il était vraisemblablement l'une des personnes les mieux informées du pays.[341]

En avril 1995, François Nzabahimana, un ancien cadre des Banques populaires et ancien ministre du MRND, crée le RDR (Rassemblement pour la Démocratie et le Retour des Réfugiés). Ce parti avait trois objectifs : rassembler tous les réfugiés rwandais éparpillés en Afrique des Grands Lacs sous une même entité, travailler pour le retour de tous les réfugiés au Rwanda, et impliquer tous les réfugiés dans la recherche de la justice et d'une paix définitive au Rwanda.

Ces objectifs, fixés par ce nouveau parti poussent Jean-Pierre Chrétien à souligner que : « *Les réfugiés ont commencé à s'auto-éduquer à la paix et à se préparer psychologiquement et moralement à cohabiter pacifiquement avec la population de l'intérieur. Les réfugiés comprennent de plus en plus que la population vivant à l'intérieur du Rwanda a été également traumatisée par la guerre et ses conséquences et qu'elle a besoin d'être rassurée.* »[342] Cette affirmation de Jean-Pierre Chrétien nous montre qu'il y avait une réelle volonté de retour des réfugiés. Mais, quelles étaient les positions du FPR sur le retour des réfugiés ?

Selon Jeune Afrique, le FPR refuse toutes négociations avec toutes organisations de réfugiés. En effet, « *le RDR n'est pas moins récusé par les dirigeants de Kigali en tant que représentant des réfugiés. C'est ainsi que le gouvernement a rejeté la proposition du médiateur américain, l'ancien Président Jimmy Carter, de faire participer ce mouvement à la table ronde sur les réfugiés burundais et rwandais organisée au Caire en novembre 1995. C'est ainsi également qu'il refuse régulièrement de se faire représenter aux rencontres informelles proposées par des organisations non*

---

[340] Jeune Afrique N° 1847 du 29 mai au 4 juin 1996.
[341] Si bien sûr, s'il jouissait de toutes les prérogatives d'un ministre de l'Intérieur.
[342] Op.cit, Rwanda : Racisme et Génocide.

gouvernementales allemandes ou belges. En somme, les quelques trois millions de réfugiés rwandais ne doivent pas être représentés par qui que ce soit. Il ne leur est demandé que de rentrer chez eux. Et faire confiance au gouvernement. Voilà pourquoi les candidats au retour ne sont pas légion. »[343] Ce refus du FPR de dialoguer avec les réfugiés constituait un obstacle majeur au retour des réfugiés. Il est admis que l'on ne peut jamais résoudre un problème sans discussion. Ici, il s'agit d'un problème très grave qui concerne plus de 2 millions de réfugiés et qui pose une question sécuritaire dans toute la région.

En janvier 1996, le journal Jeune Afrique a publié une lettre écrite par Innocent Butare le 27 décembre 1995 à Paul Kagame. Dans cette lettre, on peut lire : « Étant *donné qu'à l'intérieur du territoire du Rwanda vous êtes le seul qui détenez le pouvoir de donner le feu vert à cet acte salutaire qui permettrait de débloquer la situation et ouvrirait le chemin de la paix durable et du développement, le RDR vous renouvelle sa disponibilité immédiate et permanente pour le dialogue politique.* »[344] Cette lettre montre une fois de plus que les réfugiés étaient disposés au dialogue et au compromis.

Le FPR, qui avait pris le pouvoir au Rwanda en 1994, était principalement constitué de descendants de réfugiés Tutsi. Les Tutsi ont toujours été une minorité au Rwanda. Selon Jeune Afrique,[345] le FPR, dans sa volonté de consolider son pouvoir, avait limogé l'ancien Premier ministre Faustin Twagiramungu en août 1995 ainsi que le ministre de l'Intérieur Seth Sendashonga, qui étaient tous deux Hutu. Si ce limogeage était effectivement motivé par le désir du FPR de maintenir son emprise sur le pouvoir, le retour de plus de 2 millions de réfugiés Hutu ne serait pas favorable au FPR. En effet, si tous les réfugiés Hutu rwandais rentraient chez eux, ils pourraient certainement trouver un leader. Étant donné que le pays sortait à peine d'une guerre, la communauté internationale aurait probablement soutenu l'organisation d'élections présidentielles pour éviter toute nouvelle crise. Les Tutsi étant une minorité, après les élections, le pouvoir pourrait très bien passer entre les mains des Hutu.

---

[343] Jeune Afrique N° 1827 du 11 au 17 janvier 1996.
[344] Jeune Afrique N°1827 du 11 au 17 Janvier 1996, p 11.
[345] Jeunes Afrique N°1841 du 17 au 23 avril 1996.

Comme mentionné précédemment, parmi les réfugiés rwandais au Zaïre se trouvaient des membres des FAR et des Interahamwé, responsables du génocide. Ces individus étaient à l'origine de l'insécurité dans les camps et commençaient à s'organiser pour attaquer le Rwanda, risquant ainsi de déclencher une nouvelle guerre. Cette situation posait un problème aux ONG intervenant dans les camps, notamment au HCR, en ce qui concerne la gestion des camps et la sécurité. Cela constituait également une menace sécuritaire pour tous les pays de l'Afrique des Grands Lacs, en particulier le Rwanda. Par conséquent, résoudre ce problème était devenu une urgence majeure pour la communauté internationale et les pays de la sous-région. Face à cette situation, le Rwanda et son allié, l'Ouganda, ont mis en place une rébellion zaïroise dirigée par Laurent Désiré Kabila. L'objectif était de régler cette question sécuritaire et, par la même occasion, de renverser l'ancien allié de Habyarimana, le Maréchal Mobutu.

CHAPITRE 2 :
LES ENFANTS-SOLDATS

La question des enfants soldats dans la guerre zaïroise

Ici, notre analyse porte sur la question des enfants-soldats dans les guerres en Afrique des Grands Lacs, car elle est étroitement liée à notre problématique de base, qui consiste à étudier les causes et les conséquences de l'échec des accords d'Arusha. Depuis son accession à l'indépendance, la République démocratique du Congo (ex-Zaïre) a connu de nombreux événements tragiques. Cependant, l'événement du 16 janvier 2001 reste l'un des épisodes les plus dramatiques de son histoire contemporaine. En effet, ce jour-là, vers 14 heures un, « Kadogo »[346] nommé Rachidi pénétra dans le bureau du Président Laurent-Désiré Kabila au Palais de Marbre alors que ce dernier était en réunion avec l'un de ses conseillers. Il tira deux fois à bout portant sur le Président de la République.

Le Président Kabila avait dirigé la rébellion en 1996 qui avait chassé Mobutu du pouvoir. Durant sa quête du pouvoir, l'armée de Kabila était composée en grande partie d'enfants soldats, la plupart originaires du Kivu.[347] Ce qui signifie que le Président Kabila avait dans son entourage des enfants soldats originaires de cette région de l'extrême Est du Congo. Cette présence d'enfants soldats lui a été fatale, car il a été assassiné par l'un d'eux.

À partir de ce petit rappel de cet événement dramatique, il est important de se poser les questions suivantes : Qu'est-ce qu'un enfant soldat ? Pourquoi des enfants sont-ils devenus des soldats ? Et pourquoi l'armée de Kabila était essentiellement composée d'enfants soldats ?

Nous pouvons définir un enfant soldat comme étant une personne qui n'est pas encore majeure, c'est-à-dire qui a moins de 18 ans et qui est enrôlée dans une armée participant à un conflit. Le phénomène des enfants soldats n'a pas fait son apparition durant la guerre au Zaïre. Il a toujours existé. Dans les guerres au Liberia, en Angola ou au Soudan, les enfants soldats étaient aux premières lignes. Plusieurs documentaires, films et ouvrages ont été produits sur ce phénomène. Mais ce qui est remarquable dans la guerre au Zaïre, c'est le nombre d'enfants qui y ont participé, estimé par la Banque mondiale à 30 000.

Il est important de souligner que nous sommes toujours sur les conséquences de l'échec des accords d'Arusha. Sans aucun doute,

---

[346] Kadogo signifie en swahili « tout petit »
[347] La région frontalière avec le Rwanda, le Burundi et l'Ouganda

cet échec a contribué à la chute de Mobutu. En effet, la reprise de la guerre au Rwanda, matérialisée par l'échec des accords, a entraîné la problématique des réfugiés rwandais au Zaïre. Cette migration des réfugiés rwandais vers le Zaïre a été à l'origine de la guerre au Zaïre, qui s'est conclue par la prise du pouvoir par le Président Laurent Désiré Kabila.

Les causes de la guerre de 1996

Comme nous l'avons souligné, en 1996 une guerre avait éclaté au Zaïre. Le conflit opposait les forces gouvernementales du Zaïre et les rebelles zaïrois dirigés par un Luba[348] du nom de Laurent Désiré Kabila. La rébellion de Kabila avait commencé dans les années 60, car il était un des partisans de Patrice Lumumba. Ses attaques avaient toujours été contenues par le président Mobutu. En 1996, Kabila sort de l'ombre et lance une grande offensive militaire à l'Est du Congo. Un an plus tard, en 1997, il réussit à prendre Kinshasa, la capitale, et à chasser Mobutu du pouvoir. Son armée, considérée comme une armée de libération, était essentiellement constituée de jeunes soldats, ce qui explique la moyenne d'âge extrêmement basse de cette armée.

Cette guerre avait commencé à être préparée quelques mois après le génocide rwandais. Pour mener une guerre, il faut des combattants. Les recruteurs ciblaient principalement les enfants du Kivu, la région frontalière avec le Rwanda, l'Ouganda et le Burundi. Ces enfants étaient souvent enlevés[349] pour être conduits au Rwanda où ils suivaient leur formation militaire. C'est dans cette logique que de nombreux enfants avaient été enrôlés pour renforcer les rangs de l'armée des rebelles. À ce niveau, une question se pose : En quoi le Rwanda et l'Ouganda étaient-ils impliqués dans cette guerre ?

Nous sommes en 1996, soit deux ans après le génocide rwandais. Dans nos précédents chapitres, nous avons souligné qu'à la suite de la victoire du FPR (Front Patriotique Rwandais) au Rwanda, plus d'un million de Rwandais se sont réfugiés à l'est du Congo. Parmi eux se trouvaient des soldats des FAR (Force Armée Rwandaise) qui

---

[348] Une des ethnies en République Démocratique du Congo.
[349] Op.cit, Van Reybrouck. D, P 447.

avaient réussi à franchir la frontière congolaise avec leurs armes grâce à l'opération Turquoise.[350]

En 1995, plusieurs organisations internationales intervenant auprès des réfugiés, telles que Human Rights Watch et Amnesty International, dénonçaient un processus d'organisation et de réarmement[351] des ex-FAR en vue d'attaquer le Rwanda pour reprendre le pouvoir. Face à cette situation, l'objectif de l'ONU était de séparer les réfugiés des militaires. Il est important de noter que le phénomène de militarisation des camps de réfugiés n'était pas spécifique aux camps des réfugiés rwandais au Zaïre. En effet, dans les années 70, les camps de réfugiés sud-africains au Mozambique abritaient des éléments armés du Congrès national africain (ANC) et du Congrès panafricain (PAC).

Malgré les efforts et les appels des ONG, l'ONU n'avait pas réussi à réaliser cette mission. En effet, le HCR[352] chargé des camps de réfugiés, n'avait ni le mandat ni la capacité de procéder à la démilitarisation des camps de réfugiés. Conformément au droit international des réfugiés, le Zaïre, pays qui avait accueilli les réfugiés, devait assurer la sécurité des camps. Cependant, compte tenu des problèmes que connaissait ce pays, assurer la sécurité des camps était au-delà de ses capacités.

La victoire du FPR ne serait pas totale tant que la menace d'une attaque des éléments des FAR dans les camps de réfugiés ne serait pas écartée. Ainsi, pour le Rwanda, il était nécessaire de trouver un moyen de vaincre totalement les soldats des FAR (Forces Armées Rwandaises). Cependant, étant donné que les FAR et les Interahamwe se trouvaient dans un pays étranger, en l'occurrence le Zaïre, le Rwanda ne pouvait pas les attaquer directement sans violer l'intégrité territoriale du Zaïre.

La question identitaire constitue le fondement de toutes les crises au Zaïre. Dans la région du Kivu, nous retrouvons de nombreux Rwandophones. Cependant, ces personnes ont toujours été marginalisées tant par le Président Mobutu que par la population zaïroise. Il est également important de souligner que le Zaïre a connu plusieurs rébellions sous Mobutu, mais celles-ci n'ont pas réussi à

---

[350] L'opération Turquoise est une opération militaire organisée par la France et autorisée par la résolution 929 du 22 juin 1994 du Conseil de sécurité de l'ONU pendant le génocide des Tutsis au Rwanda

[351] François. J (dir), Rapport annuel sur les crises majeures et l'action humanitaire, Paris, Editions la Découverte, 1995, p 118.

[352] 245-274 UNHCR ch 10 Fr

obtenir suffisamment de force et de représentativité pour défier le pouvoir central à Kinshasa.

La solution envisagée par le nouveau gouvernement rwandais était de former et d'armer les opposants, en passant par celui qui représentait la rébellion, à savoir Kabila. Cette stratégie permettrait au Rwanda d'attaquer les ex-FAR dans les camps de réfugiés Hutu au Kivu sous le couvert de cette guerre, tout en vainquant Mobutu, qui était un allié du Rwanda sous Habyarimana. C'est dans cette optique que l'Alliance des Forces Démocratiques pour la Libération du Congo (AFDL) a été fondée. Cette alliance regroupait quatre mouvements d'opposition au gouvernement de Mobutu. Formée et encadrée sous l'égide du Rwanda et de l'Ouganda, l'AFDL a consacré les premiers mois de l'année 1996 au recrutement de mineurs Zaïrois en vue d'attaquer leur propre pays.

Donc, nous constatons ici que la guerre au Zaïre découle de la crise rwandaise qui n'avait pas été totalement résolue. Cependant, il est important de noter que notre objectif principal n'est pas d'étudier la guerre au Zaïre, mais plutôt le phénomène des enfants soldats, qui constituait un élément peu répandu jusqu'alors dans les crises en Afrique des Grands Lacs.

Le recrutement des enfants soldats

Dans de nombreuses sociétés anciennes, il était courant de considérer que tout individu capable de monter à cheval était apte à aller à la guerre. Par exemple, dans la société spartiate, les enfants étaient recrutés dès leur plus jeune âge pour suivre des entraînements militaires rigoureux. Lors de la Seconde Guerre Punique, Rome avait recruté des soldats qui n'avaient pas encore atteint l'âge adulte. Durant l'époque moderne, « *au XVIIIe, beaucoup de jeunes enfants étaient utilisés comme mousses sur les navires. Ces marins en culottes courtes, âgés à peine de dix ans, se faufilaient entre les canons des navires pour les asperger d'eau froide. Se trouvant en première ligne, leur sort était souvent terrible.* »[353] Pendant la guerre de Sécession aux États-Unis, de nombreux enfants avaient été engagés dans les armées du Nord et du Sud, et envoyés au front. La Première Guerre mondiale a également vu des centaines de jeunes participer au conflit. De même, lors de la Seconde Guerre mondiale, des enfants ont été incorporés dans les armées nationales, aussi bien

---

[353] Amnistie Internationale, Attention, enfants-soldats ! - dossier pédagogique - page 5

du côté des Axes que des Alliés. « *J'avais 15 ans quand j'ai pris part à cette guerre. En mars 1944, un officier de la Waffen-SS (police allemande pendant la IIIème Reich) est venu dans ma classe et a demandé, après une présentation enthousiaste, s'il y avait des volontaires. J'ai été le premier à lever la main. J'avais été élevé dans le national-socialisme et je ne connaissais rien d'autre.* »[354] Ce témoignage de Florian Geyer est révélateur du phénomène des enfants soldats lors de la Seconde Guerre mondiale.

D'après ce bref survol historique de la question des enfants soldats, nous constatons que ce phénomène était présent depuis l'Antiquité. Comme nous pouvons le voir, dans toutes les guerres citées, les enfants étaient utilisés pour renforcer les effectifs.

Dans les années 2010, selon des organisations internationales comme l'UNICEF, il y avait plus de 250 000[355] enfants soldats présents sur les champs de bataille. Une grande partie se trouvait en Afrique, notamment en Afrique des Grands Lacs, principalement au Kivu.

Pour mener une guerre, une armée est indispensable, et cette armée doit être constituée d'effectifs. Dans le cas du Rwanda et de l'Ouganda, qui avaient pour objectif de créer une armée pour vaincre les FAR au Zaïre et renverser Mobutu, il était nécessaire de constituer une force composée de Zaïrois pour légitimer leur intervention. Cependant, comme nous le savons, la formation d'une rébellion nécessite soit des ressources financières considérables pour recruter des mercenaires, soit un groupe de personnes partageant une vision et une identité commune, comme c'était le cas pour la rébellion du FPR.

Il est important de souligner que, théoriquement, ni le Rwanda ni l'Ouganda ne disposaient des ressources financières nécessaires pour financer une guerre, encore moins pour payer des mercenaires et former une rébellion. Cependant, malgré les difficultés économiques rencontrées par ces deux pays, la guerre au Zaïre a effectivement eu lieu. Cela soulève la question suivante : d'autres pays plus puissants que le Rwanda et l'Ouganda étaient-ils impliqués dans ce conflit ? Comme nous l'avons précédemment souligné, le Congo est extrêmement riche en ressources naturelles, ce qui attire l'intérêt de toutes les grandes puissances mondiales.

---

[354] Idem, p 6. (Extrait du livre « enfants-soldats. Victimes ou criminels de guerre ? », Philippe Chapleau, 2007, Éditions du Rochoi.)
[355] Fiche Thématique Unicef France, 2012.

Former une rébellion avec un groupe de personnes partageant une revendication commune est une option viable, mais cela nécessite un nombre suffisamment important de membres pour espérer déstabiliser un pays. Comme nous l'avons mentionné précédemment, Laurent Kabila ne disposait ni des ressources humaines ni financières nécessaires pour remporter une guerre contre les Forces armées zaïroises. Par conséquent, les planificateurs de cette guerre ont opté pour une autre solution : enlever des enfants, principalement dans la partie extrême-est du Zaïre, pour les former au Rwanda. Cela explique en partie pourquoi l'armée de l'AFDL, qui a pris le pouvoir au Zaïre en 1997, comptait une proportion significative d'enfants parmi ses rangs.

Pour examiner le phénomène du recrutement des enfants-soldats dans la région du Kivu, nous nous concentrerons principalement sur les témoignages d'anciens enfants-soldats, désormais adultes. Ces témoignages sont principalement tirés des rapports d'organisations non gouvernementales et d'ouvrages traitant de la question.

Ruffin Luliba, un ancien enfant-soldat qui était très proche du Président Kabila, a partagé son expérience dans le livre de David Van Reybrouck. Il raconte son recrutement dans l'armée de l'AFDL alors qu'il avait 13 ans et vivait à Goma. Un jour en 1996, alors qu'il participait à un tournoi de football de quartier avec ses amis, Déogratias Bugera, un architecte de Goma, est venu les regarder jouer. Après le match, il leur a promis des équipements de football s'ils remportaient la finale. Motivés par cette promesse, Ruffin Luliba et ses amis ont redoublé d'efforts pour remporter le tournoi. Après leur victoire, Déogratias Bugera les a emmenés dans sa voiture pour récupérer les cadeaux : « *C'était un de ces pick-up à la benne recouverte d'un filet. Nous étions treize enfants. Le plus âgé avait 16 ans, les autres 14 ou 15. Mon camarade Rodrick, celui qui partageait ma chambre, nous a aussi accompagnés. Nous sommes partis en direction de Bukavu, mais nous ne nous y sommes pas arrêtés. Nous avons continué jusqu'à la frontière avec le Rwanda. Près du pont qui enjambe la Ruzizi, nous avons franchi la frontière. Il n'y a même pas eu de formalités à la frontière, pas de douane, pas de services d'immigration, rien. Nous avons poursuivi notre route jusqu'à un petit aérodrome. « Attendez ici », a dit Deogratias, et il est parti. Nous ne savions pas exactement où nous étions, nous étions de simples élèves. Il était six heures du soir et la nuit commençait déjà à tomber. Nous avions peur que le directeur de l'internat nous punisse et nous avons commencé à pleurer. À sept heures, un gros camion est arrivé et nous avons dû y monter. Le voyage a duré cinq heures. « Que va dire le directeur ? » nous demandions nous. C'était notre principal souci. Finalement, nous sommes arrivés au centre d'entraînement militaire de Gabiro. On ne nous a pas donné des chaussures de football, mais des bottes en caoutchouc, pas des bottes en cuir comme chez nous. Il y avait vraiment beaucoup d'enfants dans ce camp, tous enlevés à Goma et à Uvira. »*[356] Ce témoignage révèle de manière poignante le processus insidieux de recrutement des enfants par l'AFDL. Deogratias Bugera, un Banyamulenge du Nord-Kivu, a exploité la naïveté des enfants pour les manipuler. Leur recrutement s'est fait dans le mensonge, sacrifiant ainsi leurs vies et leurs éducations. Ce jour-là, Ruffin et ses amis ont été envoyés vers un destin funeste, leurs vies transformées en tragédie. Ils ont été privés de cette période cruciale de transition entre l'enfance et l'âge adulte.

Les recruteurs étaient des Banyamulenges, des Congolais d'origine rwandaise, et c'est sous le sol rwandais que les enfants ont été formés. Ruffin Luliba a mentionné le camp de formation de Gabiro, situé dans l'Est du Rwanda, comme l'endroit où ils ont été entraînés. Il est important de souligner que l'utilisation des enfants dans les conflits est interdite par la charte africaine des droits et du bien-être de l'enfant. Cette pratique est si condamnable que l'un des chefs d'accusation portés contre l'ancien président libérien Charles Taylor concerne précisément l'utilisation d'enfants soldats[357].

Il est essentiel de souligner que dans la plupart des pays africains, les frontières ne sont pas suffisamment surveillées. Cette réalité a contribué, en partie, à l'introduction au Mali d'armes en provenance de la Libye après la chute de Kadhafi, ce qui a alimenté la crise dans le pays depuis 2012. Les frontières poreuses dans de nombreux pays africains résultent du manque de ressources. Par exemple, le Congo, qui est environ quatre fois plus grand que la France et partage des frontières avec neuf pays, nécessiterait des moyens considérables pour surveiller efficacement ses frontières.

Ruffin Luliba dans son témoignage souligne que dès leur arrivée dans le camp de formation, ils leur hurlaient que « *vous devez vous débarrasser de Mobutu, vous êtes les futurs libérateurs de votre*

---

[356] Van Reybrouck. D, Le Congo une Histoire, traduit par Isabelle Rosselin, Actes Sud, 2012, p 447.
[357] Amnestie International, Attention, enfants-soldats ! Dossier pédagogique, p14.

pays. »[358] Ils n'ont pas attendu longtemps pour leur expliquer pourquoi ils étaient dans ce camp au Rwanda. Le fait de dire à ces enfants qu'ils étaient les futurs libérateurs de leur pays était une manière de les galvaniser, de cultiver en eux un sentiment patriotique.

Toujours selon Ruffin : « *Il y avait deux bataillons dans le camp. Notre formation a duré six mois. Trois mois d'entraînement physique pour le champ de bataille et l'espionnage. Deux mois de formation idéologique, censée nous inculquer l'objectif de la guerre. Un mois de préparation concrète.* »[359] L'entraînement était bien structuré. Il comprenait trois mois d'entraînement physique et de formation à l'espionnage, car la guerre allait être très exigeante physiquement. En effet, de Kivu, il faudrait parcourir plus de 2000 km de forêt tropicale dense pour atteindre Kinshasa, la capitale congolaise. Ensuite, il y avait deux mois de formation idéologique. La question idéologique occupe une place importante dans toute guerre, car elle donne du sens à la lutte. L'idéologie identitaire était prédominante dans toutes les guerres en Afrique des Grands Lacs. Pendant la formation, l'idéologie inculquée aux enfants soldats était de combattre Mobutu, accusé de piller les richesses du pays au détriment de la population et d'attiser les tensions interethniques pour se maintenir au pouvoir.

Le témoignage d'Ishmael Beah dans son ouvrage : « *Le chemin parcouru, mémoires d'un enfant soldat* », nous montre que la question idéologique est au cœur de la formation d'un enfant soldat. En effet, selon Ishmael Beah, pour les galvaniser et leur transmettre la rage de combattre les rebelles, l'officier chargé de leur formation leur répétait tout le temps : « *N'oubliez pas que ce sont les rebelles qui ont exterminé votre famille et sont responsables de tout ce qui vous est arrivé.* »[360] Ici, nous constatons que le formateur introduisait la haine envers les rebelles chez les enfants. La famille est la chose la plus sacrée que l'on puisse avoir. Ainsi, pour les formateurs, impliquer la famille était le moyen le plus rapide et le plus efficace de donner aux enfants une motivation très légitime pour faire la guerre et venger leurs proches.

---

[358] Idem.
[359] Op.cit., p 449.
[360] Baeh. I, Le chemin parcouru, mémoires d'un enfant soldat, traduit de l'anglais par Jacques Martinache, New York, Presses de la cité, 2007, p 152.

Le travail psychologique avait porté ses fruits : les enfants exécutaient les ordres. Dans de nombreux témoignages de la guerre au Kivu, des enfants soldats expliquent qu'ils tuaient sur ordre de leurs commandants par crainte pour leur propre vie ; refuser signifiait leur propre exécution. Il est important de souligner qu'un enfant est plus manipulable qu'un adulte. Ce que souligne Ishmael Beah, quand le commandant parlait, « *je l'écoutais et j'avais l'impression d'occuper une place importante parce que je faisais partie d'un groupe qui me prenait au sérieux et que je ne fuyais plus personne.* »[361] L'enfant est comme une coquille vide, prête à être remplie. Contrairement à l'adulte, il ne se pose pas beaucoup de questions et ne pense pas à l'après-guerre. Il vit dans l'instant présent. Éloigné de son foyer et de ses repères habituels, l'enfant se sent souvent plus loyal car il a l'impression d'appartenir à une famille de substitution, engagé dans une cause. Les enfants sont souvent drogués[362] pour avoir le courage de combattre.

La manière dont Ruffin a été recruté différait de celle d'Ishmael. En lisant le témoignage d'Ishmael dans son ouvrage, on se dit que son recrutement était légitime et justifié. Cependant, compte tenu des conséquences de son recrutement (traumatismes, dépendance à la drogue, changement de personnalité, perte d'innocence, etc.), il est évident qu'aucun enfant ne devrait être recruté pour combattre.

Ishmael est un Sierra-léonais, il avait 12 ans en 1992 lorsque les rebelles avaient attaqué son village. Seul survivant de sa famille, pour sauver sa vie, il fuit pendant des mois de village en village pour échapper aux rebelles. Arrivé avec d'autres enfants dans un village qui était contrôlé par l'armée sierra-léonaise, au moment où ils pensaient qu'ils étaient enfin en sécurité, le commandant de l'armée leur dit que s'ils voulaient rester dans ce village, il fallait qu'ils prennent les armes pour lutter contre les rebelles, car les militaires étaient en sous-effectif. N'ayant pas le choix, ils se sont engagés et ont reçu une formation accélérée pour devenir des enfants soldats. Les plus petits parmi eux avaient 8 ans et les plus âgés avaient 16 ans. Ils se sont engagés d'abord pour ne plus fuir les rebelles, mais aussi pour venger leurs familles.

Les recrutements d'enfants soldats se faisaient souvent par la force. Parmi les membres des milices des Mai-Mai, nombreux étaient des mineurs, enrôlés de force après que leurs villages aient

---

[361] Op.cit., p 167.
[362] Idem.

été attaqués. Nous avons suivi le témoignage[363] de José Maria Jao, un ancien enfant soldat de la guerre en Angola, qui réside actuellement en Afrique du Sud. À l'âge de 12 ans, son village a été attaqué et il a été enrôlé de force pour combattre.

Le phénomène de recrutement des enfants soldats s'était largement répandu au Kivu après la guerre de 1996, en raison du désordre créé par la guerre du Zaïre. Comme mentionné précédemment, l'absence d'autorité étatique dans la région avait donné lieu à la formation de nombreuses bandes armées, motivées soit par la quête de richesses dans le Kivu, soit par des enjeux identitaires. Cette situation avait accentué le recrutement d'enfants soldats, toutes les méthodes étaient utilisées pour les enrôler. Au Kivu, trouver des enfants à enrôler n'était pas difficile. En raison de la guerre, de nombreux enfants avaient perdu leurs parents, soit par décès, soit lors de leur fuite vers l'Ouest. Par conséquent, il y avait de nombreux enfants sans famille errant dans les rues du Kivu, ce qui les rendait des cibles faciles pour les bandes armées.

Agostino Pacciani dans son documentaire intitulé « *Kivu* » nous a recueilli des témoignages d'enfants soldats : « *À 7 ans, j'ai rejoint la milice Mai-Mai. Je voulais défendre mon pays, nous n'étions pas payés. Ils menaçaient de tuer nos familles si nous fuyons le camp.* »[364] Ce témoignage nous montre que même les plus petits étaient recrutés. Cet enfant de 7 ans avait été enrôlé et menacé pour l'empêcher de fuir. D'autres s'étaient engagés de leur propre volonté : « *Notre village a été attaqué deux fois. Mon grand-père, ma sœur et mon frère ont été tués. J'avais 12 ans et je me suis engagé. De ma propre volonté.* »[365] D'après ce témoignage, nous constatons également que certains enfants s'engageaient de leur propre volonté, motivés par un désir de vengeance. Souvent, ils rejoignaient des milices ethniques et considéraient l'ethnie adverse comme leur ennemie, en raison des violences perpétrées contre les leurs. C'était le cas entre les Hema et les Lendu, qui avaient chacun leur milice[366] et se considéraient mutuellement comme des ennemis jurés.

---

[363] CCTV France, Visage d'Afrique 07/08/2016 La rédemption d'un ancien enfant soldat, 7 juillet 2016.
[364] Documentaire RDC-Kivu, 2014, 27 minutes, réalisé par Agostino Pacciani, production Monde Migrant.
[365] Van Reybrouck. D, Le Congo une Histoire, traduit par Isabelle Rosselin, Actes Sud, 2012, p 492.
[366] Deux ethnies du Congo.

Selon l'ONG JRS Grands Lacs,[367] une organisation présente en République Démocratique du Congo, au Burundi et au Rwanda, 71 % des enfants soldats recueillis déclaraient s'être enrôlés de leur plein gré, et 11 % affirmaient avoir été recrutés de force. À la lumière de ces pourcentages, nous pouvons comprendre que le phénomène des enfants soldats au Congo n'était pas perçu comme un désastre par tous les enfants impliqués.

À la suite de l'attaque de 1996, la guerre avait détruit de nombreux emplois et avait accentué la misère et la pauvreté. Beaucoup de familles n'arrivaient plus à nourrir leurs enfants. Devant cette situation, certains enfants intégraient les groupes armés pour s'assurer d'une ration alimentaire et gagner de l'argent lors des opérations de pillage. Lorsque les groupes armés attaquaient un village, ils pillaient et se partageaient le butin. La pauvreté constituait aussi l'une des causes de l'enrôlement volontaire des enfants dans les armées.

Dans la plupart des groupes armés, il y avait des enfants âgés entre 7 et 8 ans, souvent appelés les « *enfants associés* ». Leur travail consistait généralement en l'espionnage. Ces enfants, dans la crise congolaise, ne portaient généralement pas d'armes. Mais selon Ishmael Beah, dans leur groupe, il y avait deux enfants de 8 ans, Sékou et Ishia, qui avaient tous deux des Kalachnikovs comme tout le monde. Leurs armes tombaient souvent, car ils n'avaient pas assez de force pour les tenir.

Ce qui nous interpelle dans le témoignage d'Ishmael Beah est le fait que des enfants de 8 ans portent des armes, ce qui signifie qu'il y avait des armes pour tout le monde, même pour les plus petits. Or, dans la majorité des pays africains, il n'y a pas d'usine d'armement, et la plupart du temps, il y a des embargos sur les exportations d'armes vers ces pays en guerre. Pourtant, il est rare que ces groupes armés rencontrent des problèmes d'armes ou de munitions.

---

[367] Clemesac. N, Comprendre le phénomène des enfants soldats, Bujumbura, février 2007, p 10.
Le Service Jésuite des Réfugiés est une organisation internationale qui œuvre dans une cinquantaine de pays. Sa mission consiste à accompagner, servir et défendre les droits des réfugiés et des personnes déplacées de force. La mission du JRS s'étend à tous ceux qui sont obligés de fuir leurs maisons pour raison de conflit, de désastre humanitaire ou de violations des droits humains.

Rôles des enfants dans une guerre

Le premier rôle des enfants-soldats est de gonfler les rangs des armées. La plupart des groupes armés recrutent des enfants pour avoir plus de combattants. Les enfants occupent toujours les premières lignes sur les champs de bataille. Ils sont souvent envoyés pour espionner l'ennemi, ce qui les met en danger car ils peuvent être capturés à tout moment. Ruffin nous donne un témoignage sur l'utilisation des enfants soldats comme espions dans la guerre au Zaïre : « James Kabarebe a dit : *« J'ai besoin de dix Kadogo de Bukavu, de dix d'Uvira et de dix de Goma. »* *Je me suis proposé et nous avons dû nous déguiser en enfants des rues pour aller espionner. James m'a dit : « Je te confie cette mission. Va voir les FAZ (forces armées zaïroises, l'armée gouvernementale de Mobutu). Regarde les armes qu'ils ont. Regarde s'ils obtiennent des renforts. » Il m'a donné un Motorola pour rester en contact avec lui. J'ai traversé la frontière en haillons et je suis allé voir dans leur camp à Bukavu. Quand je suis arrivé, les soldats étaient en plein pillage. L'un d'eux m'a crié que je devais l'aider à transporter son butin ! J'ai caché le Motorola. C'était le chaos. Il y avait des coups de feu. Puis je suis retourné au Rwanda pour raconter à James ce que j'avais vu. »*[368] James Kabarebe est un Rwandais très proche du Président Paul Kagame. Toutes les personnes intéressées par les questions politiques du Rwanda connaissent sans aucun doute James Kabarebe, qui a été longtemps considéré par certains comme le numéro 2 du pays, juste après le Président Kagame.

Le personnage de James Kabarebe peut constituer un résumé du désordre politique des pays de l'Afrique des Grands Lacs. En effet, ayant grandi en Ouganda comme Paul Kagame, il a participé à la rébellion ougandaise qui a porté Yoweri Museveni au pouvoir. Par la suite, il est devenu officier des services de renseignements ougandais. Avec la création du FPR, il s'est engagé dans le conflit au Rwanda jusqu'à la victoire finale en 1994. Ensuite, pour contrer la menace d'une nouvelle attaque rwandaise par les ex-FAR réfugiés au Zaïre, il a dirigé les opérations de l'AFDL lors de la guerre du Zaïre. Après la victoire de Kabila sur Mobutu, Kabarebe est devenu chef d'état-major de l'armée congolaise. Suite à des tensions entre Kabila et ses anciens alliés rwandais et ougandais, il est retourné au Rwanda pour occuper des fonctions gouvernementales. De 2010 à 2018, il a été ministre de la Défense du Rwanda.

---

[368] Op.cit., Congo une histoire, p 450.

James Kabarebe a dirigé toutes les opérations de la guerre jusqu'à la chute de Kinshasa. Comme illustré par le témoignage de Ruffin, il a envoyé des enfants, les « Kadogo », en tant qu'espions dans trois grandes villes du Kivu pour préparer l'attaque de l'AFDL. Ces enfants, se fondant parfaitement dans le décor en se déguisant en enfants des rues, lui ont fourni des informations cruciales. Ces renseignements ont renforcé la confiance de James Kabarebe, sachant qu'une armée qui pille la population ne serait pas suffisamment organisée pour faire face à une invasion étrangère bien planifiée. Ce désordre a facilité la tâche de James Kabarebe.

Le fait qu'il y avait des pillages et des coups de feu de la part de l'armée zaïroise témoigne du chaos et du désordre total régnant au Kivu, indiquant que Mobutu ne contrôlait plus entièrement le pays. Il est essentiel de noter que l'histoire militaire du Congo indépendant est marquée par de nombreuses crises au sein de l'armée, souvent accompagnées de campagnes de pillages. Ainsi, la crise militaire de 1996 a favorisé la rébellion en créant un environnement propice à son avancement.

Face à cette situation chaotique et à l'insécurité généralisée, la majorité des Zaïrois étaient déterminés à chasser Mobutu du pouvoir à tout prix. Ainsi, malgré l'impopularité de Kabila au Zaïre, son armée a triomphé en entrant à Kinshasa. Il est important de noter que le ras-le-bol du régime de Mobutu avait conduit les Zaïrois à ne pas être trop exigeants quant à la composition de l'armée de libération. Cette armée, en plus des enfants soldats, comptait des combattants de nationalités zaïroises, rwandaises et ougandaises, ce qui avait créé des tensions et des conflits d'intérêts au sein de celle-ci, menant finalement à la deuxième guerre du Congo.

Ce témoignage de Ruffin apporte une réponse à la question de savoir comment un grand pays comme le Zaïre a pu être vaincu par un groupe de rebelles armés dirigés par des pays plus petits sortant à peine d'une guerre. Avant le déclenchement de la guerre, l'armée zaïroise n'était pas bien organisée. Les services de renseignements de l'Armée Zaïroise, essentiels à son fonctionnement, étaient défaillants et n'avaient pas suivi les informations sur les kidnappings des enfants soldats pour leur formation au Rwanda. Cette négligence a empêché l'Armée Zaïroise d'anticiper une attaque imminente soutenue par le Rwanda, de se préparer et de renforcer ses effectifs dans l'extrême-est du Zaïre.

Les instigateurs de la chute de Mobutu avaient réussi leur mission en détruisant les camps de réfugiés rwandais au Zaïre. Une partie des réfugiés était retournée au Rwanda, tandis que d'autres, notamment des ex-FAR et des civils réticents au retour, avaient fui vers les forêts du Zaïre pour échapper à l'attaque.

Les solutions au phénomène des enfants soldats

La réintégration

Il est admis aujourd'hui que l'utilisation des enfants dans les conflits constitue un crime contre l'humanité. Ce phénomène est condamné par tous les pays Africains.[369] En effet, selon l'OUA, « *les États partis à la présente prennent toutes les mesures nécessaires pour veiller à ce qu'aucun enfant ne prenne directement part aux hostilités et en particulier, à ce qu'aucun enfant ne soit enrôlé sous les drapeaux.* » La Charte africaine des droits et du bien-être de l'enfant, signée par tous les pays membres de l'Organisation de l'Unité Africaine (OUA) en 1990, a été violée par plusieurs pays signataires. Un exemple est la Sierra Leone, où l'armée a recruté des enfants soldats. Le Liberia est également connu pour cette pratique, ayant été largement documentée dans des ouvrages[370] et des documentaires sur ce thème dans ce pays.

La place de l'enfant ne devrait pas être sur les champs de bataille, mais plutôt dans les salles de classe, où il doit être formé à la lecture et à l'écriture plutôt qu'à manier une arme. Depuis 1996, plusieurs programmes ont été mis en place par des organisations internationales en partenariat avec le gouvernement de la République démocratique du Congo pour lutter contre ce fléau et protéger les enfants.

Pour mettre fin à la situation des enfants soldats, le gouvernement de la République démocratique du Congo avait lancé un programme appelé Désarmement, Démobilisation et Réinsertion (DDR). Ce programme visait à désarmer, démobiliser et réinsérer les combattants, avec une approche spécifique pour les enfants soldats. Les adultes sont intégrés dans l'armée congolaise, tandis que les enfants sont confiés aux Agences de Protection de l'Enfant (APE),[371]

---

[369] Charte Africaine des droits et du bien-être de l'enfant, Addis-Abeba (Ethiopie), juillet 1990.
[370] Kourouma. A, Allah n'est pas obligé, Paris, Editions du Seuil, Septembre 2000.
[371] Groupe de recherche et d'information sur la paix et la sécurité, Le désarmement, la démobilisation et la réinsertion des combattants en RD Congo, 11 août 2006.

supervisées par l'UNICEF. Dans ces centres, les enfants accédaient à l'éducation et recevaient de l'aide pour retrouver leur famille. Cependant, de nombreux enfants soldats refusent de se faire désarmer, car les programmes ne prévoyaient pas de soutien financier pour eux et ne permettaient pas leur intégration dans l'armée. Certains préféraient attendre d'être majeurs pour accepter la démobilisation, ce qui compliquait la résolution du problème. Malgré ces défis, l'UNICEF avait réussi à démobiliser de nombreux enfants soldats, y compris ceux proches du Président Kabila comme Ruffin Luliba.

Selon Ishmeal Beah, pendant qu'ils étaient dans leur camp en pleine forêt, ils avaient aperçu un camion : « *quatre hommes vêtus de jeans impeccables et de tee-shirts blancs portant l'inscription UNICEF en lettres bleues en sont descendus. L'un d'eux était un Blanc et un autre, un Libanais peut-être, avait aussi la peau claire. Les deux derniers étaient de Sierra Leone ; l'un avait des scarifications tribales sur les joues, l'autre portait sur les mains des marques semblables à celles que mon grand-père m'avait faites pour me protéger des piqûres de serpent. Ils étaient trop propres, trop nets pour avoir fait la guerre. Un soldat les a conduits à la maison du lieutenant, qui les attendait. Tandis qu'ils parlaient dans la véranda, nous les observions du manguier autour duquel nous étions assis, nettoyant nos armes. Au bout d'un moment, le lieutenant a serré la main des deux étrangers et a appelé le soldat qui gardait la maison. L'homme a couru vers nous, nous a dit de nous mettre en rangs, puis il a fait le tour de la ville pour rassembler tous les autres garçons en criant « Ordre du lieutenant ! ». Habitués à obéir, nous nous sommes mis en ligne et nous avons attendu. Le lieutenant s'est approché et nous l'avons salué en nous attendant à l'entendre parler de notre prochain raid contre un camp rebelle. Il est passé lentement devant notre file. Suivi par les visiteurs, souriants.*

- Ceux que je désigne sortent du rang, a-t-il ordonné. Compris ?

-Oui, lieutenant ! Avons-nous beuglé en saluant. Les sourires des visiteurs s'étaient effacés.

- Repos. Toi... toi...Le lieutenant tendait l'index en descendant la file. Quand il m'a choisi, je l'ai regardé dans les yeux, mais il m'a ignoré et a continué sa sélection. Il a pris aussi Alhaji, mais pas

Kanei, peut-être parce qu'il était plus âgé. Au total, quinze d'entre nous ont été désignés. »[372]

D'après le témoignage d'Ishmael Beah, nous comprenons le processus par lequel l'UNICEF parvient à retirer les enfants des armées. Ce travail était réalisé à la fois chez les commandants comme celui d'Ishmael et chez les rebelles. Ishmael rapporte qu'à leur arrivée dans le centre de réintégration, ils y ont trouvé d'autres enfants du même âge venant des camps rebelles. Ce travail remarquable de l'UNICEF mérite d'être salué, car ses agents prennent des risques en s'aventurant dans les forêts et sur les champs de bataille pour libérer les enfants de cette situation. Selon l'UNICEF, environ 250 000[373] enfants soldats ont été libérés, la plupart en Afrique.

Il est important de noter qu'une fois que les enfants étaient enrôlés dans une armée, il leur était très difficile d'en sortir. Tenter de s'échapper du groupe était extrêmement risqué, car s'ils étaient capturés pendant leur fuite, ils risquaient d'être exécutés, souvent en public pour servir d'exemple aux autres enfants. De plus, les camps des groupes armés étaient généralement situés dans des zones forestières éloignées, ce qui rendait la fuite encore plus périlleuse. Les enfants devaient parcourir des jours dans la forêt, exposés au danger de tomber sur les camps ennemis lors de leur fuite.

Une fois libérés par l'UNICEF, les enfants sont conduits dans des centres en ville où ils sont rééduqués avant d'être aidés à retrouver leur famille. Si aucun membre de leur famille n'est retrouvé, l'UNICEF leur trouve une famille d'accueil. Les premiers jours passés dans ces centres sont souvent les plus difficiles pour les enfants, car ils étaient auparavant dépendants de la drogue lorsqu'ils étaient dans les groupes armés. Ainsi, ils peuvent être très agressifs envers le personnel de l'UNICEF en raison du besoin de se droguer. Une fois le processus de désintoxication terminé, le niveau scolaire de chaque enfant est évalué, et des formations professionnelles leur sont proposées afin de favoriser leur réinsertion sociale.

Cependant, malgré les efforts louables de l'UNICEF et des organisations non gouvernementales, ce travail rencontre plusieurs limites, notamment :
- *Problèmes financiers*
- *Suivi des enfants*

---

[372]Op.cit, Le chemin parcouru : Mémoires d'un enfant, pages 173, 174.
[373]Fiche thématique © Unicef France, 2012, p 1.

- *Propagation des guerres*

Les programmes d'intégration des enfants soldats demandent d'importants moyens financiers. Il faut loger les enfants, subvenir à leurs besoins, leur fournir des fournitures scolaires et rémunérer le personnel qui s'occupe d'eux (enseignants, infirmiers). Les programmes de l'UNICEF sont souvent financés par des volontaires et par certains États. Les pays où l'on trouve le phénomène des enfants soldats sont généralement des pays pauvres. Ainsi, les gouvernements de ces pays, avec leur faible budget, préfèrent souvent financer d'autres secteurs tels que la santé et l'accès à l'eau. Au Congo, le nombre d'enfants soldats est estimé à 30 000. Il faudra donc mobiliser plusieurs millions de dollars pour assurer leur intégration à tous.

Après le problème financier, se pose la question cruciale du suivi des enfants une fois qu'ils ont quitté les centres de réintégration. L'UNICEF investit des millions de dollars pour libérer les enfants soldats des groupes armés et les conduire dans les centres, où ils reçoivent une éducation de base et une désintoxication. Cependant, une fois cette phase terminée, les enfants sont souvent laissés à eux-mêmes. Il existe un manque criant de programmes solides visant à assurer une intégration durable et réussie dans la société après leur passage dans ces centres. Selon Agostino Pacciani : « *En parcourant les quartiers de Bukavu, on est frappé par le nombre d'enfants de rue, qui y trainent de jour comme le soir. Ce sont des groupes de jeunes qui n'ont pas d'autre choix que de vivoter dehors en faisant des petits boulots : l'un est gardien de voiture, l'autre nettoyeur de 4x4, son ami organise de petits vols...* »[374] Agostino Pacciani, un photographe qui documente le phénomène migratoire, a mis en lumière Bukavu, une ville qui servait de vivier pour les recruteurs d'enfants soldats. Malgré l'existence de plusieurs centres de réinsertion pour ces enfants dans la ville, beaucoup d'entre eux se retrouvent finalement dans la rue. Contraints de subvenir à leurs besoins, certains se tournent vers la délinquance, tandis que d'autres retournent dans les groupes armés où la guerre offre une source de revenus. Cette réalité met en échec les efforts des ONG pour réinsérer ces enfants dans la société.

La propagation des conflits constitue un autre obstacle majeur à l'éradication du phénomène des enfants soldats. Les guerres, souvent concentrées dans les zones frontalières, recrutent principalement des

---

[374] Agostino Pacciani, Kivu, Un Monde Migrant, p 2.

enfants de ces régions. Malgré les efforts des organisations pour intervenir dans ces territoires et libérer les enfants de cette situation, les conflits peuvent s'étendre et atteindre les zones urbaines, y compris les centres de rééducation. Face à cette menace, de nombreux anciens enfants soldats retournent dans leurs groupes armés d'origine, comme l'a vécu Ishmael Beah. Son parcours, de la réinsertion à la fuite de la guerre jusqu'à son engagement pour les droits des enfants, met en lumière les défis persistants auxquels sont confrontées les interventions visant à protéger les enfants en temps de conflit.

Le devenir des enfants

Il est essentiel de se pencher sur le devenir des enfants soldats après la fin d'un conflit armé. Les parents ont naturellement pour ambition d'offrir une éducation de qualité à leurs enfants, mais cette aspiration est souvent compromise lorsque les enfants sont enrôlés dans des groupes armés. Privés de leur scolarité, ils acquièrent des compétences limitées et se retrouvent souvent illettrés et incapables de s'adapter à la vie civile.

L'exemple des militaires rwandais démobilisés après les accords d'Arusha de 1993 souligne les défis auxquels sont confrontés les anciens combattants lors de leur réintégration dans la société. Toutefois, la situation des enfants soldats en République démocratique du Congo est encore plus préoccupante. En effet, ces enfants, privés d'éducation et de formation professionnelle, représentent l'avenir de la Nation. Sans qualifications ni perspectives, leur réintégration dans la société civile est incertaine, ce qui pose un défi majeur pour le développement et la stabilité du pays.

Il est donc impératif que les gouvernements nationaux et les organisations internationales unissent leurs efforts pour accompagner les enfants soldats dans leur réintégration et leur formation. Des mesures concrètes, telles que des programmes éducatifs adaptés et un soutien psychosocial, doivent être mises en place pour assurer leur transition réussie vers une vie civile stable et productive.

Enfants-soldats Russes lors de la Première Guerre Mondiale

Source: The World's catalog of ideas

Enfant-soldat de 15 ans dans la légion étrangère française, Russie, 1941

Source: The World's catalog of ideas

L'ancien président du Libéria, Charles Taylor, au tribunal à La Haye, le 26 septembre. Photo Koen van Weel. AFP

Parmi les chefs d'accusation de Charles Taylor, figure le recrutement des enfants-soldats dans la guerre libérienne.

Laurent-Désiré Kabila et ses kadogos, les enfants soldats de son armée de libération recrutés au Kivu et formés au Rwanda après le génocide.

© Corinne Dufka / Reuters
Programme de démobilisation des enfants-soldats au Congo

Source : **RFI** 13/09/13

Plus de 2500 ex-enfants soldats ont renoncé aux armes et ont été démobilisés dans le cadre du programme Démobilisation, Désarmement et Réintégration (DDR) initié par la République démocratique du Congo avec le soutien des Nations Unies.

CONCLUSION

Il est crucial de reconnaître que l'histoire politique et sociale du Rwanda a été marquée par des dissensions profondes entre les Hutu et les Tutsi. Ces tensions ont déclenché plusieurs crises politico-militaires, parmi lesquelles le génocide des Tutsi en 1994, suivi de la migration de plus de 2 millions de Hutu vers les pays frontaliers. Ces événements ont déstabilisé toute la région des Grands Lacs, en particulier le Zaïre de Mobutu.

Il est tragique de constater que ces crises ont coûté la vie à plus de 5 millions de personnes dans la région depuis 1994, ce qui en fait la crise la plus meurtrière au monde depuis la Seconde Guerre mondiale. Toutefois, ces crises, notamment le génocide rwandais, auraient pu être évitées si les accords d'Arusha avaient été pleinement appliqués.

Ce livre revêt une importance capitale car il met en lumière un échec pas vraiment étudié : celui des accords d'Arusha. Analyser les raisons de cet échec permettra aux acteurs de la résolution des crises de mieux appréhender les risques et de minimiser les conséquences néfastes à l'avenir.

Les responsabilités de cet échec sont partagées entre les différents acteurs impliqués dans les accords de paix. Nous pouvons commencer par examiner les responsabilités du Front Patriotique Rwandais (FPR) et du gouvernement rwandais.

Effectivement, plusieurs éléments pointent vers la responsabilité du Front Patriotique Rwandais dans l'échec des accords d'Arusha :

1- Le FPR avait refusé catégoriquement d'intégrer le parti politique CDR aux pourparlers à Arusha et de lui accorder une participation aux institutions de transition. Cette exclusion avait entravé les efforts de recherche de la paix nationale, sapant ainsi l'unité et la solidité des accords. Le blocage causé par cette exclusion avait conduit à des retards dans l'application des traités de paix, affaiblissant leur légitimité et leur efficacité.

2- Pendant la période de négociations, le FPR avait violé à trois reprises les cessez-le-feu convenus. Bien que ces violations aient pu être stratégiques, elles avaient compromis la confiance entre les parties et avaient entravé le déroulement harmonieux des pourparlers de paix. Les affrontements et les provocations sur le terrain avaient nui à l'atmosphère de négociation et avaient rendu difficile la recherche d'un accord durable.

3- Le FPR s'était montré inflexible dans ses revendications lors des pourparlers, prolongeant ainsi leur durée de plus d'un an. Cette intransigeance avait compliqué les discussions et avait rendu difficile la recherche de compromis mutuellement acceptables. Dans le contexte délicat des négociations de paix, il était essentiel de faire preuve de souplesse et de bonne volonté pour parvenir à un accord équilibré et durable.

Comme le FPR, le gouvernement rwandais avait contribué à l'échec des accords d'Arusha :

1- Le manque de volonté politique en faveur de l'unité nationale a été flagrant. La presse nationale, sous l'influence du gouvernement, a propagé des discours de haine et de division entre les Rwandais, sans aucune intervention pour les sanctionner. Cette incitation à la division a alimenté les tensions interethniques et a contribué à la radicalisation des groupes extrémistes, tels que les Interahamwe, préparant ainsi le terrain pour le génocide.
2- Après la signature des accords de paix, le gouvernement de Habyarimana a cherché à retarder leur application en ne tenant pas ses engagements. Ce manque de bonne foi dans la mise en œuvre des accords a sapé la confiance et a compromis leur légitimité. Le refus initial du FPR d'inclure le CDR dans les négociations aurait dû être abordé en amont pour éviter ces blocages.
3- Le meurtre de Habyarimana a été un tournant décisif, précipitant le pays dans le chaos et mettant fin aux espoirs de paix suscités par les accords d'Arusha. Bien que les responsables de cet acte n'aient pas été clairement identifiés, il a été largement perçu comme un coup fatal porté aux accords de paix. Les différentes thèses sur les responsables de cet assassinat reflètent les divisions et les suspicions persistantes entre les deux camps.

Ces facteurs combinés avaient sapé les efforts de paix et avaient conduit à une escalade de la violence qui avait abouti au génocide et à des années de conflits dévastateurs dans la région des Grands Lacs africains.

Pour les acteurs non rwandais ayant des responsabilités dans l'échec :

1- Les Nations Unies avaient été chargées de superviser la mise en œuvre des accords d'Arusha et de veiller à la sécurité pendant la période de transition. Cependant, elles n'avaient pas réussi à déployer la force de maintien de la paix dans les délais

convenus, ce qui avait laissé un vide sécuritaire et avait permis aux tensions de s'aggraver, compromettant ainsi la crédibilité des accords.
2- L'Organisation de l'Unité Africaine (OUA), qui avait dirigé les pourparlers d'Arusha, n'avait pas pris les mesures nécessaires pour garantir la mise en œuvre effective des accords après leur signature. Malgré les défis logistiques et financiers, l'OUA aurait pu jouer un rôle plus actif dans le processus de paix en assurant un suivi rigoureux et en mobilisant les ressources nécessaires pour soutenir la transition au Rwanda.
3- L'assassinat du président Ndadayé au Burundi, survenu peu de temps après la signature des accords d'Arusha, avait eu un impact significatif sur la confiance et la stabilité régionale. Cet événement avait renforcé les tensions ethniques et avait alimenté les suspicions entre les Hutu et les Tutsi, compromettant ainsi l'élan vers la réconciliation et la paix au Rwanda.
4- En outre, l'inconditionnel soutien de la France au gouvernement rwandais avait contribué à renforcer les divisions et à perpétuer un climat de méfiance et d'instabilité. Ce soutien a été perçu comme un encouragement tacite à la politique discriminatoire du gouvernement rwandais et avait compromis les efforts visant à promouvoir la réconciliation et la démocratie au Rwanda.

Dans l'ensemble, l'échec des accords d'Arusha a été le résultat de multiples facteurs et de l'incapacité des acteurs nationaux et internationaux à surmonter les obstacles et à œuvrer véritablement en faveur de la paix et de la stabilité dans la région des Grands Lacs africains.

Au vu des éléments qui avaient causé cet échec, le génocide aurait pu être évité, ou du moins les dégâts auraient pu être limités au Rwanda, mais aussi au Zaïre. Si le génocide rwandais avait été évité, le Kivu ne connaîtrait pas l'instabilité qu'il connaît aujourd'hui. Ce que nous voulons dire ici est que s'il y avait eu la volonté des uns et des autres, les 800 000 Tutsi morts au Rwanda en trois mois auraient pu être épargnés, et les millions de morts et de déplacés qu'a connus l'Afrique des Grands Lacs auraient pu être sauvés.

Après avoir analysé les causes de l'échec des accords d'Arusha, nous avons étudié les conséquences de cet échec sur le Rwanda et sur la région des Grands Lacs. La première conséquence de l'échec des accords fut le génocide rwandais. Mais comme nous l'avions souligné, le génocide a été largement étudié par différents spécialistes dans divers domaines. Par conséquent, nous nous sommes penchés sur les conséquences du génocide non seulement au Rwanda, mais dans toute la région des Grands Lacs africains. Ainsi, nous avons centré notre étude sur les interventions des Nations Unies, de la France et des ONG telles que Médecins Sans Frontières. Les interventions de ces trois acteurs avaient entraîné des conséquences différentes dans la région.

Malgré l'abondance de travaux sur l'histoire récente de l'Afrique des Grands Lacs, nous avons remarqué qu'il n'y a pas beaucoup de travaux centrés exclusivement sur les interventions dans cette région. Tout au long de notre travail, nous avons montré que sans les interventions de pays comme la France et d'institutions internationales telles que les Nations Unies, l'UNHCR, MSF, entre autres, l'histoire de l'Afrique des Grands Lacs serait perçue différemment aujourd'hui. Chacun de ces intervenants, à sa manière, a contribué à la résolution des problèmes dans la région. Cependant, comme nous l'avons souligné, malgré les solutions apportées, certains acteurs, avec leurs méthodologies, ont créé de nouvelles crises.

Les Nations Unies :

Ce sont les intervenants naturels lors des crises, car elles représentent la communauté internationale. Donc, très naturellement, les Nations Unies étaient intervenues dès le début avec la MINUAR (Mission des Nations Unies pour l'Assistance au Rwanda). La MINUAR I avait connu un échec, car l'ONU n'avait pas accordé à la mission les moyens nécessaires. Sa mise en place, comme le prévoyaient les accords, avait accusé du retard. Constatant que cette mission était un échec, l'ONU avait décidé de renforcer la MINUAR avec des moyens et des prérogatives beaucoup plus larges. De ce fait, elle avait mis en place la MINUAR II. Cette mission avait pour but de faire cesser le génocide et d'obtenir un cessez-le-feu entre les deux belligérants. Comme nous l'avons montré, après l'approbation de la mission par une résolution du Conseil de Sécurité, l'ONU avait du mal à mettre en place la MINUAR II en urgence.

Ce double échec dans la mise en place d'une équipe d'intervention militaire en urgence soulève toute la question de la réactivité opérationnelle des Nations Unies à intervenir en urgence. Il est évident que les experts de l'ONU ont pu diagnostiquer les problèmes organisationnels de leurs interventions pour les corriger et les rendre plus agiles. Malgré les difficultés rencontrées par l'Organisation internationale, des solutions existent toujours pour minimiser le risque d'échec lors d'une intervention, surtout si elle est urgente. Aujourd'hui, en 2024, il serait inacceptable que l'ONU commette les mêmes erreurs au vu des conséquences dramatiques que ces erreurs peuvent avoir.

    Les conséquences de l'échec des Nations Unies se sont très vite manifestées. Le manque de rigueur dans les délais de mise en place de la MINUAR I a considérablement compromis les accords d'Arusha. En cherchant à faire des économies sur leurs interventions, l'ONU a vu la crise se propager dans toute la région des Grands Lacs. La détérioration de la situation et le transfert de la crise rwandaise vers le Zaïre ont coûté 8 milliards de dollars[375] aux Nations Unies sur une période de 15 ans. En 1999, l'ONU a dû mettre en place une nouvelle mission, la MONUC (Mission de l'Organisation des Nations Unies en République démocratique du Congo), pour faire face à la crise congolaise. En 2010, étant donné la persistance de la crise dans la région, la MONUC a été remplacée par la MONUSCO (Mission de l'Organisation des Nations Unies pour la Stabilisation en RD Congo). La MONUSCO a impliqué la participation de plus de 60 pays membres et constitue la plus grande mission d'intervention des Nations Unies en termes d'effectifs, et sans aucun doute l'une des plus coûteuses de l'histoire de l'organisation intergouvernementale. Pour la période allant de juillet 2016 à juin 2017, le budget de la MONUSCO s'élevait à 1,2 milliard de dollars.[376] Pour la période allant du 1er juillet 2017 au 30 juin 2018, les dépenses de la MONUSCO se sont élevées à 1,14 milliard de dollars.[377] Cela souligne qu'à ce jour, les Nations Unies n'ont toujours pas réussi à stabiliser définitivement la région des Grands Lacs. Il est important de noter que cette crise persiste jusqu'à nos jours. En effet, au vu des tensions entre la RDC et le Rwanda récemment, entre décembre 2023 et janvier 2024, le président Félix Tshisekedi affirme être prêt à déclarer la guerre au Rwanda si ce dernier ne met pas fin à ses provocations dans la région du Kivu.

---

[375] https://www.radiookapi.net/economie/2014/12/06/monusco-en-rdc-8-milliards-de-dollars-depenses-depuis-15-ans.

[376] Trésor Kibangoula, RDC : quel bilan pour la MONUSCO, près de 18 ans après son déploiement ? Jeune Afrique, 30 mars 2017.

[377] Nation Unies, Assemblée Générale, Crédits approuvés au titre des opérations de maintien de la paix pour l'exercice allant du 1er juillet 2017 au 30 juin 2018 (En dollars des États-Unis).

Cela nous conduit à affirmer que si les Nations Unies avaient adopté une meilleure approche face à la crise rwandaise, le déséquilibre dans la région des Grands Lacs et les dépenses astronomiques de la MONUSCO auraient pu être évités, et les tensions diplomatiques entre le Rwanda et la RDC ne seraient pas aussi tendues aujourd'hui.

La France :

Face à l'impuissance de l'ONU à mettre en place la MINUAR II, le Conseil de Sécurité avait approuvé l'intervention de la France en attendant que l'ONU rassemble les moyens humains et matériels nécessaires pour déployer la mission.

La France avait nommé son intervention l'opération Turquoise. Cette opération a suscité de nombreuses critiques de la part de nombreux experts de la région des Grands Lacs et d'ONG. Mise en place vers la fin du génocide, elle a permis de sauver quelques milliers de Tutsi du génocide et a établi une zone humanitaire sûre, fournissant ainsi un soutien logistique aux ONG dans leurs opérations humanitaires. En dépit de ces aspects positifs, cette opération a également permis au gouvernement génocidaire et aux éléments des Forces Armées Rwandaises (FAR) de fuir avec leurs armes vers le Zaïre en se mêlant aux réfugiés. Cela a rendu le travail des ONG beaucoup plus difficile et a étendu le conflit au Zaïre.

Aujourd'hui, il est important de se demander quelle était l'intention de la France en mettant en place cette opération. Comme nous l'avons vu, la France n'est pas intervenue pour arrêter le génocide, mais plutôt pour protéger ses alliés, à savoir le pouvoir de Habyarimana et le gouvernement intérimaire. Cette politique du Président Mitterrand a très probablement engendré d'innombrables problèmes dans la région des Grands Lacs.

Les interventions militaires de la France en Afrique sont toujours d'actualité. En raison de son passé colonial, l'État français cherche à maintenir son influence et à défendre ses intérêts économiques et stratégiques sur le continent.

En 2010, l'armée française est intervenue sous les ordres du Président Sarkozy en Côte d'Ivoire à la suite des crises post-électorales pour faciliter l'accession au pouvoir d'Alassane Ouattara au détriment de Laurent Gbagbo qui menaçait ses intérêts dans le pays.

L'intervention militaire de la France au Mali sous le Président Hollande visait également à défendre ses intérêts sécuritaires et stratégiques dans le Sahara, une région riche en or, en pétrole et en uranium, menacée par les djihadistes.

Toutes les interventions militaires de la France en Afrique sont motivées par des intérêts économiques et géostratégiques. Elles entraînent souvent des conséquences néfastes sur le continent, comme l'illustre parfaitement l'opération Turquoise.

Pour des raisons économiques et stratégiques, la France exerce une forte emprise sur l'économie de ses anciennes colonies, ce qui constitue un obstacle à leur émergence économique. Par exemple, malgré des taux de croissance annuels dépassant souvent les 6 % au Sénégal, la pauvreté persiste dans le pays. En tant que Sénégalais, nous observons que les bénéfices de cette croissance ne se traduisent pas par une amélioration significative du niveau de vie. Cela s'explique en partie par la domination des multinationales françaises dans tous les secteurs de l'économie sénégalaise. Ainsi, les profits réalisés par ces entreprises ne profitent pas directement à la population locale, mais plutôt aux actionnaires des multinationales.

En 2024, il est temps que l'Afrique se démarque et s'impose dans le monde entier. Avec sa richesse naturelle et sa population jeune, l'Afrique attire l'attention de toutes les puissances mondiales. Cependant, il est crucial de placer les intérêts des Africains au premier plan. La dignité du peuple africain doit être restaurée, notamment par la jeunesse africaine.

Il est facile d'accuser les autres des maux de l'Afrique, mais il est important de reconnaître que certains Africains ont également contribué au retard du continent. Les jeunes Africains doivent se former et acquérir des qualifications pour relever les défis du monde d'aujourd'hui et de demain. La véritable richesse d'un pays réside désormais dans les compétences technologiques de sa population. Cela souligne l'importance cruciale de mettre en place une stratégie de formation technologique pour la jeunesse africaine.

Chaque pays peut développer sa propre stratégie de formation de qualité, mais l'Union Africaine pourrait également jouer un rôle en établissant des écoles de référence dans chacune des cinq régions africaines. En invitant les cadres africains expérimentés à partager leurs connaissances, l'Union Africaine pourrait garantir un enseignement de qualité pour la jeunesse du continent.

MSF

Des centaines d'ONG intervenaient en Afrique des Grands Lacs lors de la crise de 1994. Cependant, dans les camps de réfugiés, la question sanitaire constituait une préoccupation majeure. C'est pourquoi, dans notre travail, nous avons étudié le cas de l'intervention de Médecins Sans Frontières (MSF), une ONG spécialisée dans les questions médicales. Grâce aux documents qu'ils nous ont fournis, nous avons pu étudier et analyser les travaux extraordinaires réalisés par MSF en Afrique des Grands Lacs. Sans l'action des ONG, la situation en Afrique des Grands Lacs aurait pu être bien plus catastrophique, ce qui souligne l'importance des organisations non gouvernementales dans le monde.

L'échec de la communauté internationale a compliqué la situation en Afrique des Grands Lacs. Comme nous l'avons constaté, la question des réfugiés s'est largement développée dans la région après le génocide. Avec la nouvelle guerre déclarée au Zaïre, le phénomène des enfants soldats en Afrique des Grands Lacs s'est considérablement amplifié. Heureusement, grâce aux interventions des institutions internationales comme l'UNICEF, de nombreux enfants engagés dans la guerre au Zaïre ont été démobilisés.

Étant donné que nous travaillons dans le domaine de l'histoire appliquée, l'étude de l'échec des accords d'Arusha et de ses conséquences peut permettre :
- D'adopter une meilleure approche lors des négociations de paix futures en tirant des leçons des erreurs passées afin de réduire le risque d'échec.
- De comprendre les différents acteurs impliqués dans une crise et les impacts de leurs actions dans la région pendant et après la crise.

BIBLIOGRAPHIE

Pour notre bibliographie, nous avons choisi de la répartir en différentes parties : les ouvrages généraux, les ouvrages spécifiques à l'Afrique des Grands Lacs, les travaux des organismes, les sources.

LES OUVRAGES GENERAUX

Baeh. I, Le chemin parcouru, mémoires d'un enfant soldat, traduit de l'anglais par Jacques Martinache, New York, Presses de la cité, 2007.

Bruneteau. B., le siècle des génocides : violences, massacres et processus génocidaires de L'Arménie au Rwanda, Paris, A. Colin, 2004.

Cambrézy. L., Réfugiés et exilés : Crise des sociétés Crise des territoires, Paris, Editions des archives contemporaines, 2001.

COLARD. D, la société internationale après la guerre froide, Paris, Armand colin, 1996

Corvenir. R., Histoire De L'Afrique Tome II, L'Afrique Précoloniale : 1500- 1900, Paris, Payot, 1976.

De Senarclens. P, l'Humanitaire en catastrophe, Paris, Presses de la Fondation Nationale des Sciences Politiques, 1999.

DE Villers. G, Willame. J.C, République démocratique du Congo : Chronique Politique d'un entre-deux-guerres octobre 1996- Juillet 1998, Paris, Harmattan, 1999.

Delporte. C dir, Shoah et Génocide : Medias, mémoire Histoire, Paris, Nouveau Monde Ed., 2005.

FI.ACAT, Guerre, génocide torture : la réconciliation à quel prix ?, Paris, Desclée de Brouwer, 1997.

Guichaoua. A. (dir), Les crises politiques au Burundi et au Rwanda 1993- 1994 : Analyses, Faits et Documents, Paris, Karthala, 1995.

Hakim Ben Hammouda, Burundi Histoire Economique et Politique d'un Conflit, Paris, Harmattan, 1995.

Kabulamba Pongo. M, Etre luba au XXe siècle, Paris, Karthala, 1997.

Kourouma. A, Allah n'est pas obligé, Paris, Editions du Seuil, Septembre 2000.

Maurice Delafosse : Les Noirs de l'Afrique (1922).

Nouschi M., Bilan de la Seconde Guerre mondiale, Paris, Seuil, 1996.

Pierre B., L'Afrique aux africains, Paris, Armand Colin, 1980.

Reyntjens. F., La Guerre des Grands Lacs : Alliances mouvement et conflits extraterritoriaux en Afrique centrale, Paris, Harmattan, 1999.

Reyntjens. F, Marysse. S, et Alii, Afrique des Grands Lacs Dix ans de transitions conflictuelles, Paris, Harmattan, Annuaire 2005-2006.

Sindayigaya, J-M., Grands Lacs : Démocratie ou Ethnocratie ? Paris, Harmattan, 1998.

Ternon. I., L'État criminel : les génocides au XXe siècle, Paris, Edition du Seuil, 1995.

OUVRAGES SPECIFIQUES SUR L'AFRIQUE DES GRANDS LACS.

Audoin. R. et alii, France- Rwanda et Maintenant ? Paris, Esprit, 2010.

Chrétien. J.P, Invention de l'Afrique des Grands Lacs, Paris, Editions Karthala, 2010.

Chrétien. J. P. (dir), Rwanda : les médiats du Génocide, Paris, Karthala, 1995.

Chrétien. J.P et Kabanda. M, Rwanda Racisme et Génocide L'idéologie Hamitique, Paris, Editions Belin, 2013.

Dumas. H., Le Génocide au village : le massacre des tutsi au Rwanda, Paris, Editions du Seuil, 2014.

Dupaquier. J.F, L'agenda du Génocide : le témoignage de Richard Mugenzi, ex-espion, Paris, Karthala, 2010.

Faulkner. M, L'auteur Face au Génocide : la mise en scène de la subjectivité dans l'ombre d'Imana : Voyages jusqu'au bout du Rwanda de Véronique Tadjo, Etude Romane de Bruno, 2012.

Gensburger. S, et alii, La résistances au Génocides, Paris, Presses de Sciences Po, 2010.

Halen. P, Ed. Scientifique, Walter. J, Les langages de la mémoire : littérature, médias et génocide au Rwanda/ textes réunis par Pierre Halen et Jacques Walter, Metz, Université Paul Verlaine-Metz, Centre de recherches écriture, 2007.

Kimonyo. J.P, Rwanda, un génocide populaire, Paris, Karthala, 2008.

Lacoste. C. et Ed. Scientifique, Génocide des Tutsis au Rwanda : Un négationnisme Français, Paris, Presses Universitaire de France, 2014.

Linda Melvern, Complicités de Génocide : Comment le monde a trahi le Rwanda, Paris, Editions Karthala, 2010.

Nshimiyimana. V, Prélude du Génocide Rwandais. Enquête sur les circonstances politiques et militaires du meurtre du président Habyarimana, Bruxelles, Editions Quorum, 1995.

Rugumaho. B, L'Hécatombe des Réfugiés Rwanda dans L'Ex-Zaïre, Paris, Harmattan, 2004.

Temon. Y., Guerre et Génocide au XXe siècle : architectures de la violence de masse, Paris, O.Jacob, 2007

Tierno. M., et Bekkat. A., L'ainé des orphelins, Paris, H. Champion, 2014.

Tochman. W., Aujourd'hui nous allons dessiner la mort ; traduit du polonais par Margot Carlier, Lausanne, les Editions Noir sur Blanc, 2014.

Van Reybrouck. D, Le Congo une Histoire, traduit par Isabelle Rosselin, Actes Sud, 2012.

LES SOURCES
DOCUMENTS DES NATIONS UNIES

Résolution 929 du Conseil de Sécurité des Nations Unies 22 juin 1994.

Lettre datée du 19 juin 1994, adressée au Président du Conseil de Sécurité par le Secrétaire Général.

Lettre de Mr Mérinée ambassadeur, représentant permanent de la France au Nations Unies au Secrétaire Général, 20 juin 1994.

Lettre datée du 5 juillet 1994, adressée au Secrétaire Général par le représentant permanent de la France auprès de l'Organisation des Nations Unies.

Résolution 918 du 17 mai 1994 votée par le Conseil de sécurité des Nations Unies imposant un embargo international sur les armes à l'encontre du Rwanda.

Résolution 872 (1993). Adoptée par le Conseil de Sécurité sa 3288e séance, le 5 octobre 1993.

Lettre datée du 2 juillet 1994, adressée au Président du Conseil de Sécurité par le Secrétaire Général.

Lettre du Général Dallaire à Koffi Annan, 22 juin 1994.

DOCUMENTS DE L'ÉTAT FRANÇAIS

Document 1 : Accord particulier d'assistance militaire du 18 juillet 1975.

Document 2 : Lettre du Général J.-P. Job relative aux missions du Lieutenant-Colonel Chollet, 9 décembre 1998.

Document 3 : Note à l'attention de Monsieur le Président de la République. Objet : situation militaire au Rwanda, 1er juillet 1992.

Document 4 : Note de l'amiral Lanxade à l'attention de Monsieur le Président de la République 22 avril 1991.

Document 5 : Note du général Quesnot au Président Mitterrand du 23 février 1993.

Document 6 : Télégramme diplomatique du 24 octobre 1990 signé du colonel Galinié, attaché de défense à Kigali.

Document 7 : Note de l'amiral Lanxade du 11 octobre 1990 à l'attention du Président de la République.

Document 8 : Note de Dominique Pin à François Mitterrand du 2 mars 1993, sur la visite du ministre de la Coopération, Marcel Debarge, au Rwanda.

Document 9 : Procès-verbal de la 3358e séance du Conseil de sécurité de l'ONU, 5 avril 1994.

Document 10 : Fiche particulière de la DGSE « Rwanda : éléments d'information », 18 février 1993.

Document 11 : Télégramme diplomatique de M. Bunel, rapportant les informations d'un haut responsable du parti présidentiel rwandais.

Document 12 : Ordre d'Opération Amaryllis, 8 avril 1994.

Document 13 : Compte rendu de l'Opération Amaryllis par son commandant, le colonel Henri Poncet, 27 avril 1994.

Document 14 : Article du Monde du 30 avril 1994 : « Rwanda : le rôle de la France dénoncé par les rebelles ».

Document 15 : Rapport de visite fait auprès de la Mission militaire de coopération à Paris, rédigé par le colonel rwandais Ephrem Rwabalinda, 16 mai 1994.

Document 16 : Alain Juppé évoque le génocide à l'Assemblée nationale, compte rendu de la séance du mercredi 18 mai 1994.

Document 17 : Lettre du Président rwandais Théodore Sindikubwabo au Président français François Mitterrand, 22 mai 1994.

Document 18 : Ordre d'opérations de Turquoise, 22 juin 1994.

Document 19 : Note du Ministère des Affaires étrangères sur les « autorités de Gisenyi », 15 juillet 1994.

Document 20 : Dépêche Reuter du 15 juillet 1994, annotée par Hubert Védrine, secrétaire général de l'Elysée.

Document 21 : Compte rendu de l'opération Amaryllis.

DOCUMENTS FOURNIS PAR MEDECINS SANS FRONTIERES

1: Samantha Bolton, 'Press and Tanzania/Rwanda Crisis', Sitrep from the International Press Officer for East Africa, 5 May 1994.

2: Corine Lesnes, 'Rwandan Killers and Refugees: Among the Hundreds of Thousands of Hutu who fled to Tanzania are those who murdered Tutsi', Le Monde (France), 11 June 1994

3: MSF France Tanzania Situation Report, 13 June 1994.

4: Minutes of the international meeting of Operations Directors, Paris, 15 June 1994.

5: Nicolas de Torrente, 'MSF Activity in the Rwandan Crisis: A Critical History,' July 1995.

6: Draft of MSF Holland letter to UNHCR Geneva, 21 June 1994.

7: Samantha Bolton, Sitrep to MSF communication departments from the international press officer, Goma, 6 July 1994.

8: Anne Fouchard-Brown, 'Benaco: An Open Shame,' Messages, MSF France in-house newspaper July-August 1994.

9: Samantha Bolton, Sitrep to MSF Communications Departments from the MSF international press officer Goma, 7 July 1994.

10: Minutes of the MSF Belgium Project Committee Meeting, 8 July 1994.

11: Rwandan Crisis - Situation Report, MSF France - 4-10 July 1994.

12: Samantha Bolton, Sitrep to MSF communication Departments from the MSF international press officer Goma, 11 July 1994.

13: Three Hundred French Soldiers to Leave the Country Before the End of July,' Le Monde (France) 14 July 1994.

14: MSF Launches Independent Aid Program in South - western Rwanda,' MSF Belgium Press release, Brussels, 14 July 1994.

15: Samantha Bolton, Sitrep from MSF International Press officer in East Africa, 14 July 1994.

16: Jean-Benoit Burrion 'Evaluation of the Coordination and Cooperation Among MSF Sections in Goma' (13 July – 15 September 1994), AEDES (European Agency for Development and Health), 1994, p. 4.

17: MSF Speeds to Goma,' MSF Belgium Press release, 16 July 1994.

18: Hanna Nolan, 'Presence of alleged perpetrators of genocide in the camp: explanation of MSF Holland position.

19: Samantha Bolton, Sitrep to MSF Communication Departments from MSF International Press officer in East Africa, 18 July 1994.

20: MSF Belgium Situation Report, 18 – 24 July 1994.

21: MSF Demands that Refugees Return Home,' MSF Belgium Press release, 19 July 1994.

22: MSF Holland position on Rwandan Refugee Crisis, 20 July 1994.

23: UNHCR Coordinates a Massive Humanitarian Airlift to Goma,' UNHCR Press release, 20 July 1994.

24: Situation Report, "Situation of missions Gikongoro and Bukavu," 19 July 1994, MSF France - 4-10 July 1994.

25: Minutes of the MSF France Board meeting, 29 July 1994.

26: Iseult O'Brien, 'Cholera Confirmed in Goma,' memo from MSF International office in Brussels to all MSF Communication Departments, 21 July 1994.

27: Rwanda Emergency - Call to All Editors," MSF Belgium Press release, 25 July 1994.

28: Sitrep by Anne-Marie Huby, MSF International Press officer (interim) in Goma to MSF International, Brussels, for distribution to communications departments, 28 July 1994.

29: Rwanda-Zaire - Médecins Sans Frontières launches an emergency appeal for water trucks and tankers to carry water to the refugees in Goma - Only clean water will prevent spread of cholera.' Press release, MSF International, 28 July 1994.

30: Message from the Executive Director of MSF-USA to the Rwanda emergency Program managers, 28 July 1994.

31: Iseult O Brien, Message from MSF International Press Officer in Brussels to all Rwanda Program managers, Communication Departments, Directors, and Presidents, 29 July 1994.

32: Samantha Bolton, Sitrep from MSF International Press Officer to MSF Communication Departments, 5 August 1994.

33: MSF International Update on Rwandan crisis, 3 August 1994.

34: Rwanda: Death Rate Still Unacceptable,' MSF France Press release, 3 August 1994.

35: 'MSF protests lack of international response to plight of Rwandan refugees', MSF International Press release, 4 August 1994.

36: Minutes of telephone conference of 5 August 1994.

37: Rwandan Refugees in Goma Region – MSF survey in Katale refugee camp suggests catastrophically high mortality rate for all refugees in the Goma region,' MSF International Press release, 8 August 1994.

38: Goma One Month Later: An Assessment of Médecins Sans Frontières' Operations and Finances,' invitation to the MSF Belgium Press conference, Brussels, 9 August 1994.

39: Médecins Sans Frontières Calls for Human Rights Monitoring in Rwanda,' MSF Belgium Press release, 10 August 1994.

40: Opinions and Debates,' Interview with Reginald Moreels, Le Soir (Belgium), 10 August 1994.

RAPPORTS DES ORGANISATIONS NON GOUVERNEMENTALES

Africa Watch et FIDH, Aucun témoin ne doit survivre. Le génocide Rwandais, Paris, Karthala, 1999.

François. J (dir), Rapport annuel sur les crises majeures et l'action humanitaire, Paris, Editions la Découverte, 1995. Mandat d'arrêt International délivré par le juge français Jean louis Bruguière contre les proches de Kagame pour l'attentat contre l'avion du président Habyarimana.

Médecins Sans Frontières, Conflits en Afrique : Analyse des Crises et Pistes pour une Prévention, Bruxelles, Coédition GRIP-Editions Complexe, 1997.

Médecins sans frontières : Rapport de la commission « Régions Afriques en Crise » : conflits en Afrique, Analyse des Crises et des pistes pour une prévention, 1997.

Organisation de l'Unité Africaine, Rapport sur le génocide au Rwanda, Mai 2000.

Rapport de la commission nationale indépendante chargée de rassembler les preuves montrant l'implication de l'État français dans le génocide perpétré au Rwanda en 1994.

Yves Fermon, Étude de l'état des lieux de la partie nord du lac Tanganyika dans le cadre du Programme Pêche d'Action Contre la Faim en République démocratique du Congo, Cette Etude a été financée par ACTION CONTRE LA FAIM – USA, Mission décembre 2006 – Mai 2007.

Source Banque Mondiale, 2013.

Rapport d'information déposé en application de l'article 145 du règlement par la mission d'information (1) de la commission de la défense nationale et des forces armées et de la commission des Affaires étrangères, sur les opérations militaires menées par la France, d'autres pays et l'ONU au Rwanda entre 1990 et 1994.

Enquête menée dans le cadre du Séminaire Conflictdynamiek in Africa, 1945-95, Centrum voor Vredesonderzoek, KUL, Leuven, 1996.

Rapport World Economique Forum 2014- 2015.

Amnestie Internationale, Attention, enfants-soldats ! - dossier pédagogique

François. J (dir), Rapport annuel sur les crises majeures et l'action humanitaire, Paris, Editions la Découverte Fiche Thématique Unicef France, 2012.

Clemesac. N, Comprendre le phénomène des enfants soldats, Bujumbura, février 2007.

Charte Africaine des droits et du bien-être de l'enfant, Addis-Abeba (Ethiopie), juillet 1990.

Groupe de recherche et d'information sur la paix et la sécurité, Le désarmement, la démobilisation et la réinsertion des combattants en RD Congo, 11 août 2006.

Programme de communication sur le génocide au Rwanda et les Nations Unies, 23 décembre 2005.

Médecins sans Frontières, L'exportation des massacres du Rwanda au Congo-Zaïre, Marc le Pape, Publié dans Esprit en août 2000.

ARTICLES DE PRESSES

Jeune Afrique N° 2778, du 6 au 12 Avril 2014.
Jeune Afrique N° 1657, du 8 au 14 Octobre 1992.
Le Monde Diplomatique, 20 novembre 1990.
Le Monde du 12 mars 2008.
Jeune Afrique N° 1749 du 14 au 20 juillet 1994.
Jeune Afrique N° 1551, du 19 au 25 septembre 1990.
Le monde diplomatique, Avril 1993.
Jeune Afrique N°1584 du 8 au 14 Mai 1991.
Jeune Afrique N° 1562 Du 5 Décembre au 11 Décembre 1990.
Jeune Afrique N° 1560, du 21 au 27 Novembre 1990.
Monde diplomatique, décembre 2010.
Jean Hélène, 'Fleeing Massacres, 250,000 Rwandans Take Refuge in Tanzania,' Le Monde (France), 4 May 1994.
Corine Lesnes, 'Rwandan Killers and Refugees: Among the Hundreds of Thousands of Hutu who fled to Tanzania are those who murdered Tutsi', Le Monde (France), 11 June 1994.

Three Hundred French Soldiers to Leave the Country Before the End of July,' Le Monde (France) 14 July 1994.

Opinions and Debates,' Interview with Alain Destexhe, Le Soir (Belgium), 10 August 1994.

Corine Lesnes, 'Humanitarian Organisations Are Pessimistic,' Le Monde (France), 22 August 1994.

Corine Lesnes, 'Humanitarian Aid Workers' Malaise,' Le Monde (France), 6 September 1994.

Interview with Alain Destexhe, Médecins Sans Frontières, Le Soir (Belgium), 20 October 1994.

UN chiefs to meet over reign of fear in Zaire aid camps', The Times (UK), 5 November 1994.

Jean Hélène, 'Humanitarian Organisations Threaten to Leave Refugee Camps in Zaire,' Le Monde (France), 5 November 1994.

MSF Leaves Bukavu Camps,' Le Soir (Belgium), 16 November 1994.

LES TEXTES DES ACCORDS D'ARUSHA

Protocole d'accord entre le gouvernement de la République rwandaise et le front patriotique rwandais sur l'intégration des forces armées des deux parties.

Protocole D'Accord entre le gouvernement de la République rwandaise et le front patriotique rwandais sur le rapatriement des réfugiés rwandais et la réinstallation des personnes déplacées.

Protocole d'accord entre le gouvernement de la République rwandaise et le front patriotique rwandais sur le partage du pouvoir dans le cadre d'un gouvernement de transition a base élargie.

Accord de paix d'Arusha entre le gouvernement de la République rwandaise et le Front patriotique rwandais.

ANNEXES

I- PERSONNAGES
1- Hommes politiques

GREGOIRE KAYIBANDA : Premier Président du Rwanda indépendant (de 1961 à 1973)

JUVENIL HABYARIMANA : Deuxième Président du Rwanda indépendant (de 1973 à 1994)

PAUL KAGAME : Ancien chef du FPR et actuel Président du Rwanda (président du Rwanda depuis 2000)

JAMES KABAREBE : Ancien membre du FPR, ancien chef d'état-major de l'armée du Congo et actuel ministre de la Défense du Rwanda

MARECHAL MOBUTU : Ancien Président du Zaïre (1965 à 1997)

LAURENT DESIRE KABILA : Ancien Président de la RD Congo (1997 à 2001)

JOSEPH KABILA : Fils de Laurent Kabila et Président de la RD Congo (2001 à 2018)

FRANCOIS MITTERAND : Ancien Président de la France (1981 à 1995)

GENERAL ROMEO DALLAIRE : CHEF DE LA MINUAR I (1993 à 1994)

BOUTROS BOUTROS GHALI : Ancien Secrétaire Général de l'ONU (1992 à 1996)

KOFFI ANNAN : Ancien Secrétaire Général de l'ONU (1997 à 2006)

ALAIN JUPPE : Ancien ministre des Affaires Etrangères (France) (1993 à 1995)

FRANÇOIS LEOTARD : Ancien ministre de la Défense (France) (1993 à 1995)

FAUSTIN TWAGIRAMUNGU : Ancien Premier ministre du Rwanda (1994 à 1995)

SETH SENDASHONGA : Ancien ministre de l'Intérieur du Rwanda (1994 à 1995)

FRANCOIS NZABAHIMANA : Fondateur du RDR (Rassemblement pour la Démocratie et le Retour des Réfugiés) (1994)

JEAN-BERNARD MERINEE : Ancien représentant permanent de la France à l'ONU (1991 à 1995)

BERNARD KOUCHNER : Envoyé spécial de Paris au Rwanda pour la mise en place de l'opération Turquoise (1994)

2- Militaires

GENERAL JEAN-CLAUDE LAFOURCADE : Le chef de l'Opération Turquoise (1994)

GENERAL PHILIPPE MERCIER : Ancien chef de cabinet du ministre de la Défense (1994)

GUILLAUME ANCEL : Ancien membre de l'armée Française (1994)

COLONEL JACQUES HOGARD : Chef parachutiste de l'Opération Turquoise (1994)

3- Responsables d'ONG

PHILIPE GAILLARD : Responsable CICR au Rwanda 1994.

BERNARD PECOUL : Ancien président MSF

BERNARD CHOMILIER : directeur logistique de MSF/F 1994.

RONY BRAUMAN : Ancien Président de MSF (1982 à 1994)

4- Anciens enfants-soldats

RUFFIN LULIBA : Ancien membre du garde rapproché du Président Laurent Kabila

ISHMAEL BEAH : Ancien enfant soldat Sierraléonais, membre de Human Rights Watch Children's Rights Division Advisory Comitee.

SIGLES ET ABREVIATIONS

AFDL : Alliance des forces démocratiques pour la libération du Congo
Amnesty International
APE : Agences de Protection de l'Enfant
CEDEA : Communauté Economique des Etats d'Afrique de l'Ouest
CEEAC : Communauté Economique des Etats de l'Afrique Centrale
CICR : Comité International de la Croix-Rouge
COGEFAR
Commission Nationale pour l'Unité et la Réconciliation
CTC : Centre de Traitement du Choléra
DDR : Désarmement, Démobilisation et Réinsertion
FAR : Forces armées rwandaises
FAR : Force d'Action Rapide
FIACAT : Fédération Internationale de l'Action des Chrétiens Pour L'Abolition de la Torture
Fondation Roi Baudouin
FPR : Front Patriotique Rwandais
GRIP : Institut européen de recherche et d'information sur la paix et la sécurité
HCR : Haut-Commissariat des Réfugiés
Human Rights Watch
MINUAR : Mission des Nations Unies pour l'assistance au Rwanda
MONUC : Mission de l'Organisation des Nations Unies en République Démocratique du Congo
MONUSCO : Mission de l'Organisation des Nations Unies en République Démocratique du Congo
MSF : Médecins Sans Frontières
MSF/ S : Médecins Sans Frontières Suisse
MSF/B : Médecins Sans Frontières Belgique
MSF/EP : Médecins Sans Frontières Espagne
MSF/F : Médecins Sans Frontières France
MSF/H : Médecins Sans Frontières Hollande
ONU : Organisation de Nations Unies
OPC : Centre Opérationnel de Paris
OBSAC : Observatoire de l'Afrique centrale
OUA : Organisation de l'Unité Africaine
OXFAM

PAM : Programme Alimentaire Mondial
UA : Union Africaine
UNICEF
ZHS : Zone Humanitaire Sûre
GOMN : Groupe d'Observateurs Militaires Neutres

Table des matières

INTRODUCTION 9
   Comment avons-nous construit ce sujet ? 12
   De quoi notre ouvrage est-il fait ? 19

PREMIERE PARTIE : L'ECHEC DES ACCORDS D'ARUSHA 23

CHAPITRE 1 : LES FONDEMENTS DE LA NATION RWANDAISE 25
   De quoi le Rwanda est-il fait ? 26
      Cadre spatial de l'Afrique des Grands Lacs et du Rwanda ... 26
      La question démographique du Rwanda 27
   Comment le Rwanda est-il devenu une Nation ? 30
      Le Rwanda et l'Église 30
      L'idéologie dans laquelle le Rwanda est devenu indépendant 32
   Les deux premières Républiques rwandaises 35
      Le Rwanda sous la première République 35
      Le Rwanda sous la deuxième République 38

CHAPITRE 2 : LA GUERRE AU RWANDA 41
   L'attaque du FPR et la contre-attaque des FAR 42
      Le 1er octobre 1990 42
      Contre-attaque du gouvernement rwandais 43
      Analyse des causes de l'attaque du 1er octobre 1990 ... 44
   Les forces obscures de la guerre 50
      Le FPR et ses alliés 50

CHAPITRE 3 : REFLEXION SUR LES ACCORDS D'ARUSHA 53
   Processus des accords 54

  La volonté du gouvernement rwandais de trouver une issue politique à la guerre 54

 Contenu des accords d'Arusha 58

  Le gouvernement de transition à base élargie 58

  La question des réfugiés dans les accords 66

  L'Armée de Transition à Base Elargie (ATBE) 72

 Les acteurs non rwandais impliqués aux accords 76

  L'Organisation de l'Unité Africaine et les accords 76

  L'Organisation des Nations Unies 79

  La France dans la marche vers Arusha 83

 CHAPITRE 4 : LES BLOCUS AUX ACCORDS 91

 Facteurs extérieurs au Rwanda 92

  L'assassinat du Président burundais 92

 Facteurs internes au Rwanda 96

  L'intransigeance du FPR face à la participation du CDR aux pourparlers 96

  Le non-respect des cessez-le feu 100

  L'Assassinat de Habyarimana 105

 Analyse du génocide 106

  Une nouvelle approche sur les responsables du génocide ... 106

  La virulence du génocide rwandais 108

  Le Rwanda d'aujourd'hui 111

DEUXIEME PARTIE : LES CONSEQUENCES DE L'ECHEC DES ACCORDS D'ARUSHA AU RWANDA ET EN AFRIQUE DES GRANDS LACS 113

CHAPITRE 1 : LES NATIONS UNIES ET LA CRISE RWANDAISE 115

 MINUAR I 116

 MINUAR II 118

Les difficultés de l'ONU à mettre en place une mission 120
CHAPITRE 2 : OPERATION TURQUOISE 129
  Demande, déploiement et opposants de l'opération
  Turquoise 130
    Demande de la mise en place de l'opération Turquoise 130
    Les opposants à l'opération Turquoise 132
    Déploiement de l'opération Turquoise 136
  Le bilan de l'opération Turquoise 139
    La protection des déplacés dans la ZHS 139
    Les vies sauvées et les actions humanitaires menées par
    l'opération Turquoise 143
    Les intentions de la mise en place de l'opération
    Turquoise 146
CHAPITRE 3 : LE TRAVAIL DES ORGANISATIONS NON
GOUVERNEMENTALES EN AFRIQUE DES GRANDS LACS
ENTRE 1994 ET 1996 : LE CAS DE MEDECINS SANS
FRONTIERES 155
  Pourquoi Médecins Sans Frontières ? 156
    Le choix de MSF 156
    Présentation de Médecins Sans Frontières 157
  La question de l'aide humanitaire 159
  MSF dans les camps en Tanzanie 160
    Les interventions dans le domaine de la santé 160
    La question de l'accès à l'eau 164
    Coordination et gestion de l'information de MSF vers la fin
    du Génocide 166
  MSF au Zaïre 169
    Déclaration de l'épidémie de choléra 169
    MSF/Belgique et Hollande face à l'épidémie de choléra 172
    MSF France et l'épidémie de choléra 174

247

TROISIEME PARTIE : REFUGIES ET
ENFANTS-SOLDATS 179

CHAPITRE 1 : HISTORIQUE DE LA QUESTION DES
REFUGIES EN AFRIQUE DES GRANDS LACS 181

    Existait-il des réfugiés en Afrique des Grands Lacs avant les
    indépendances ? 182

    Les migrations de la révolution de 1959 et le début de la
    question des réfugiés en Afrique des Grands Lacs 183

        Rappel du contexte rwandais 184

        Le retour des réfugiés rwandais de la Révolution de 1959.. 186

        Les migrations des réfugiés rwandais de 1994 188

    La vie des réfugiés au Zaïre 189

        La sécurité dans les camps 189

        La vie économique dans les camps 193

    La question du retour des réfugiés 194

CHAPITRE 2 : LES ENFANTS-SOLDATS 199

    La question des enfants soldats dans la guerre zaïroise 200

        Les causes de la guerre de 1996 201

        Le recrutement des enfants soldats 203

        Rôles des enfants dans une guerre 211

    Les solutions au phénomène des enfants soldats 213

        La réintégration 213

        Le devenir des enfants 217

CONCLUSION 223

BIBLIOGRAPHIE 231

ANNEXES 240

SIGLES ET ABREVIATIONS 242

Structures éditoriales du groupe L'Harmattan

L'Harmattan Italie
Via degli Artisti, 15
10124 Torino
harmattan.italia@gmail.com

L'Harmattan Hongrie
Kossuth l. u. 14-16.
1053 Budapest
harmattan@harmattan.hu

L'Harmattan Sénégal
10 VDN en face Mermoz
BP 45034 Dakar-Fann
senharmattan@gmail.com

L'Harmattan Congo
219, avenue Nelson Mandela
BP 2874 Brazzaville
harmattan.congo@yahoo.fr

L'Harmattan Cameroun
TSINGA/FECAFOOT
BP 11486 Yaoundé
inkoukam@gmail.com

L'Harmattan Mali
ACI 2000 - Immeuble Mgr Jean Marie Cisse
Bureau 10
BP 145 Bamako-Mali
mali@harmattan.fr

L'Harmattan Burkina Faso
Achille Somé – tengnule@hotmail.fr

L'Harmattan Togo
Djidjole – Lomé
Maison Amela
face EPP BATOME
ddamela@aol.com

L'Harmattan Guinée
Almamya, rue KA 028 OKB Agency
BP 3470 Conakry
harmattanguinee@yahoo.fr

L'Harmattan RDC
185, avenue Nyangwe
Commune de Lingwala – Kinshasa
matangilamusadila@yahoo.fr

L'Harmattan Côte d'Ivoire
Résidence Karl – Cité des Arts
Abidjan-Cocody
03 BP 1588 Abidjan
espace_harmattan.ci@hotmail.fr

Nos librairies en France

Librairie internationale
16, rue des Écoles
75005 Paris
librairie.internationale@harmattan.fr
01 40 46 79 11
www.librairieharmattan.com

Librairie des savoirs
21, rue des Écoles
75005 Paris
librairie.sh@harmattan.fr
01 46 34 13 71
www.librairieharmattansh.com

Librairie Le Lucernaire
53, rue Notre-Dame-des-Champs
75006 Paris
librairie@lucernaire.fr
01 42 22 67 13

www.ingramcontent.com/pod-product-compliance
Lightning Source LLC
Chambersburg PA
CBHW060600230426
43670CB00011B/1908